21世纪学前教师教育系列教材

总主编　朱家雄

幼儿社会教育与活动指导

主　编　李　燕
副主编　王友缘

中国人民大学出版社
·北京·

目 录

第一章

幼儿社会教育概述

幼儿社会教育作为独立学科一直游离于幼儿课程之外，直到 2001 年我国颁布《幼儿园教育指导纲要（试行）》，才真正确立了幼儿社会教育在幼儿教育课程体系中的独立地位。发展至今，幼儿社会教育已经成为广受认可、学界积极研究与实践的领域。社会教育是在特定的历史环境中产生和发展的，同时必须面向幼儿所处的社会。只有认识到我们当今社会的本质和现实，才能进行有效适宜的社会教育。在当今这个变化与风险、多元文化与全球化并存的新时代，我国的幼儿社会教育需要重新起航。本章尝试在梳理国内外幼儿社会教育发展，特别是幼儿社会教育目标及现状的基础上，对我国当下幼儿社会教育的目标进行反思与重构，并尝试建构新目标指导下的幼儿社会教育的基本框架和内容。

第一节　国内外幼儿社会教育目标及现状

一、国外幼儿社会教育目标及现状

最早的幼儿社会教育始于 19 世纪末 20 世纪初的美国，在美国，它被称作“社会学习”(social studies)。伴随着美国由传统农业社会向现代工业社会的转变，美国市场对劳动力的需求激增，开放式的政策吸引大量的外来移民涌入，同时也使生育率激增①。为了促进美国社会转型，帮助移民及贫困家庭的孩子适应美国的社会生活方式，给予这些孩子民主社会生活所必需的道德、社会性以及精神、习惯的基础训练，为民主的社会生活做准备，对新一代幼儿进行社会教育势在必行②。《1916 社会科协会报告书》标志着“社会学习”正式成为美国学校的教学科目。值得注意的是，最初美国的社会教育目的并不在于培

① 虞永平. 社会. 南京：南京师范大学出版社，1997：7.

② 郑三元，庞丽娟. 美国儿童教育中的“社会学习”课程运动述评. 比较教育研究，2000 (4).

养学生独立或批判思考的能力，而在于了解及支持彼时的社会、经济及政治制度，并内化公民的职责①。

一个世纪以来，随着美国社会环境与社会结构的变迁，美国的“社会学习”不断修正、丰富，拓展其内涵、目标与内容，以回应当时当代面临的社会问题。今天的“社会学习”已经成为美国学校一门包罗万象的综合课程，涉及人类学、考古学、经济学、地理学、历史学、法律、哲学、政治学、心理学、宗教学和社会学等学科的内容。作为“社会学习”领域的主要组织，美国国家社会科协会（The National Council for the Social Studies，NCSS）认为，“社会学习”是旨在提升公民能力而提供的社会、人文科学的综合课程。“社会学习”的首要目标是帮助年轻一代提高能力，以使他们作为多元文化、民主社会的公民，能够在这个相互依存的世界，为获取公众利益做出明智、理性的决定②。

不同的学者对美国“社会学习”的目标有着不同的阐述。米凯利斯（John U. Michaelis）和加西亚（Jesus Garcia）指出，美国“社会学习”的目标包括知识（knowledge）、技能（skills）、态度/价值观/鉴赏力（attitudes /values /appreciations）和社会参与（Social Participation）等方面③。麦伦德兹（ Wilma Robles de Melendez）、贝克（Vesna Beck）及弗莱彻（Melba Fletcher）根据美国国家社会科协会的文件和《发展适宜性实践》（*Developmentally Appropriate Practices*）纲领性文件，指出“社会学习”的目标在于：（1）发展儿童的个性，即促进儿童个体的积极发展，鼓励儿童与别人建立良好关系，提高儿童做出适当选择、合理决定的能力；（2）培养儿童的社会能力和公民能力，即帮助儿童发展有效社会生活所需要的知识、技能和态度；（3）帮助儿童构建反映社会现实的以知识为基础的基本概念，即通过班级活动丰富儿童关于社会现实的经验，促进儿童从多种角度去看待、评价和欣赏别人及其行为；（4）欣赏与尊重人类的多样性，即通过开展班级活动，帮助儿童形成公正观念，建立在文化多元的社会中生活所需要的态度，使儿童学会理解不同的观念、外貌及行为习惯；（5）具有全球公民意识，即帮助儿童萌生自己是世界的一部分的意识，不仅能对自己的行为负责，还能考虑到自己的行为对别人所产生的影响④。尽管美国学者对“社会学习”目标的论述各有差异，但他们都把目标指向公民教育，帮助儿童正确地看待自己、国家、世界及彼此之间的关系，以成为未来世界的合格公民。

由于历史文化背景、经济基础、价值观、生活方式的不同，不同国家的幼儿社会教育目标也不尽相同。日本的幼儿社会教育目标是“让儿童科学地（通过地理学、历史学、政治学、经济学、社会学、伦理学等）认识社会，养成合格市民所需具备的基本素质”⑤；

---

① CORREIA S T，WATKINS W H. The society for the study of curriculum history：meetings and papers 1977－1991. Compiled for the society，1991.

② 美国国家社会科协会. 美国国家社会科课程标准：卓越的期望. 北京：教育科学出版社，2008：2.

③ 李生兰. 美国社会领域教育的含义和目的. 山东教育·幼教刊，2006（15）.

④ DE MELENDEZ W R，BECK V，FLETCHER M. Teaching social studies in early education. NY：Thomson Learning，2000：27.

⑤ 王忠民. 幼儿教育词典. 北京：中国大百科全书出版社，2004：13.

英国则将幼儿社会教育与个体的情感教育相结合，形成“个人、社会与健康教育”（PSHE）这门基础课程，重视幼儿的品德和情感教育，以及健康体格、自信品质的培养，教育目标是“让幼儿为将来能够独立生活、面对来自成人世界的各种挑战做准备”①；法国则强调培养幼儿作为“人”的主动性、参与性，认为幼儿社会教育的首要目标是“发展和谐人格，促进幼儿情绪的成熟与社会化”②。可以看到，虽然各个国家的学者在确定幼儿社会教育目标时各有千秋，但其依循的目标价值取向却有一定的相似之处。

二、国内幼儿社会教育目标及现状

注重社会领域的教育是我国幼儿教育的历史传统③。20 世纪初清政府颁布的《奏定蒙养院章程及家庭教育法章程》（1904 年 1 月 13 日颁布）就强调使蒙童“远于浇薄之恶风，习于善良之规范”，“留意儿童之性情及行止仪容，使趋端正”④。彼时虽未提出幼儿社会教育的概念，但其幼教法规、幼稚园章程等都与幼儿社会教育有关，其宗旨是做人的教育，强调个体的行为习惯、品德修养，主张把个体培养为当时社会所期待的社会公民⑤。

20 世纪 30 年代初公布的《幼稚园课程标准》中明确地把“社会和常识”作为一个重要的教育领域，并提出了“社会和常识”领域的教育目标为：“甲，引导对于自然环境和人民活动的观察和欣赏；乙，增进利用自然、满足生活、组织团体等的最初步的经验；丙，引导对于‘人和社会自然的关系’的认识；丁，养成爱护自然物和卫生、乐群、互助、合作等的好习惯。”⑥

民国时期涌现出一大批教育改革家，他们开辟了幼儿社会教育中国化、科学化的道路，开始创建我国幼儿园社会领域教育。蔡元培、陶行知、陈鹤琴、张雪门、张宗麟等教育家都有许多关于对幼儿实施社会教育的主张。特别是张宗麟，他的《幼稚园的社会》可以说是迄今为止我国幼教史上仅有的一本专门研讨幼儿社会领域及与之相关的科学研究的著作⑦。在《幼稚园的社会》一书中，张宗麟明确地提出了幼稚园课程内容社会化的思想。他认为，幼稚园课程中应增加“社会”科目，因为“幼稚园的一切活动，由广义来说，都是‘社会’”⑧。幼稚园社会领域课程的目标则在于养成适合某种社会生活的国民，特别是适合未来社会的国民⑨。值得一提的是，张宗麟赋予幼儿社会教育丰富的内容，他认为社会包括最广，凡历史、地理、家庭、职业、卫生、风俗人情、伟人事迹、各国人民的生活都可在内⑩。因此，在张宗麟的框架中，幼儿社会教育内容涉及家庭状况、社会职

① 张明红．学前儿童社会教育．上海：华东师范大学出版社，2007：6.
② 周梅林．学前儿童社会教育活动指导．上海：复旦大学出版社，2005：7.
③ 虞永平．幼儿园社会领域课程刍议．学前教育研究，1997（5）.
④ 中国学前教育研究会．百年中国幼教．北京：教育科学出版社，2003：144.
⑤ 稽君．我国幼儿园社会领域教育研究．南京：南京师范大学，2012：24.
⑥ 唐淑，钟昭华．中国学前教育史．北京：人民教育出版社，1993：114.
⑦ 同③.
⑧⑨⑩ 张宗麟．幼稚园的社会．北京：海豚出版社，2012：23，9.

业、食物来源、历史知识、地理观念、风土人情、节日庆典，以及幼儿的个体发展等多个方面。20 世纪 40 年代，陈鹤琴提出了“五指活动”计划，规范了幼儿园教育的五个领域：健康、社会、科学、艺术、语文。陈鹤琴的活教育理论体系把“做人”作为活教育的目的，突出人格教育，强调个体情感的社会性发展，同时特别强调儿童与社会的关系，要求儿童有能力和带着对公共服务的兴趣去参加社会活动，懂得个人与国家的关系，以此来激励儿童的爱国心与爱人类之心的发展①。至此，社会领域已相对独立地存在于幼儿园课程之中。在这一阶段，幼儿社会领域教育取得了长足的进步，其内容不仅包括先前对于行为习惯养成和人格品德塑造的强调，同时，还偏重于社会认知方面，极大地丰富了社会教育领域的内容。

新中国成立后，幼儿社会教育一度被德育取代，着重强调培养儿童的集体主义精神、爱国主义思想及国民公德，并具有政治化、成人化倾向。1976 年 10 月，随着“四人帮”反革命集团的粉碎，我国学前教育进入新的发展阶段。1981 年，教育部制订并发布了《幼儿园教育纲要（试行草案）》，提出了德育的具体任务：向幼儿进行初步的五爱（爱祖国、爱人民、爱劳动、爱科学、爱护公共财物）教育，培养他们团结、友爱、诚实、勇敢、克服困难、有礼貌、守纪律等优良品德、文明行为和活泼开朗的性格②。1989 年，《幼儿园工作规程（试行）》发布，并于 1996 年正式实行，《幼儿园工作规程（试行）》确定了德育的总体目标是“萌发幼儿爱家乡、爱祖国、爱集体、爱劳动、爱科学的情感，培养诚实、自信、好问、友爱、勇敢、爱护公物、克服困难、讲礼貌、守纪律等良好的品德行为和习惯，以及活泼、开朗的性格”③。在德育途径和方法方面，《幼儿园工作规程（试行）》指出：“幼儿园的品德教育应以情感教育和培养良好行为习惯为主，注重潜移默化的影响，并贯穿于幼儿生活以及各项活动之中。”④ 我们可以看到，虽然幼儿德育开始逐渐摆脱成人化、政治化的倾向，侧重幼儿的生活与个体发展，但“社会教育”的概念仍然尚未出现。

有学者指出，自 20 世纪 90 年代初期以来，我国的心理学工作者开始关注儿童个性和社会性的研究，这使幼教界的德育理念开始突破原有的框架，德育的内涵向社会性方向缓慢延伸⑤。20 世纪 90 年代中后期，在人民教育出版社出版的《幼儿园教育活动》和南京师范大学的幼儿园五大领域课程中率先以“社会领域”代替了“品德领域”。2001 年，教育部发布《幼儿园教育指导纲要（试行）》，明确将“社会领域”列为幼儿园五大教育领域之一，并指出社会学习是一种跨越不同领域的综合学习，“社会”不是一门独立的科目，而是一个综合的学习领域。从此，社会教育开始作为一个相对独立的领域被正式列入幼儿教育体系之中。同时，《幼儿园教育指导纲要（试行）》从儿童社会性发展的角度对社会领域的教育目标做了明确表述。2012 年，教育部颁布了幼儿教育纲领性文件《3～6 岁儿童学习与发展指南》，将幼儿社会领域的学习与发展过程看作

① 唐淑．我国幼儿园社会领域教育初创阶段研究略述．学前教育研究，2006（2）．

② 中华人民共和国教育部．幼儿园教育纲要（试行草案）．北京：人民教育出版社，1981．

③④ 国家教育委员会．幼儿园工作规程(试行)．(1989-06-05)[2020-08-20]．http://www.moe.gov.cn/srcsite/A02/s5911/moe_621/201511/t20151119_220023.html．

⑤ 李莉．新中国幼儿园社会领域课程的发展历程．学前教育研究，2006（2）．

“其社会性不断完善并奠定健全人格基础的过程”[①]，并将人际交往与社会适应作为幼儿社会学习的主要内容。至此，社会性发展成为幼儿社会教育的主要目标，国内学者也大多从发展幼儿的社会性角度对幼儿社会教育进行术语界定与目标界定，指出幼儿社会教育是“专门阐述学前儿童社会性发展与教育的一门学科”[②]，是“以发展儿童的社会性为主要目标，以增进儿童的社会认知、激发社会情感、引导社会行为技能为主要内容的教育”[③]。

我国的幼儿社会教育以促进幼儿的社会性发展为旨归，落脚点在于处理幼儿个体与他人的社会关系，着重培养幼儿的人际交往与社会适应能力，却忽视了幼儿与更广阔的社会环境、社会文化的互动。个体生存于世界之上，终其一生需要解决三种关系，即人与人之间的关系、人与自我之间的关系、人与世界之间的关系。当前我们的幼儿社会教育聚焦于帮助幼儿处理人与人之间关系、人与自我之间的关系，恰恰忽视了人与世界之间的关系。这与我们重视人与人之间的关系的传统文化密切相关。中华“和合”文化源远流长，专注于人与人之间关系的人际和谐观来自延续几千年的“宗法社会”和“熟人社会”价值观念[④]。我国幼儿社会教育目标的确立无疑受到这一传统价值观念的影响，特别强调良好人际关系的建立与维系。而幼儿所生活的当下社会已然发生变化，展现出更多的矛盾性与复杂性。差异性、一体化、变动不居、不确定性成为新时代的特点。面对急剧变化、纷繁复杂的当今社会，幼儿社会教育目标应当不只囿于如何处理自身与他人之间的关系，还应当以更广阔的视野、更开阔的格局引导幼儿理解身处的周围环境与自身所处的位置，认识遥远的时空，体验整个人类社会的发展和变化，培养幼儿的全球意识和开放心态。

第二节 对我国当下幼儿社会教育目标的反思与重构

为应对 21 世纪的挑战，世界各国均在反思现行教育制度的基础上调整教育目标，以培养合格的未来公民。幼儿究竟应当学习哪些知识、技能，具备何种能力才能促进未来的社会发展以及个体发展？这是任何一门课程都需要解决的首要问题。本节试图厘清我国幼儿社会教育目标的价值取向，并在此基础上对当下幼儿社会教育目标进行应有的反思与重构。

一、对幼儿社会教育目标价值取向的反思

课程与教学目标是一定教育价值观（教育目标、教育宗旨）在课程与教学领域的具体

① 中华人民共和国教育部．3～6 岁儿童学习与发展指南．北京：首都师范大学出版社，2012.
② 周梅林．学前儿童社会教育活动指导．上海：复旦大学出版社，2005：7.
③ 张明红．学前儿童社会教育．上海：华东师范大学出版社，2007：6.
④ 阎苹．中西文化面面观．沈阳：辽宁大学出版社，2010：93.

化，因此，任何课程与教学目标都有一定的价值取向①。当下各国幼儿社会教育目标呈现两类价值取向，即幼儿社会教育目标是应当侧重社会适应还是应当侧重社会参与？是应当侧重个体发展还是应当侧重社会需要？我们将在下文中进行分析。

（一）是应当侧重社会适应还是应当侧重社会参与？

幼儿社会教育的目标是应当侧重培养幼儿适应社会的能力还是应当侧重培养幼儿参与社会的能力？这涉及一个核心概念——社会化。人们普遍认为，幼儿社会教育的目标即在于社会化。所谓社会化，即儿童认识并适应社会的过程，社会化的目的则是塑造合格的社会成员，因此社会化的过程需要外力的不断形塑与引导。如美国20世纪初幼儿“社会学习”的目标即帮助移民及贫困家庭的孩子适应美国的社会生活方式，为将来的民主生活做准备。又如日本幼儿社会教育的目标强调养成合格市民所需具备的基本素质。新中国成立后，幼儿社会教育一度被德育取代，着重强调培养儿童的集体主义精神、爱国主义思想及国民公德，这是特定时代背景下儿童教育社会化的反映。实际上，近年来学界逐渐开始反思“社会化”这一固有概念，特别是新童年社会学，着重批判传统的社会化理论。新童年社会学认为，传统的社会化理论把社会看作先于儿童的存在，儿童的成长过程则是在外力塑造下不断适应社会、不断内化为合格社会成员的过程。社会化过程对儿童来说实质上是一个痛苦的、野蛮的过程，它使儿童被规训为某一类社会成员，而不是有着自己的特点、能够充分体现自我的个体②。侧重适应社会的幼儿社会教育更多把儿童看作被动的个体，强调儿童对社会知识与社会规则的内化和接受。

事实上，在由自然人走向社会人的过程中，儿童远非消极被动的个体。新童年社会学者威廉A.科尔萨罗（William A. Corsaro）认为，我们不能将儿童的社会发展简单看作儿童对成人技能和知识的个体性内化过程。在社会学的视野中，社会化并不只是一个适应和内化的问题，更是一个占用与改造、革新和再构的过程③。在集体的公共活动（包括与同伴群体以及成人的文化互动）中，儿童并不是简单地接受社会规则和文化，而是在理解的基础上能动地建构自己的文化，同时参与建构社会文化④。积极培养幼儿参与社会的能力应当成为幼儿社会教育目标的价值追求。近年来，美国的幼儿社会教育目标逐渐开始淡化对社会的被动适应，侧重加强培养儿童积极参与社会的能力，诸如培养幼儿质疑、批判、反思与解决问题的能力。如在美国社会教育中有诸多学者倡导引入社会公正教育（social studies for social justice），从培养全球公民的角度出发，幼儿社会教育需要涉及社会效力、赋权与解放等问题⑤。

培养合格的社会公民乃至全球公民是各国社会教育的基本追求，随着时代的发展，合格的社会公民与全球公民的内涵也在不断演进。近十几年来，21世纪核心素养的教育与测评日益引起全球的关注，核心素养的内涵在不同的国际组织、国家及地区间有着各具特

① 张华. 课程与教学论. 上海：上海教育出版社，2003：153.
② 王友缘. 新童年社会学研究兴起的背景及其进展. 学前教育研究，2011（5）.
③ 科尔萨罗. 童年社会学. 上海：上海社会科学院出版社，2014：19.
④ 同②.
⑤ WHITE C. Journeys in social education：a primer. The Netherlands：Sense Publishers，2011：42.

色的差异，然而，社会参与能力成为各国际组织和经济体高度重视的素养之一①。2016 年 9 月，我国教育部全面公布了包括“三大领域、六种素养、十八个要点”的中国学生发展核心素养。中国学生发展核心素养以“全面发展的人”为核心，分为文化基础、自主发展、社会参与三个方面②。我国教育领域已经意识到社会参与能力培养的重要性。我国幼儿社会教育目标的价值取向仍然以社会适应为主，幼儿社会学习的主要内容局限于人际交往与社会适应，对于幼儿社会参与能力的培养尚未提上议程，社会参与应当成为我国幼儿社会教育目标的重要价值追求。

（二）是应当侧重个体发展还是应当侧重社会需要？

个体发展与社会需要的矛盾一直是教育领域试图解决的重要问题。幼儿社会教育目标也呈现出两种价值取向：一种以“个体发展”为取向，另一种则以“社会需要”为取向。前者以英国、法国为代表。个体发展取向认为个体的价值需求应高于社会的价值需求，幼儿个体应处于社会教育的中心位置，社会的需求应作为外在参考；因此，他们强调社会教育的首要出发点是培养幼儿个性，形成独立人格，强调幼儿自身发展的重要性，而社会作为外部环境的价值体现在推动幼儿的个体发展上。后者则以日本为代表。社会需要取向认为社会先于个体产生，强调社会和社会公共利益的独立性与优先性，社会教育的首要出发点是促使幼儿社会化，最终落脚点是使幼儿成为一名符合社会规范、满足社会发展需要的社会人，以保证社会发展的稳定与延续。

我国学者在界定幼儿社会教育目标时，也因这两种价值取向的不同而各有侧重，其共通之处就是他们都将“促进幼儿社会性发展”作为幼儿社会教育的核心目标之一。事实上，社会由个人集合而成，个人又必须生存于社会之中。个体既受社会形塑，又能以自己的方式影响社会的发展。系统化的幼儿园教育，一方面应当培养儿童学习社会所公认的行为方式与社会文化，另一方面应当培养儿童的个性与独立人格，促进儿童的自身发展。在确定幼儿社会教育目标时，个体发展与社会需要需要走向协调与融合。因此，在确定幼儿社会教育目标时，不能有所偏颇，要综合考量幼儿的个体发展需求与社会需要，既要涵盖促进幼儿自身发展的个体目标，也要制定使幼儿能够适应、参与社会活动的社会目标，以实现幼儿个体发展与社会需要的协调统一。

二、幼儿社会教育目标的重构

幼儿社会教育，简单来讲是培养幼儿逐步成为社会人的教育。在培养社会人的过程中，一方面需要促进幼儿的社会性发展，另一方面则需要幼儿形成对自我、对社会以及对自我与社会之间关系的初步理解力与判断力。在此基础上，培养幼儿成为家庭、社区、国家乃至世界积极主动的成员。我国当下的幼儿社会教育目标侧重于幼儿的社会性发展，注重培养幼儿的人际交往能力，然而却忽视了幼儿对于自身所处社会的理解与认识；注重培养幼儿的社会适应能力，却忽视了幼儿社会参与能力的培养。

① 师曼，等. 21 世纪核心素养的框架及要素研究. 华东师范大学学报（教育科学版），2016（3）.

② 林崇德. 构建中国化的学生发展核心素养. 北京师范大学学报（社会科学版），2017（1）.

对于幼儿来说，良好的社会性发展不仅需要良好的人际交往能力、社会适应能力，还需要学会以特殊的方式观察与认识周围的世界，形成初步的自我意识与社会意识，了解自己与更广阔世界的联系，为今后适应、参与甚至改造社会奠定基础。“所有自我都凭借或通过社会过程而构成。”① 正是通过发现自身所处的社会以及自身与所处社会的联系，个体才真正发展出自我意识，并参与社会生活。美国国家社会科协会在课程标准中明确指出，“通过社会科学习，学生能够理解社会科各学科领域丰富的观点，并能在个人与公共生活中加以运用”②。在自幼儿园到十二年级的社会课程标准中，美国社会科设计出帮助儿童构建反映社会现实的以知识为基础的基本概念，旨在帮助儿童理解社会科各学科领域的知识，从而更好地认识社会以及社会与自身的真正关联。

幼儿社会教育不仅需要培养幼儿的社会性发展，还担负着帮助幼儿逐步学会观察、认识、参与甚至改造社会的基本责任。换句话说，幼儿社会教育既要关注个体的社会性发展，也要为幼儿的社会参与做好准备，如此才符合我国幼儿社会教育的目标。因此，我们认为，我国的幼儿社会教育目标应当适当削弱幼儿社会适应能力培养的提法，更加侧重幼儿社会参与意识与能力的培养，应当在侧重培养幼儿社会性发展的同时，强调社会领域知识的学习。

基于此，我们认为，幼儿社会教育的目标最终在于促进幼儿的个性与社会性发展，帮助幼儿形成对于社会的初步理解力，具备初步的社会参与意识与能力，成为家庭、社区、国家乃至世界中积极主动的成员。

具体而言，我们认为幼儿社会教育目标可从以下几个方面进行考虑。

(1) 促进幼儿个性健康发展，塑造积极独立的个体。幼儿社会教育首先要着眼于培养具有独立人格的个体，促进幼儿个性与心理的健康发展。因此，幼儿社会教育要重视培养幼儿对自我的积极认知与良好的自我管理能力，使幼儿形成自己的兴趣、爱好与信念，同时注重培养独立、自主、诚实、守信、勇敢、坚持、友爱等优良的个性品质，使幼儿成长为心理健康、积极独立的个体。

(2) 促进幼儿社会性发展，培养有效的社会行为技能。培养幼儿的社会性发展，即帮助幼儿形成积极的社会-情绪能力和有效的社会行为技能。发展社会-情绪能力，即引导幼儿在社会认知的过程中形成积极的情感体验，学会理解、接纳、处理自己的情绪，积极应对他人的情绪问题；培养有效的社会行为技能，即引导幼儿主动发起分享、尊重、谦让、关注、合作、同情等积极有效的社会交往行为，提升社会适应能力。

(3) 了解有关社会领域的核心知识，形成对于社会的初步理解与判断，初步培养幼儿的社会参与能力。在了解社会领域知识的基础上，帮助幼儿形成关于社会现实的独立认识，使幼儿能够正确地看待自身与世界的关系，引导幼儿认识并体验自身所处的小环境与社会发展的大环境，以及人类发展所面临的共同问题，为今后成长为合格的世界公民打下基础。同时，应当加强幼儿社会参与意识与能力的培养，使幼儿意识到自己是所在社区的一员，同时也是社会的公民、国家和地球的主人，应当承担起自己的责任，履行

① 米德. 心灵、自我与社会. 上海：上海世纪出版社，2005：158.

② 美国国家社会科协会. 美国国家社会科课程标准：卓越的期望. 北京：教育科学出版社，2008：2，3-5.

好自己的义务。因此，幼儿社会教育应当着力培养幼儿的质疑、批判、反思与解决问题等能力。

第三节　幼儿社会教育的基本框架和内容

我国关于幼儿社会教育的框架与内容，尚未形成完善的体系。尽管当前有学者提出对幼儿社会教育的内容需要重新进行思考，但系统连贯的幼儿社会教育内容框架尚未形成，这也是实践中幼儿社会教育无处不在又无从下手的重要原因。因此，加快我国幼儿社会教育基本框架与内容的研制，是推动我国幼儿社会教育发展的重要途径。《3～6 岁儿童学习与发展指南》把幼儿社会领域教育主要分为情绪与社会性的发展和教育以及社会适应的教育。我们认为，从培养当今复杂多变的全球化社会未来主人翁的角度来说，当前的幼儿社会教育内容太单薄，幼儿社会教育除了个体情绪与社会性发展、社会适应的教育，还应包括社会参与能力的培养以及社会领域知识的学习。已经有学者注意到这个问题，指出社会教育的框架体系还应包括一定的知识体系，如历史地理、文化经济和社会伦理等，幼儿社会教育不仅仅需要幼儿爱集体、爱家乡、爱祖国，更需要幼儿站在更高的平台看待和体验整个人类的发展和世界的变化，从而引导他们对整个世界产生一种归属感①。

需要注意的是，强调社会领域知识的学习，并非回归传统意义上的知识导向，教给幼儿零散割裂的事实性知识，而是意在扩展幼儿的视野，丰富幼儿对自身所处小环境与社会发展大环境的认识，引导幼儿从更高、更广阔的角度认识与体验自身与世界的关系。因此，社会领域知识的选择尤其重要，一定要深植于幼儿的文化背景与个人经验中。

在幼儿社会教育的框架与内容选择上，美国是较为系统与成熟的代表。美国的幼儿社会教育主要以十大主题轴的形式呈现，强调将个体发展与价值融入社会领域知识的学习之中。美国幼儿社会教育的框架与内容主要包括：(1) 文化：学习文化并认识文化多样性；(2) 时间、连续与变化：了解人类在不同历史阶段审视自身的方式；(3) 人、地域与环境：学习地理学，了解人与所在地域、环境的关系；(4) 个体发展与自我认同：学习不同阶段个体的学习、成长、发展过程；(5) 个体、群体与公共机构：了解个体、群体、公共机构之间的相互作用与关系；(6) 权力、权威与管理：认识人们怎样创造和变革权力、权威和管理结构；(7) 生产、分配与消费：认识人们如何组织生产、分配与消费各种商品与服务；(8) 科学、技术与社会：认识科学技术与社会之间的关系；(9) 全球关联：通过亲身体验理解和感受全球范围内一些事件的影响；(10) 理想与实践：了解国家的理想、原则和实践②。

我们可以看到，美国社会领域学习注重用少数的关键概念来整合涉及众多学科知识的社会教育内容，试图通过这种少而精的核心知识帮助幼儿基于自身经验不断建构知识，拓展能力。同时，它也为一线教师对社会教育课程活动的设计提供了更为明确的框架与线

① 马晓红，王娟. 从复杂性视野看幼儿社会教育. 学前教育研究，2010 (1).

② 美国国家社会科协会. 美国国家社会科课程标准：卓越的期望. 北京：教育科学出版社，2008：2.

索。我们认为美国社会领域学习基于关键概念进行社会教育内容的组织与架构应当成为我国改革幼儿社会教育内容的借鉴思路。

因此，在借鉴美国社会领域学习的内容框架的基础上，结合我国幼儿社会教育实践与我们所提出的幼儿社会教育目标，在此尝试列出幼儿社会教育的基本框架与内容。

一、个体的社会性发展与教育

个体的社会性发展与教育主要包括两大部分，即自我意识、人际交往与社会互动。

（一）自我意识

（1）引导幼儿认识自己，如了解自己的身体、语言表达习惯、行为特点、思维方式等；引导幼儿知道自己与众不同的地方，较为客观、全面地了解自己的优点和缺点，并能够学会接纳自己的缺点。

（2）引导幼儿认识不同种类的情绪，如高兴、悲伤、生气、愤怒等；让幼儿学会表达自己的情绪，接纳自己的消极情绪，并懂得控制和调节消极情绪。

（3）培养幼儿的自主意识，给幼儿提供更多的独立生活、思考的机会；让幼儿掌握在某些事情上自己做决定的能力，并为自己所做的决定负责，形成初步的责任感。

（4）尊重与理解幼儿的好奇心、探索欲，让幼儿能够充分地进行自我表达，并能够客观地评价自己，提高自我效能感。

（二）人际交往与社会互动

（1）让幼儿认识自己的家庭成员，如父母、兄弟姐妹等；了解家庭规则，学会遵守家庭规则；同时可以让幼儿了解亲人的工作，从而了解各种公众职业的特点，比如，知道清洁工作者通常什么时候工作，警察不同的指挥手势代表哪些交通信号等等。

（2）让幼儿认识身边的重要他人，如教师、同学等。给幼儿创造与同伴交往的机会，让他们体会到与人交往的乐趣，学会理解与关心他人，尊重他人的想法，富有同理心；能主动发起交往与互动，建设性地与他人交流，获得积极的情感体验。

（3）让幼儿知道不同类别的社会规范，如家庭规则、幼儿园守则、公共场所行为规范等，知道秩序的重要性，学会使用礼貌用语对待他人，做出文明行为。

（4）让幼儿掌握一定的社会技能，尤其是社会交往技能，像如何在人际交往的过程中合理、适当地表达自己的情感，如何维持友谊，如何协调自己与他人的分歧、争执，如何接纳他人与自己在语言表达、思考与行事方式上的不同，学会使用协商、分享的方式处理同伴关系。

（5）学习在集体里生活及参与集体工作。如参与小团体的讨论、参与制定班规、练习承担集体的共同责任。在成人的协助下，幼儿参与清洁卫生、维持秩序、照料集体的植物或动物等活动。

二、社会领域知识的学习

社会领域知识的学习主要包括三个部分，即社会环境、社会经济与社会文化。特别需要指出的是，在社会领域知识的学习过程中应当注重幼儿质疑、批判、反思的精神及解决问题能力的培育，以培养幼儿的社会参与意识与能力。

（一）社会环境：社区、地理与环境保护

(1) 幼儿生活在一定的社会环境之中。走出家庭，幼儿最开始接触的就是社区环境。因此，要让幼儿了解所在社区内的公共设施、社区内的居民及其关系；要让幼儿了解社区周边的基础设施，使其能够绘制简易的“家—社区—幼儿园”地图。

(2) 让幼儿了解自己所在地方的地理环境特点，如地形、气候、季节、自然资源、土壤、水等，进而理解地球上的生命；让幼儿学会识别地标和使用地图、地球仪，获得基本的方位感、方向感。

(3) 在获得基本的社区知识和地理知识后，要引导幼儿从小树立环境保护的意识，爱护周围环境和地球上的动植物，掌握基本的垃圾分类知识，懂得资源回收的价值。

（二）社会经济：经济与全球化

(1) 在日常生活中，幼儿每天都在体验经济的概念，幼儿的衣食住行与经济息息相关。让幼儿从感兴趣的事情入手了解货币的概念，如怎样购买玩具、金钱是从哪里来的等；在幼儿购买东西时，让幼儿了解什么是消费者、什么是商品，帮助幼儿了解商品的来源和商品的价值，引导幼儿学会利用商品满足自己的合理需求；引导幼儿考虑资源的有限性，从节约资源的角度出发，帮助幼儿形成回收、降低消耗、再利用的社会意识；通过游戏的方式，让幼儿自己成为生产者，并思考将来自己可以从事哪些职业，以为经济发展做出贡献。

(2) 让幼儿理解世界是一个整体的概念，经济、政治、文化都在一定程度上存在全球性的关联；让幼儿在全球化背景下懂得身份认同的重要性，告诉幼儿在某一个地方发生的事情，如何对世界其他地方产生影响，以及可能产生怎样的影响。

（三）社会文化：历史、文化、价值观、公民意识与社会参与能力

(1) 幼儿是历史的亲历者和历史发展的见证人。因此，要让幼儿从自身出发，了解过去、现在和未来的关系，如通过回顾昨天做了什么、探索一天的时间有多长、思考测量时间的不同方法等掌握基本的时间观念；给幼儿看自己的成长照片、家庭照片、祖父母使用的物件等，让幼儿体会生命延续的意义。

(2) 让幼儿了解多元文化，探索不同民族、种族的文化相似性与差异性，探究不同地域和国家在语言、故事、音乐、艺术、风俗、饮食、建筑、宗教习俗等方面的相似性与差异性，用理解、关怀的方式体会相同之处，用接纳、批判的眼光看待不同之处。

(3) 为幼儿提供积极、正面的价值观，如维护个体尊严、言论与情感表达的权利，反对歧视等，让幼儿学会辨是非、明善恶，欣赏自己和他人的独特之处。

(4) 幼儿是有一定权利、需要履行一定义务的社会公民，因此，要让幼儿了解政府和国家的象征符号、基本责任，了解和喜爱国家领导人，知道国家的陆海空范围，学会识别各国国旗，等等。

(5) 培养幼儿质疑、批判、反思、解决问题与社会参与的意识与能力。培养幼儿搜集信息、整理信息的能力，引导幼儿进行多元思考并鼓励幼儿提问题，教给幼儿辩证思考的方法，激发幼儿解决问题的兴趣，给幼儿独立做事的机会，提升幼儿社会参与的意识与能力。

本章参考文献

［1］虞永平．社会．南京：南京师范大学出版社，1997．

［2］郑三元，庞丽娟．美国儿童教育中的“社会学习”课程运动述评．比较教育研究，2000（4）．

［3］钟鸿铭．T. J. Jones 与《1916 社会科协会报告书》对社会科缘起之历史意义探究．教育研究集刊，2016，63（3）．

［4］CORREIA S T，WATKINS W H. The society for the study of curriculum history：meetings and papers 1977－1991. Compiled for the society，1991.

［5］美国国家社会科协会．美国国家社会科课程标准：卓越的期望．北京：教育科学出版社，2008．

［6］李生兰．美国社会领域教育的含义和目的．山东教育·幼教刊，2006（15）．

［7］DE MELENDEZ W R，BECK V，FLETCHER M. Teaching social studies in early education. NY：Thomson Learning，2000.

［8］王忠民．幼儿教育词典．北京：中国大百科全书出版社，2004．

［9］张明红．学前儿童社会教育．上海：华东师范大学出版社，2007．

［10］周梅林．学前儿童社会教育活动指导．上海：复旦大学出版社，2005．

［11］虞永平．幼儿园社会领域课程刍议．学前教育研究，1997（5）．

［12］中国学前教育研究会．百年中国幼教．北京：教育科学出版社，2003．

［13］稽君．我国幼儿园社会领域教育研究．南京：南京师范大学，2012．

［14］唐淑，钟昭华．中国学前教育史．北京：人民教育出版社，1993．

［15］张宗麟．幼稚园的社会．北京：海豚出版社，2012．

［16］唐淑．我国幼儿园社会领域教育初创阶段研究略述．学前教育研究，2006（2）．

［17］中华人民共和国教育部．幼儿园教育纲要（试行草案）．北京：人民教育出版社，1981．

［18］国家教育委员会．幼儿园工作规程（试行）．（1989－06－05）［2020－08－20］．http://www.moe.gov.cn/srcsite/A02/s5911/moe_621/201511/t20151119_220023.html.

［19］李莉．新中国幼儿园社会领域课程的发展历程．学前教育研究，2006（2）．

［20］中华人民共和国教育部．3～6 岁儿童学习与发展指南．北京：首都师范大学出版社，2012．

［21］阎苹．中西文化面面观．沈阳：辽宁大学出版社，2010．

［22］张华．课程与教学论．上海：上海教育出版社，2003．

［23］王友缘．新童年社会学研究兴起的背景及其进展．学前教育研究，2011（5）．

［24］科尔萨罗．童年社会学．上海：上海社会科学院出版社，2014．

［25］WHITE C. Journeys in social education：a primer. The Netherlands ：Sense Publishers，2011.

［26］师曼，等．21 世纪核心素养的框架及要素研究．华东师范大学学报（教育科学版），2016（3）．

［27］林崇德．构建中国化的学生发展核心素养．北京师范大学学报（社会科学版），2017（1）．

［28］米德．心灵、自我与社会．上海：上海世纪出版社，2005．

［29］马晓红，王娟．从复杂性视野看幼儿社会教育．学前教育研究，2010（1）．

第二章

幼儿自我的发展

1岁9个月大的悠悠最近出现了一些“状况”，让家人哭笑不得。她特别喜欢照镜子，并且在照镜子之前还会特意让妈妈给她梳梳头，对着镜子比画，样子真是让人忍俊不禁。她无意中在爸爸的手机上看到了爸爸给她拍的视频，于是就用含糊不清的发音嚷嚷着要看，观看的时候还不停地哈哈大笑。奶奶还在一旁打趣地说，悠悠已经长成大姑娘了，都知道爱美了呢！事情并未到此结束，爷爷说最近家里的东西都“易主”了，只要被悠悠看到的或者是她想要的，她都要说一句“悠悠的，悠悠的”，并且只要是被她看上的或者是她手里的东西，别人便休想拿走。奶奶总是“埋怨”悠悠：“你怎么可以这样呢？这是奶奶的。”但还是换来一句“解释”：“悠悠的，悠悠的……”

孩子出现上述行为并不奇怪，这正是孩子自我意识出现的重要体现。随着孩子认知经验的增多，尤其到了2岁左右，他们开始特别关注自己和他人，对自己的认识也逐渐增多。幼儿的自我意识（又被称为自我）是作为主体的我对于自己以及自己与周围事物的关系，尤其是人-我关系的认识。自我意识主要包括自我认识、自我体验和自我调控三个方面①。自我认识，是自我意识中的认知成分，本章主要介绍幼儿的自我概念、自我评价和性别意识的发展；自我体验是自我意识中的情感成分，本章主要介绍幼儿自尊、幼儿的自我效能感的发展；自我调控是自我意识中的意志成分，本章主要介绍幼儿自我控制的特点及能力培养策略。

第一节　幼儿自我认识的发展

自我认识是幼儿对自己的认识，是个体对自己身心特征和活动状态等的认知与评价，在学前期主要包括自我概念、自我评价和性别意识等。

① 钱文．3～6岁儿童自我意识及其发展．幼儿教育，2015（5）．

一、幼儿自我概念的发展

自我概念是个人心目中对自己的印象，包括对自身存在以及个人身体、能力、性格、态度和思想等方面的认识。概括起来，幼儿自我概念的发展主要包括以下几个方面：理解自己的姓名、认识自己的身体、认识自己的社会角色（社会自我）。

（一）理解自己的姓名

姓名使一个人与其他人区别开来，但是姓名只是一种象征性的符号，幼儿对姓名的理解是在不断学习和成长中逐渐掌握的。幼儿对自己姓名的认知与其语言能力的发展息息相关。在幼儿 1 岁之前，虽然还不能完整地用语言表达自己的需求与想法，但是已经能够理解成人的大多数指令。当然，这时幼儿对自己的姓名也特别敏感，当别人无意中提到他们的姓名时，都会引起他们的注意。到了 1 岁以后，他们已经能够说出自己的姓名了，但是在 2 岁之前，很多幼儿还不能用人称代词“我”代替自己姓名。1～2 岁的幼儿，经常在表达物的归属或者要求主动做事情时使用自己的姓名，如“这是佳佳的玩具”“佳佳吃”等。幼儿在 2 岁以后才逐渐把对自己的称呼从姓名改成“我”，这标志着他们开始知道“我是谁”“我的名字叫什么”等关于自己最基本的特征。

当幼儿了解姓名背后的意义时，父母或教师可以教幼儿说出自己父母和其他亲近人的姓名，2 岁的幼儿已经能够轻松完成这项任务。能够说出父母的姓名，将会让他们觉得父母是自己可以亲近和掌握的人。在教室中，教师呼叫幼儿的姓名也有助于培养幼儿的自尊。当教师叫出幼儿的姓名时，就好像在说：“我认识你，而且我尊重你。”同时教师和父母也可以鼓励幼儿之间以姓名称呼彼此，在此过程中，幼儿将会逐渐了解到每个人都是独立而且独特的个体。

活动案例一

有趣的姓名创意画

活动准备：

幼儿事先从父母那里了解到自己姓名的寓意；各种各样的姓名创意画作品；人手一支黑色记号笔、一张 8 开彩色卡纸。

活动目标：

幼儿通过相互沟通交流了解，知道每个人都有自己的姓名，每个姓名都有不同的含义，背后都包含着父母深深的祝福和爱。在欣赏各种不同形式的姓名创意画的基础上，幼儿可以根据自己名字的字形和意义设计一幅有趣的姓名创意画。

活动建议：

(1) 可以观察各种民间花鸟姓名画、艺术签名，并总结姓名画的特点。

(2) 可以请父母来园讲述关于姓名的故事，或者父母在家将关于姓名的故事录制成小视频带到幼儿园给幼儿播放。

(3) 猜一猜、看一看同伴的姓名创意画里都藏着什么秘密。

(4) 鼓励幼儿在自己的作品上写上自己的姓名。

(5) 把幼儿的姓名用欢快的儿歌唱出来。

(二) 认识自己的身体

幼儿对自己身体的认识，早在婴儿期已经开始。2～3 个月的幼儿会一直用身体反复重复一些令他们愉快的动作（如吮吸手指、挥动手臂等），这是他们正在熟悉自身能力的表现，这个时期的幼儿还喜欢通过踢腿和伸胳膊来产生有趣的视觉或者声音现象。等到幼儿 4～5 个月大时，他们可以把自己的脸作为熟悉的社会刺激。当幼儿接近 2 岁时，他们已经对自己的身体有正确的认识，并能够准确地命名自己的五官以及身体的各个部位。2 岁以后的幼儿，对自己身体的支配能力逐渐增强，能够熟练地做出走、跑、跳等动作，还能够变换自己身体的方向。同时，幼儿运用手的能力也越来越强，一些精细动作对他们来说已不在话下。在进入幼儿园以后，幼儿对自己身体的认识，如身体如何移动、如何与物体互动、对自己外貌和身体的看法、身体能做哪些动作等逐渐加深，这些都有利于他们之后的自尊心、自信心的建立，以及良好社会关系的构建。

理论应用于实际　　让孩子更加了解自己的身体，教师可以这样做！

(1) 尽量多替孩子们拍照，这些照片可以贴在剪贴簿、公告栏、主题墙等上。

(2) 准备各式各样的镜子——全身镜、手中镜、放大镜，当孩子们看到镜中的自己时，教师可给予类似以下的反馈：你的眼睛真大，你的脸蛋好圆呀，你的眉毛像月牙一样，等等。

(3) 保留孩子们的身高和体重记录。可以用一些废弃的彩色纸，裁剪并粘贴成孩子身高的长度，帮助孩子了解自己有多高，教师还应特别注意班级里那些特别高和比较矮的孩子。

(4) 测量身体的其他部位，如手、脚、耳朵、大拇指、鼻子等，还可以把手掌和脚掌当成测量工具进行其他的测量。

(5) 将孩子们能够做到的事情列成小册子或制成图表，例如：以一本《我能跑》的小册子为例，教师可以引导孩子们将“我能跑”作为基本动作放在第一页，那么孩子们可以逐渐发展出“我能跑得很快”“我跑得很慢”“我很生气”“我很快乐”等句子，并为每一页附上插图。

(三) 认识自己的社会角色

幼儿的社会自我概念主要是指幼儿在与他人的社会互动中，对重要的他人（教师、父母和同伴）是否喜欢自己、喜欢到何种程度、为什么喜欢自己的一种认知与评价。婴儿的社会性自我知识由他们关于自己行为模式的知识组成，这些知识是通过与他人互动，并看到自己与他人有何不同而获得的。在婴儿期，孩子还不能够完全把自己和他人区分开来，对自己社会关系的认知还很少。但在 6 个月左右，孩子开始对其主要抚养人（通常是母亲）形成相对稳定的依恋关系，知道依恋对象能够满足他的需求，当出现消极情绪时也希望从依恋对象那里寻求安慰。当孩子1岁以后，他们开始慢慢理解爸爸妈妈是爱自己的，但是他们还不能用语言表达出这种关系，通常会在情绪不稳定或者缺乏安全感时，躲到爸爸妈妈身后或者大声嚷着“妈妈抱”或者“爸爸抱”。当孩子进入幼儿园以后，由于社会交往的增多，他们对自己的社会关系的认知会更清楚，他们开始特别在意别人（尤其是教师）对自己的看法和评价。

视野拓展

点红实验——自我意识的产生

在生活中，我们每天都在照镜子，对自己的长相已经再熟悉不过了。但是如果一个婴儿看到镜子里的自己时，会有什么样的反应呢？心理学家阿姆斯特丹在1972年借用动物学家盖勒帕在黑猩猩研究中使用的点红实验（以测定黑猩猩是否能知觉“自我”这个客体），从而使有关婴儿自我觉知的研究取得了突破性进展。实验的被试者是88名3～24个月大小的婴儿，实验开始，在婴儿毫无察觉的情况下，主试在其鼻子上涂一个无刺激红点，然后观察婴儿照镜子时的反应。研究者假设，如果婴儿在镜子里能立即发现自己鼻子上的红点，并用手去摸它或试图抹掉，那么表明婴儿已能区分自己的形象和加在自己形象上的东西，这种行为可作为自我认识出现的标志。

阿姆斯特丹对研究结果进行总结得出，婴儿对自我形象的认识要经历三个发展阶段。第一个是游戏伙伴阶段：6～10个月。此阶段婴儿虽然对镜中自我的映像很感兴趣，但认不出自己。第二个是退缩阶段：13～20个月。此时婴儿虽然特别注意镜子里的映像与镜子外的东西的对应关系，对镜中映像的动作与自己的动作相同更是显得好奇，但似乎不愿与“他”交往。第三个是自我意识出现阶段：20～24个月。这是婴儿在有无自我意识问题上的质的飞跃阶段，这时婴儿能明确意识到自己鼻子上的红点并立刻用手去摸。这也表明2岁左右的幼儿，已经出现了自我意识的萌芽。

二、幼儿自我评价的发展

自我评价是个体对自己的思想、愿望、行为和个性特点的判断与评价。自我评价是幼儿在别人评价他人的过程中逐渐掌握的，是自我概念发展的产物。儿童通过对自己外部行为及其结果、自己内心活动，以及周围人对自己的态度的分析来全面地认识自己，进而在自我认识的基础上，做出相应的自我评价。随着幼儿年龄的增长，自我评价的发展呈现以下发展趋势：自我评价的内容由外部行为到内在品质；自我评价的主体由轻信权威到独立评价；自我评价由主观情绪性向客观真实性转变。

（一）自我评价的内容由外部行为到内在品质

幼儿的自我评价出现较晚，5岁之前的幼儿对自身的评价大多是一些外部的具体行为，很少涉及内在品质。比如，5岁之前的幼儿经常说“我很乖，因为今天我把饭全都吃完了”，5岁之后幼儿可能会说“我很乖，因为我懂得尊敬长辈”。很多幼儿会说“我是个聪明的孩子”，但少有幼儿会说“我是一个懂事的孩子”。他们在做自我介绍时，年龄稍小的幼儿常用的开场白是“大家好，我叫×××，我今年×岁了”，但是稍年长的幼儿自我介绍的内容会更加丰富，也会涉及一些自己内在的品质，比如他的兴趣爱好、他的好朋友，还可能包括其他人对他的评价。

（二）自我评价的主体由轻信权威到独立评价

幼儿对自己具体行为的评价大多是成人对其评价的翻版，他们会不假思索地将成人的评价简单再现，带有一般化和笼统的特点，常常缺乏针对性。此时幼儿往往是对权威的无条件遵从——妈妈说的或者教师说的就是对的，甚至表现出对某方面的偏执。例如，幼儿会向别人炫耀自己是一个好孩子。当别人问起原因时，他们会说："妈妈说我是个好孩子。"到了中大班以后，幼儿开始出现一些自己的判断，有时候会对大人的评价提出异议，但大多数时候他们还是屈从于成人的权威。例如，幼儿会说自己不是乖孩子，"因为老师经常批评我"。

（三）自我评价由主观情绪性向客观真实性转变

幼儿对自己和他人的评价带有很大的个人情绪。在做出评价时，不是根据事情的客观事实，而是根据自己的情绪体验和个人好恶，并且与他们做出评价时的情绪状态密切相关。例如，当幼儿很不开心的时候，你如果问他"你的好朋友是不是佳佳"，他可能就会毫不犹豫地跟你说："不是，我没有好朋友!"当幼儿开心的时候，你如果问他"你们班谁是好孩子"，他可能就会回答："佳佳。"当被问为什么时，他可能会说："她长得很漂亮，我很喜欢她。"

活动案例二

我们都是特别的

活动准备：

收集孩子们特别的照片，照片涉及孩子的兴趣、爱好、性格特点、能力等。既可由教师在幼儿园一日活动中抓拍，也可请父母提供。比如，孩子专注于画画，孩子之间互相帮忙，孩子自己穿衣、穿鞋，孩子打扫卫生，孩子自己添饭添菜，孩子帮妈妈晒衣服等等。

活动目标：

孩子们在说说玩玩中了解到各自都有不同的兴趣和长处，在自我描述和他人评价之后，增强自信心和自豪感。

活动建议：

（1）让孩子们说一说自己特别的地方，并夸一夸同伴的特别之处。注意照顾到被大家忽视的孩子。教师可代替同伴的角色夸夸被忽视的孩子。

（2）可以让孩子们使用画笔去描绘他们谈到的那些特别之处，画一画他们能做的事情。注意提醒孩子们给画册制作一个封面，不要忘记写上自己的名字和日期。

（3）也可邀请父母一起参与"你很特别"的活动，收集孩子日常生活中的照片和视频。在一个重要的日子里（比如孩子的生日），告诉孩子他有多特别，以及父母有多喜欢他。

三、幼儿性别意识的发展

“我是男孩”“我是女孩”，这是幼儿对自身特征最基本的认识，也是个体出生以后最常说的两句话。男性和女性是个体之间最基本的差异，男孩和女孩从出生那一刻起就会受到不同的对待，他们会穿不同的衣服，玩不同的玩具。幼儿对自身性别以及性别角色的认识到底是怎样发展的呢?

(一) 认识性别概念

根据美国心理学家柯尔伯格的理论，幼儿对性别的认识分为三个阶段：性别认同、性别稳定性、性别恒常性。幼儿在5～6岁时就已经获得了性别恒常性的能力。

对性别的认识，幼儿最先掌握的是性别认同，是指幼儿正确地认识他们自己的性别以及识别他人性别的能力。幼儿在9～12个月时就已经能够对男性和女性的脸做出不同的分类了，但是还不能用语言表达他人的性别。在1岁以后，幼儿开始学习对性别的口头分类。在1～2岁阶段，很多幼儿已经能够识别出他人的性别，例如，很多孩子会清楚地把电视中看到的男人称为叔叔，把女人称为阿姨。在2岁左右，大部分幼儿能够说出自己是男孩或者女孩。

正确地识别自己或者他人的性别并不意味着完全理解性别的意义。幼儿在认识自己或者他人的性别之后，开始慢慢地理解性别在整个生命中是保持不变的，即性别稳定性。当你问“当你还是1岁的时候，你是男孩，还是女孩”，或者“当你长大以后，你将会做爸爸还是做妈妈”时，大部分4岁左右的孩子能够正确回答，因为他们已经能够理解性别稳定性。

幼儿最后理解的是性别恒常性，即在识别一个人的性别稳定不变的前提下，同样了解一个人的性别不会因穿不同的衣服或者头发长短等外在的变化而发生变化。幼儿在6岁以后，会渐渐知道不能因为一个男孩今天穿了一条裙子就认为他是女孩。

(二) 理解性别角色

对于性别的理解绝不仅仅在于对性别概念的理解上，更多的应该是理解附加在性别背后的社会意义。在特定的文化背景下，学习男孩或者女孩应该做什么也是幼儿发展过程中的重要任务。这种性别角色知识，早在婴儿时期父母就不断地给予强化。通常父母会给男孩提供积木、卡车、玩具枪等玩具，为女孩提供洋娃娃或者毛茸茸的动物玩偶。幼儿在3岁以后，逐渐能够表达出一些性别角色知识，但是它们相对比较刻板。你会听到一个3岁的幼儿说：“妈妈做饭，爸爸修理东西。”甚至2岁的幼儿已经能够按照性别区分某些任务和财产，如厨房里的厨具、家居等物品与女性关联，汽车、工具等与男性关联。幼儿在三四岁以后，还可以按照性别安排不同的任务、玩具和活动。5岁以后的幼儿，甚至能够将某些人格特质，如冒险性、警觉性等特质与性别联系起来。

视野拓展

性别原型

在特定的文化中，成人有清晰的性别原型。这些所谓的性别原型就是附加在性别背后的习俗、规范或者是一些性别特质。在各种文化体系中，性别原型的内涵是相似的。在大多数文化中，男性通常被认为是有能力的、有技巧的、警觉的以及能够完成任务的，所以男性通常被视为家庭的顶梁柱，是在外打拼、养家糊口的人；女性通常被认为是温暖的、善于表达的、委婉的、安静的、温柔的、对情绪情感比较敏感的、缺乏能力的、独立性和逻辑性差的人。在这样的性别认同背景下，才有了如今的“女汉子”“纯爷们”这样调侃的词语。

（三）性别特征行为

幼儿在与同性或者异性交往中实际表现出来的行为，即性别特征行为。在婴儿时期，男孩和女孩的行为模式就表现出很大的差异。在幼儿 18～24 个月时，就已经表现出对不同类别玩具的偏爱。到 3 岁以后，幼儿还会出现择友的偏爱：更多地表现出对同性朋友的偏爱。除此之外，在儿童早期，男孩与男孩、女孩与女孩之间的交往质量也存在明显差异。同性之间的交往会涉及交往规则以及与性别相适应的行为。例如：在混龄儿童交往过程中，年长的男孩会教给年幼的男孩如何才会有“男子气概”，年长的女孩会教给年幼的女孩如何才能更加“女性化”。

在现实生活中，往往会出现一些跨性别行为。所谓跨性别行为，指在特定文化中表现出与自己性别不相符的行为。例如，我们生活中常见的“假小子”，就是女孩偏爱男孩行为方式的一种跨性别行为。人们似乎对这种“假小子”的行为模式比较宽容，但这也不足为奇，因为“假小子”并没有干扰成人“女性化”人格的发展，反而有助于女孩获得健全的性格。与此相反，人们比较反对男孩出现跨性别行为。而且在生活中，那些喜欢玩洋娃娃和具有女孩子气的男孩比较容易招致同伴或者成人的反对，甚至嘲笑和奚落。

四、帮助幼儿了解自我的教育策略

了解自我，提高对自己和他人的认识，既是幼儿园社会领域教育的目标之一，同时也是增强幼儿自尊心、自信心、自我效能感的重要方式，有利于其健全人格的构建。

（一）让幼儿在观察中了解自我

观察学习既是幼儿学习的最基本的方法，也是教师和父母最容易开展的一种方式。观察对象可以是自己或者他人的外部特征、行为表现等。教师可以引导幼儿观察一些图片、视频或者是具体的人及其行为。比如，在带领小班幼儿开展认识自己身体特征的活动时，教师就可以给每位小朋友准备一面镜子，让小朋友观察自己的身体特征。通过观察比较，幼儿不仅能够发现自己身体的秘密，还能够了解自己与他人的不同。在一些数学活动中，教师同样可以给幼儿一些测量工具，或者让他们自己寻找恰当的测量工具，测量自己的身高、体重、脚长、腿长等，在测量和比较中，他们既认识了自己的身体，又丰富了认知经验。

（二）让幼儿在评价中了解自我

当幼儿能够恰当和相对客观地评价自己或者他人时，说明他们已经对自己和他人有了比较深入的认识。幼儿习惯过高地评价自己，但对他人的评价比较低。教师可以在一些艺术活动，或者是一些竞争性的游戏结束之后，引导幼儿对自己和他人的作品以及活动过程进行评价，并追问幼儿得出这种评价的依据是什么。通过对不同幼儿评价的比较以及幼儿的自我评价，逐渐引导幼儿关注自己的评价内容，更加关注自我，认识到自己的不足，进而调整自己的行为。

（三）让幼儿在体验中了解自我

幼儿的思维还处在形象思维的阶段，让他们亲身去体验、经历和感受，并在此过程中加深对自己的认识，增长知识，远比单一的说教效果明显。如果想让幼儿了解腿的功能，就可以在走、跑、跳等活动中亲身去体验；如果想让幼儿认识到自己比在小班的时候长大了，就可以让他们穿以前的衣服，询问妈妈他们以前的身高、体重；如果想让幼儿了解眼睛的用途，那么还可以让幼儿体验闭上眼睛什么都看不见的感受，或者玩“闭眼抓人”的游戏。以上这些都能够让幼儿体验到自己身体的变化以及身体不同器官的用途。

（四）适当引入性教育的内容

学前儿童在认识自我以及他人的过程中，由于对自己身体认识的不足或者对自己身体的好奇，往往会做出一些令人“尴尬”的事情（如手淫），或者通过比较，他们往往会对异性的身体很好奇，从而出现一些不当的行为（如偷看异性上厕所），这些都让教师们感到手足无措。当幼儿对人体有足够的认识以后，这些现象会自然而然地消失，这就需要教师在日常的活动中渗入一些性教育的内容。通过一些集体教学活动、游戏或者艺术活动，把这些平时“难以启齿”的话题用儿童能够接受的方式表现出来。如果在儿童期，儿童们了解性器官能像了解自己的五官一样，那么之后在面对这样的话题或者场景时，他们也会表现得更加自然。

第二节 幼儿自我体验的发展

自尊是个体通过自我评价对自己某些人格品质或者能力的肯定和尊重，并期望也得到他人或者群体应有的尊重而产生的一种积极的情感体验。自尊属于自我体验的一部分，是与个体的自信心、进取心、责任心、荣誉感等密切相关的一种积极的个性品质，是不断激励自己奋发向上的原动力。

一、幼儿自尊的发展

自尊本质是一种情感体验，学前儿童的自尊感相较于自我意识的其他部分出现得较晚，大约出现在3岁左右。但是在3岁之前，他们已经有了自尊的萌芽。布朗曾指出，个体的自尊形成于儿童早期，并以两种情感感受为主要特征：一种是掌控感，是个人能力的体现；另一种是价值感，起源于社会交往经验，是个人价值的体现①。在婴儿4～10个月时就显示出了自己作为活动主体的掌控感，这跟他们的动作发展息息相关，当婴儿学会伸手够物或用手抓物并使物移动时，会感到“我能使物体运动”，即自己是外界事物运动的起源或动因，这就是一种掌控感。在婴儿对母亲的依恋关系形成以后，母亲对自己的积极

① 刘双，张向葵．婴幼儿自尊的前兆与形成．学前教育研究，2008（10）．

回应，会让婴儿感到母亲注意自己、接纳自己，进而认为自己是好的、被喜欢的，婴儿内心由此会产生一种归属感和价值感。

在幼儿3岁以后，自尊开始逐渐形成和发展。对于3岁的幼儿来说，生活能力的获得、学习能力的增长、自我的成长都促使其自尊发展。在整个学前期，幼儿自尊的发展呈现出先扬后抑的趋势。3岁左右的幼儿有了最初的自尊感，例如，犯了错误会感到羞愧，怕被别人嘲笑，不愿被当众训斥，等等。但是4岁是他们自尊水平最高的时期，4～7岁幼儿的自尊水平开始下降。这是因为随着年龄增长，幼儿的抽象逻辑思维能力开始萌芽，角色选择能力、合作能力、道德感和责任感都在渐渐发展，他们不再盲目相信自己的能力，而是会比较客观地判断自己的自我价值。

二、幼儿自尊培养的教育内容

幼儿自尊水平的高低，既会影响其自我反应和对他人反应的期待，也会影响其自我效能感。自尊强的幼儿通常自我感觉良好，对自己的能力有较高的评价。他们会觉得自己既有能力又可爱，自己有很强的控制力。自尊强的幼儿更容易与同伴建立起良好的人际关系。因此，自尊的培养对幼儿的发展至关重要。由于不同年龄段幼儿的自尊发展的特点不同，因此自尊培养的内容也有所差异。

对2岁之前的幼儿来说，由于还处在自尊发展的萌芽阶段，最重要的是安全感的需求，被关注、受重视、身体的接触既是其安全感的重要来源，也是自尊教育的重要内容。成人及时满足幼儿的生理需求，给予幼儿及时的情感抚慰，重视和关注幼儿，有助于促使幼儿自尊的发展。1岁前的幼儿主要借助于一些非语言行为（哭闹、微笑），或者是表现他们能力的动作（伸手够物、抛玩具）等表现自己。随后，他们还可能以一些“破坏性”行为来吸引成人的注意。幼儿的这些行为，目的是表现自己，让别人意识到他们的存在并认可他们的能力。

对于2～3岁的幼儿，放手让他们独立自主地做事情，成人做出适时的引导与恰当的评价应该成为自尊教育的重点。2岁也是幼儿自我意识的萌芽时期，这时他们对自己的能力盲目自信，有强烈的自我表现和自主做事情的愿望，经常把“我……”挂在嘴边。但是他们自身能力不足，认知经验有限，做事情往往事与愿违，好心办坏事。但这对他们来说并不是坏事情，自己独立做事情、做选择，自己决定生活中的小事情（穿什么样的衣服、买什么样的玩具等），再加上父母恰当地引导与鼓励，有利于幼儿自尊的健康发展。

对于3～6岁的儿童，进入幼儿园之后，他们的生活会发生很大的变化，他们发展出更广泛的社交关系，教师成为他们心目中“至高无上”的权威。因此，教师和同伴们的关注、表扬和认可，成为自尊教育的重要内容。他们一心想成为教师心目中的“好孩子”，有很多的玩伴。因此，教师的关注、表扬、鼓励乃至一个善意的微笑，都让他们觉得自己是被关注和认可的，是被喜欢的，也能够使他们产生更多的积极情感体验，同时也会影响他们的同伴氛围。

三、幼儿自尊培养的教育策略

（一）成人积极地回应幼儿

幼儿往往是渴望被关注、被认可的。如果父母能够对幼儿生理和情感上的需求做出敏锐的回应，幼儿就会认为自己是受到重视的，是可爱的和有能力的。幼儿的年龄越小，这种积极的回应就越有必要。当幼儿从成人那里得到的是冷漠、不耐烦、不关心，甚至是厌恶时，他们会感觉权威人士认为自己是没有价值、没有能力的。如果幼儿在家里受到照料者极端的对待方式，那么幼儿可能会错误地使用这种方式对待别人。

成人是否传达了增强或者破坏幼儿自尊的信息，是由他们与幼儿说话的内容和方式决定的。成人的语言是幼儿获得自我感知的主要因素。有这样一个案例：

在午睡的时候，一个中班的女孩由于没有及时告诉老师要上厕所，不小心尿在了床上，但是她又不知道怎样跟老师讲这件事情。于是她把老师叫过去，面露难色地说，“老师，我刚刚睡觉的时候很热，出了很多汗，把床单都汗湿了”，但是这种“小伎俩”被老师一眼看穿了，但是不同的老师，在面对这样的情景时，做法却截然不同：

老师1：“汗湿的？你能出那么多汗吗？老师有没有告诉过你，不可以说谎，明明就是你尿湿的，想上厕所为什么不告诉老师？你妈妈连多余的衣服都没有给你带，把裤子尿湿了怎么办?!”老师边说边帮小朋友收拾床铺，小女孩在一旁哑口无言，其他小朋友都醒了，有的小朋友甚至开始嘲笑这个尿床的小女孩。

老师2：老师走过去，并没有说话，帮女孩把床铺整理好，又把身上收拾了一下，让生活老师帮忙把被子晒一下。等到孩子们都起床完毕时，老师把刚刚那个小女孩拉到一边，说：“你是不是尿床了，以后可不能这样了，想上厕所的时候，一定要告诉老师。”小女孩点了点头。

老师3：老师说“哦，看来真的很热，出了那么多汗”，然后就把小女孩的床铺和衣服很快地收拾了一下，帮她起床梳头发，好像什么事情都没有发生一样。

面对这样的情况，第一个教师的做法显然是不可取的，他缺乏说话的智慧。第二个教师的做法也可能是很多其他教师会选择的做法，这种做法好像既照顾到了幼儿的自尊心，又让她知道了以后遇到这样的事情该怎么做。但是幼儿通过这样一种撒谎的方式来解释，说明她已经认识到了自己的错误，感到很自责，并且这也不是时常发生的行为。第三个教师选择沉默，这种做法能够让孩子感觉到教师没有故意“宣扬”自己的“丑事”，更能够感觉到自己是被认可和尊重的。

（二）培养幼儿良好的心理品质

良好的心理品质也是形成幼儿学习自尊感和交往自尊感的重要基础。倾听能力、注意力比较弱的幼儿，往往不能做到集中注意力听别人讲话，喜欢打断别人的话，上课做一些小动作、开小差等，这些都不利于他们的人际关系的发展以及学习成绩的提高，进而阻碍其在这两方面自尊感的获得。对于这样的幼儿，教师在与其交流的过程中，更应该注意自己的措辞、语速，确保幼儿能够听清楚、听懂，找准适合谈话交流的时机，并及时纠正幼儿的不良行为。

（三）通过游戏促进幼儿自尊的发展①

游戏对幼儿自尊发展具有重要的意义，但不同年龄的幼儿获得自尊的典型游戏类型不同，或者同年龄的幼儿对游戏的喜好及需求不同。对于3岁幼儿来说，通过一些生动、有趣的生活游戏学习基本的生活技能，不仅培养了他们的自我服务能力，而且提高了他们的自尊心。生活能力的获得、成长和进步是3岁幼儿自尊获得的重要基础。3～4岁是幼儿身体快速发展的时期，尤其是身体的大动作发展较快。由于技能技巧要求较少，幼儿不需要花费较多的时间练习，因此小班幼儿从运动技能中获得了较高的成就感和自信心。到了中班以后，美工游戏和体育游戏能促使中班幼儿的自尊获得较快发展。中班幼儿小肌肉的发展和动手能力较小班时有明显增长，通过幼儿园生活教育的积累，他们的动手经验逐渐丰富。随着动手能力的提高，幼儿可以在美术活动中更自如地使用剪刀和其他美术用具，开始尝试画、剪、粘、拼、折等不同的活动形式。部分幼儿已经开始能够使用美术语言表达自己的情绪情感，而且在完成美术作品的过程中获得快乐和成功的体验。

（四）帮助幼儿获得成功感

幼儿自尊发展的重要前提就是不断获得成功感，但是不同层次的幼儿对成功感的体验各有差异。教师要为不同层次的幼儿提供表现的条件和机会。教师可以根据每个幼儿的活动水平，设计和安排难度不同的学习活动，提供有差别的指导和帮助。对于能力差的幼儿，教师可以个别指导。教师也可以将幼儿按照能力进行分组，每个小组里幼儿的能力强弱参差不齐。这样做既能够让能力强的幼儿不至于无聊乏味，让他们体验到教别人学习的快乐，同时也让能力弱的幼儿找到学习的方式方法。幼儿之间的学习与交流往往比师幼活动更直接、更无障碍。教师要让不同层次的幼儿都能在原有水平上有所进步，在活动中体验到愉悦的情绪。

四、幼儿的自我效能感

幼儿通过自我评价和他人评价的方式获得自尊，如果自我评价和他人评价高，幼儿就会认为自己有能力，认可自己的行为、外貌等并形成相应的技巧。但是在生活和学校中，很多幼儿无法获得成功的机会（如：有人际交往问题、学业失败等），很重要的原因之一就是幼儿缺乏相信自己具备获得成功的能力，这种能力被称为自我效能。自我效能感的高低也会直接或者间接地影响幼儿的社会交往、学业发展等。自我效能感高的幼儿，能够较好地认知与掌控自己的人际关系，善于用积极的心态和策略看待和解决人际交往问题。同样，一个认为自己能够学得好的幼儿，也能够在学习中为自己设定目标，即使在实现目标的过程中偶有失败，他们也会用积极的心态看待失败，并尝试各种方法重新开始。

---

① 张丽华，等. 游戏促进幼儿自尊的实验研究. 应用心理学，2006（1）.

理论应用于实际

父母和教师可以通过各种活动提高幼儿的自我效能感

(1) 父母可以给学步儿童或者年幼儿童提供能够掌控自己的设施，例如小桌子、小椅子或者墙壁上、楼梯上较矮的扶手，这些设施能让这个年龄段的幼儿在面对自我和外在世界时感到自己有能力；在浴室里，可以把香皂、毛巾、牙刷、牙膏、小型的置物架等放在3岁左右幼儿伸手可及的位置，让幼儿能够掌控这些物品，当幼儿能够满足自己的需求时，他们会觉得自己是能干的。

(2) 教幼儿园的孩子操作一些器械类的物品，这可以发展幼儿的精细动作能力和自我控制能力。

(3) 让幼儿独立解决在生活和学习中遇到的疑难问题，教师适时进行指导，让他们体验遇到问题自己解决后产生的成功感。

(4) 中大班幼儿可以经常玩一些体育运动类的游戏（拍皮球、跳绳、跑步等），通过与他人的竞赛或者自身的进步，进而获得体育运动方面的能力感。

第三节 幼儿自我调控的发展

自我控制是个体对自身心理与行为主动掌握，个体自觉地选择目标，在无外界监督的情况下，抑制冲动和诱惑，延迟满足，控制自己的行为，从而保证目标实现的综合系统[①]。幼儿自我控制表现为意识对自我的协调、组织、监督、校正和调节作用，使自己作为一个能动的主体，与客观现实相互作用，从而成功地适应社会。

一、幼儿自我控制的发展特点

最新的神经科学研究表明，因为自我控制的发展过程依赖于前额叶的成熟，与其他能力的发展相比，自我控制能力发展得相对较晚。但是整个学前期是幼儿自我控制能力从产生到发展的重要时期，因此，了解幼儿自我控制能力的发展特点，进而帮助其培养和提高自我控制能力，对其以后的学习、工作、生活、社会交往有重要意义。

个体自我控制能力的形成需具备两个条件，即对价值的内化和技能的获得。对价值的内化是指个体赞同和认可社会规范和道德准则的要求而控制自己的行为；技能的获得指的是个体按照已经内化的行为标准，掌握控制自己行为所需要的技能。学前儿童由于身心发展的限制，自我控制能力弱、冲动性较强，但随着年龄的增长，幼儿的自我控制能力逐渐增强。西方的研究者认为，自我控制的发展由一些特定的领域组成，幼儿的自我控制主要包括生理、注意力、情绪、认知等方面。

---

① 杨丽珠，吴文菊. 幼儿社会性发展与教育. 大连：辽宁师范大学出版社，2005.

（一）生理的自我控制

生理的自我控制主要指对身体运动的控制和一些生理的自我调节（如心率、呼吸等）。身体控制指的是控制身体在空间中的位置以达到获得稳定性和方向感的目的①。儿童对身体的控制首先表现在学会抑制和停止某些行动，这对出生第一年的婴儿来说并非易事。在1岁之前，婴儿的自我控制都属于机体内部的自我调节。到1岁左右，幼儿可以借助语言控制自己的身体，根据成人的言语引导调节自己的行为。随着年龄的增长，幼儿的身体控制不仅包括简单的行为或动作抑制，还包括调节自己活动的节奏和速度等。幼儿对身体控制能力的增强，还表现为他们能够逐渐熟练地走、跑、跳，能进行各种粗放动作和精细动作的游戏。

理论应用于实际　　**促进幼儿身体控制的游戏**

目标：训练幼儿对身体的控制能力

1. 袋鼠跳（2～6岁）

准备：床或软垫。

玩法：爸爸和幼儿两人在床或软垫上进行游戏。幼儿需双手抱紧爸爸的脖子，双腿夹紧爸爸的腰，像小袋熊一样紧紧地挂在爸爸的胸前。爸爸弯下腰，双手双脚着地爬行。也可变成直立行走，孩子站在爸爸的脚上，抱着爸爸的大腿，一起前行。

2. 行走独木桥（2～6岁）

准备：略窄的长木板，或一根长绳，或粉笔。

玩法：告诉幼儿，我们要过独木桥了，要小心不要掉进水里。这里的独木桥可以是小区里的路缘石，可以是一块闲置的木板，或者是用一根长绳拼出来的小桥，又或者是自己用粉笔画出来的小桥。父母需要注意的是，根据幼儿的年龄接受程度来调整“桥”的宽度，越窄对幼儿的身体控制能力要求越高。

3. 木头人（3～6岁）

玩法：和幼儿们一起喊口令：“我们都是木头人，不许说话不许动，不许走路不许笑。”口令完毕，立即保持静止状态，无论本来是什么姿势，都必须保持不动。如果有一个人先忍不住说话，或者笑，或者动，那么这个人在游戏中败。也可以增加难度，加上逗笑的人，来看看谁是真木头人，谁是假木头人。

视野拓展

幼儿对身体的控制——如厕训练

在对幼儿的保育方面，没有什么问题比训练幼儿上厕所更能够引起父母的焦虑。美国著名儿科医师贝里·布雷泽尔顿认为，关于何时进行如厕训练，并没有统一的时间表，主要取决于孩子膀胱和肠的控制能力，一些18～24个月的幼儿已经表现出了较好的如厕训

① 柳倩. 学前儿童的身体控制与平衡. 幼儿教育，2017（2）.

练的迹象，但有些幼儿要到30个月才能做好准备。

做好准备的迹象包括：一天中至少有两个小时保持裤子干燥或者在午睡醒来后没有尿湿；规律的、可预见性的肠蠕动；通过面部表情或者言语表明要撒尿或者排便；能够听从简单的指令；能够去往厕所并独自脱裤子；对弄脏的尿布感到不舒服；要求使用便器或便壶；有穿内衣的愿望。如果幼儿对如厕训练表现出强烈的抗议，那么如厕训练应该延迟。

当幼儿具备以上这些条件后，父母就可以训练幼儿进行排便了：

(1) 摆脱尿布。夏天的时候，可以让幼儿摆脱尿布的束缚，使他们排尿更加方便。同时，让他们慢慢理解你对他们去厕所“嘘嘘”的要求。

(2) 及时表扬幼儿。幼儿在初学自主排便时，往往会弄得满地都是。父母应当及时肯定幼儿的努力，表扬幼儿。尽量不要既表扬幼儿，又说他们弄得很脏、很恶心，因为这会让幼儿不知所措。

(3) 熟悉便盆。在家里马桶边放一个便盆，这样可以在幼儿心中建立便盆和上厕所之间的某种联系。在每天晚上洗澡的时候，可以让幼儿坐上去，一开始不一定需要他们坐上去排便，而是先让幼儿熟悉这个“玩具”。

(4) 使用便盆。很多幼儿在家里喜欢黏着父母，甚至在父母上厕所都跟着他们。这时在你上厕所时，不妨也让幼儿坐在旁边的便盆上，幼儿在无形中会模仿父母的行为，久而久之幼儿会慢慢习惯这个排便“利器”了。

(5) 不过分强调成功和失败。幼儿年龄很小，控制能力、坚持性都很差，他们可能在用了一段时间便盆后就不喜欢了，或者经常搞得很脏。父母应当有耐心，让幼儿慢慢习惯这种方法。

(二) 注意力的自我控制

注意力的自我控制是指幼儿能够在抵抗外部刺激的同时，组织、参与和保持集中于所选定的注意对象的能力。在幼儿出生的前几个月，注意力是被原始的生理机制控制的。出生仅两天的新生儿就可形成视觉的习惯化和去习惯化。他们如果重复接收到某种刺激，就会减少对这种刺激的反应，而当新的刺激出现时，又会“喜新厌旧”，进而关注新的刺激。3个月大时，婴儿可以通过注视运动着的物体保持觉醒状态，例如一个婴儿更加喜欢看着风铃使自己保持觉醒。3～6个月期间，婴儿逐渐能够控制自己的睡眠-苏醒周期，进食和如厕时间开始变得有规律。

婴儿期和学步期幼儿的注意力调控对以后的自我调节过程的发展起着重要的作用。例如，一个幼儿在婴儿时期的注意力调节，可以更好地预测他学步时期的情绪调节。学会调节和控制自己的注意力既是幼儿阶段重要的发展任务之一，也是其未来社会适应和学业发展的重要影响因素。

理论应用于实际　　**幼儿注意力控制的小游戏**

目标：训练幼儿集中注意力

1. 打蚊子（2～6岁）

准备：奥尔夫音乐。

玩法：注意认真听音乐，当听到音乐的节拍时，拍打蚊子。

2. 抢椅子（3～6 岁）

准备：椅子若干把、音乐。

玩法：准备好若干把椅子，请出比椅子总数多的 1～2 名幼儿。音乐开始，参加游戏的幼儿围绕着小椅子一圈圈地走（或跑，或模仿不同动物行走，或者假装开着不同的车子，等等）。当音乐结束时马上坐下来，抢到椅子的幼儿为胜利者。

3. 小声说（3～6 岁）

准备：椅子若干把。

玩法：幼儿围坐一圈，教师提醒幼儿注意看教师的口型，当教师小声说出某个幼儿的名字时，请幼儿迅速猜出教师小声说的是谁。当幼儿熟悉该游戏后，教师不断降低音量，直到无声。

（三）情绪的自我控制

情绪的自我控制是指幼儿通过使用相应的技巧策略管理自己的情绪，以适应社会规则的需要。学前期幼儿的心理发展特点之一就是情绪性强，情绪的控制能力差。虽然幼儿情绪失控也是很多父母和幼儿园教师比较头疼的问题之一，但是幼儿也在慢慢开始学会调节和管理自己的情绪。婴儿期的孩子已经能够主动变换自己的情感表达方式，以求得成人的抚慰。在学步期，幼儿还不能完全控制自己的情感，尽管他们有时会使用特定的策略来试图控制自己的情绪（例如，幼儿会使用扔玩具的方式表达自己的不满情绪，或者让妈妈给他换一个好玩的玩具）。关于幼儿情绪能力的发展，在本书第三章会详细论述，在此不再赘述。

活动案例三

情绪医院

让一名幼儿扮演情绪疏导医生，其他幼儿可以通过“挂号”的形式进入情绪医院，告诉“医生”自己不开心的事情。

活动目标：帮助幼儿学习表达、调整自己的情绪

活动建议：

（1）医生可以拿出情绪小卡片，让病人确定自己的情绪是哪一类型（如忧伤、愤怒、生气等）。

（2）医生可以给病人提出调整相应情绪的方案：或捶打抱枕 10 下，或吹 3 个气球，或听听优美的钢琴曲。

（3）游戏之初教师可以先做“医生”或“病人”，做一些简单示范，或引导幼儿出谋划策，想出好的情绪控制的小点子。然后幼儿自行扮演，教师从旁观察指导。

（四）认知的自我控制

“认知控制”，通常被称为“执行功能”。幼儿的认知控制需要很多认知因素的参与，

主要包括“工作记忆”（持有和操纵信息的心智能力）和“抑制控制”（抵抗做某事的诱惑的能力）。认知控制指的是在完成任务时使用计划、控制、反思和独立性的能力。学前阶段是幼儿认知控制能力发展的关键时期。幼儿早期在幼儿园和学校的表现需要其执行控制的过程，如果幼儿能够利用一些有效的策略来监控和调节自身注意力，而且能够控制当自己面对挑战任务失败时的挫败感，他们反而能够更好地完成学业任务，更好地处理人际交往中遇到的问题。

视野拓展

幼儿的认知控制能力测验

对幼儿认知控制的研究发现，幼儿的认知控制与其认知方式相关。卡根（Kagan）等人设计了“相似图形匹配测验”（MFFT），按照“冲动-熟虑”两个维度把个体的认知方式分为冲动型和熟虑型。实验内容是首先提供给被试一个标准图形，若干个只在个别细节上与标准图形不同的测试图形和一个与标准图形完全一样的测试图形，让被试从测试图形中选择一个与标准图形一模一样的图形，并记录被试第一次反应的时间和错误次数。共有12套不同的图形（如剪子、房子、小船等）供被试选择。计算所记录每套图形的平均反应时间和平均错误次数。若被试的反应时间超过他所在样本中的平均数而错误次数少于样本平均数，就称该被试为熟虑型；若被试的反应时间少于样本平均数，错误次数却多于样本平均数，则称该被试为冲动型。实验结果发现，冲动型的人在认知活动中缺乏自我控制，而熟虑型的人具有较好的认知控制能力。

理论应用于实际　　促进幼儿认知自我控制的小游戏

目标：控制自己的最优先反应。

(1) 在开始游戏前，幼儿要能喊出头部的鼻子、眼睛、嘴巴、耳朵、头发、眉毛、牙齿、下巴、脸颊、额头等口令，并明确它们的位置。

(2) 两人一组，随意面对面坐下，父母拉着幼儿的手，手心朝上。准备就绪，父母轻拍幼儿的手，并说出口令，如眼睛。若幼儿指向正确的位置，则游戏继续。若错误，则交换角色。

(3) 增加难度，手须指向不是口令的位置。比如，如果口令是眼睛，那么指向非眼睛的位置才算正确。

该游戏也可延伸，当听到指令时，做出相反的动作。比如说站，你得坐着不动。

二、幼儿自我控制能力的培养策略

（一）父母有效的教养方式

有人说，“孩子任何的行为问题都可以从父母的教养方面找到原因”，这不无道理。幼儿的行为方式，乃至气质、性格等的形成，都与家庭环境、父母的教养息息相关。很多研究证明，父母的教养方式会影响孩子自我控制能力的发展。采取权威型教养方式的父母会根据自己孩子的发展需要和能力，采用言语指导和动作示范等方式提出相应的行为要求，对不恰当的表现及时进行矫正。这样培养出的幼儿往往知道自己该干什么、不该干什么，在自我控制方面表现得很好。还有人说："自从有了孩子之后，感觉自己已经不是自己了。"这句话也没有错，孩子自出生那一刻起就需要父母的榜样作用和言传身教。之前到家就看电视、玩手机的你，需要陪孩子玩游戏、看书、读报……；之前因为一点小事情就大发脾气的你，需要慢慢克制自己；之前熬夜、看电视剧、打游戏的你，需要调整作息规律……有这样一个案例：

在进入幼儿园小班不久，老师要每个孩子介绍一下自己的家人，以及家人的职业，当老师询问丽丽时，出现了以下对话。

老师："你家有几口人?"

丽丽："四口人。"

老师："都有谁?"

丽丽："爸爸、妈妈、奶奶和我。"

老师："他们都是做什么的?"

丽丽："奶奶做饭，妈妈玩手机，爸爸看电脑。"

老师：……

总有父母抱怨自己的孩子不喜欢看书，总是盯着手机、平板电脑、电视看，认真反思一下，这不正是成人自己的"爱好"吗?

（二）开展丰富多样的游戏

游戏是幼儿最喜欢的一种活动方式，它能唤起幼儿强烈的兴趣和内在动机，幼儿在游戏中表现的是"我要玩"而不是"要我玩"，在游戏中幼儿的情绪表现总是正向的、积极的。特别是在一些规则化的游戏中，游戏规则可以对幼儿产生一些潜在的约束，使幼儿为了游戏继续不得不遵守规则，进而把游戏中的规则迁移到学习、生活中。幼儿懂得在生活和学习中遵守规则，是其自我控制能力发展的重要体现，这种坚持也是其个性的重要组成部分①。但菲等人的研究表明，小班幼儿可以在操作性游戏和运动性游戏中学会控制自己的肢体动作和精细动作，并开始感受到游戏规则对自己的约束作用；中班幼儿在游戏中执行以目标导向为特征的认知活动时，不仅依赖坚强的意志力，还依赖头脑中的情绪系统；大班幼儿在智力游戏、运动性游戏和操作性游戏中更追求对规则的理解和遵守，他们还更注重游戏中的竞争与合作，更注重获得影响与控制环境的能力，体验获得成功的喜悦及克服困难达到目标的快乐。不同年龄段的幼儿进行与之年龄特点相符的类型的游戏，将有助于其自我控制能力的提高。

（三）加强规则教育，促进规则的内化

教师可以通过入园、户外活动、集体活动、区域游戏、进餐、如厕、离园等幼儿园一日生活常规教育，让幼儿学会遵守幼儿园各项环节的制度和行为规范。首先，教师可以有意识地教幼儿尤其是小班幼儿认识规则，教师应当把规则的要求明确而清晰地传达给他

① 但菲，杨丽珠，冯璐. 在游戏中培养幼儿自我控制能力的实验研究. 学前教育研究，2005 (11).

们。例如，教师在让幼儿睡午觉的时候要遵守纪律时，可以这样表达："午睡时小朋友们要躺在自己的床上，不要大声吵闹，手里也不要拿东西玩。"其次，帮助幼儿记住规则，例如，教师可以通过在班级中制定区域规则来提醒幼儿记住规则，从而促进其自我控制能力在潜移默化中得到发展。最后，让幼儿参与到班级规则的制定中，有些幼儿喜欢和教师唱反调，不按照教师的要求做，但如果规则是在和幼儿谈论商量之后制定的，那么他们会更容易理解和接受。

（四）引导幼儿合理评价自己和他人的行为

合理评价自己和他人的行为有利于培养幼儿的自我控制能力。父母和教师的评价有时不仅会让幼儿觉得厌烦，同时也不利于规则的内化。但是，这不代表成人不能跟幼儿讲道理。当幼儿有不当行为出现时，引导幼儿判断这种行为是对是错，或者把这种行为迁移到别人身上："如果×××做了这样的事情，你会怎么办?"同时，教师还可以通过绘本或者角色游戏的方式，让幼儿对人物行为进行评价，这种角色的转化，也有助于幼儿加深对规则的认识，进而有效地控制自己的行为。

相关资源推荐

专著：

1.《学前儿童的情绪教育理论与实践》

作者：李燕等；出版社：北京大学出版社；出版年份：2014 年

2.《在游戏中帮助孩子建立自尊》

作者：黛博拉·M. 普卢默；译者：王佳强；出版社：北京师范大学出版社；出版年份：2013 年

3.《情绪是什么：关于情绪的百科全书》

作者：乔瓦尼·弗契多；译者：黄珏苹；出版社：浙江人民出版社；出版年份：2018 年

4.《自控力》

作者：凯利·麦格尼格尔；译者：王岑卉；出版社：印刷工业出版社；出版年份：2012 年

绘本：

1.《儿童情绪管理与性格培养绘本（精选版）》（套装共 38 册）

作者：文/弗兰克·希洛，图/卡里·派罗；译者：袁蕾；出版社：化学工业出版社；出版年份：2014 年

2.《我的情绪小怪兽》

作者：安娜·耶纳斯；译者：叶淑吟；出版社：明天出版社；出版年份：2016 年

3.《我的大喊大叫的一天》

作者：瑞贝卡·帕特森；译者：孙昱；出版社：新世纪出版社；出版年份：2015 年

4.《你很快就会长高》

作者：安琪雅·薛维克；译者：余治莹；出版社：长江少年儿童出版社；出版年份：

2009 年

5.《小黑鱼和他的朋友们》（全 14 册）

作者：李欧·李奥尼；译者：阿甲；出版社：南海出版公司；出版年份：2014 年

本章参考文献

[1] 钱文. 3～6 岁儿童自我意识及其发展. 幼儿教育，2015（5）.

[2] 刘双，张向葵. 婴幼儿自尊的前兆与形成. 学前教育研究，2008（10）.

[3] 张丽华，等. 游戏促进幼儿自尊的实验研究. 应用心理学，2006（1）.

[4] 杨丽珠，吴文菊. 幼儿社会性发展与教育. 大连：辽宁师范大学出版社，2005.

[5] 柳倩. 学前儿童的身体控制与平衡. 幼儿教育，2017（2）.

[6] 裘指挥. 幼儿社会教育与活动指导. 北京：高等教育出版社，2014.

[7] 但菲，杨丽珠，冯璐. 在游戏中培养幼儿自我控制能力的实验研究. 学前教育研究，2005（11）.

第三章

幼儿情绪的发展

今天是六一儿童节，幼儿园教师们把教室装饰得像一座城堡，还请来了父母做志愿者为小朋友们助兴。佳佳和悠悠都是小班的孩子，今天早上她们一起到的幼儿园，当她们手拉手走进教室时，教室里的变化让她俩呆住了。一个戴着面具的“丑八怪”突然从门口蹦了出来，两个小朋友都被吓了一跳。“丑八怪”问：“你是小一班的小朋友吗?”悠悠明显受到了惊吓，赶紧跑到了老师的怀里，不敢说话。虽然佳佳也有点害怕，但是她很好奇，尝试着去接近“丑八怪”，看着他，又转身看了看老师。然后她小心翼翼地说：“我是佳佳，是小一班的，我很乖，你是谁?”看到“丑八怪”蹲了下来，伸出手臂，她就走过去，让“丑八怪”把她抱在腿上坐着。

情绪是个体对外部和内部事物的主观体验，也是幼儿心理变化的最直接体现。情绪的产生和发展也会带来个体的生理变化、经验变化以及外显行为的变化。很显然，上面提到的两个 3 岁的幼儿在面对“丑八怪”时的情绪反应是截然不同的，为什么两个幼儿在面对同样新奇的事物时的情绪体验会有如此大的差异呢？在本章，我们会探讨幼儿情绪发展的相关问题：怎样引导幼儿发展积极情绪体验与表达、进行有效的情绪调节和控制，以及怎样正确地回应幼儿的情绪。

第一节　幼儿情绪能力和幼儿情绪教育

一、幼儿情绪能力的概念

情绪是个体心理体验的重要组成部分。情绪具有建立、维持和改变个体与外界关系的功能，情绪的这种功能被广泛看作是一种能力，即情绪能力（emotional competence）①。

① 姚端维，陈英和，赵延芹. 3～5 岁儿童情绪能力的年龄特征、发展趋势和性别差异的研究. 心理发展与教育，2004 (2).

情绪能力指个体理解自己和他人的情绪，适当地呈现情绪、表达情绪，以及能够抑制或者调节行为以达到目标的能力①，对幼儿的社会性发展起着非常重要的作用。

关于幼儿情绪能力的结构模型，也有不同的学者提出了不同的观点。其中沙拉维和梅耶提出的情绪能力模型在理论上影响最大，他们认为，情绪能力包括四个方面：情绪知觉、评价和表达能力（对自己的生理状态、感情和思维中的情绪的识别与表达，对他人、艺术作品、语言中情绪的识别与表达），在思维中对情绪进行同化的能力（如有助于判断和记忆情绪的能力），对情绪的理解与分析能力（如情绪推理的能力），对自己和他人的情绪进行有效调控的能力（如保持乐观的能力，对情绪进行调节、控制的能力）②。萨尼将情绪能力划分为以下 8 个维度：觉察自身情绪的能力、识别他人情绪的能力、使用情绪语言的能力、移情的能力、区分内部情绪与外部情绪的能力、应对紧张情绪和情景的能力、使用适当情绪进行交流的能力、情绪自我效能。

二、幼儿情绪教育

人类从孩提时代起便由情绪觉知来认识外界，即使长大到足以用语言与名称来描述事物，情绪觉知仍然存在并作为与世界建立联系的一种重要方式③。情绪具有激发和组织人类行为的功能，情绪的稳定与否不仅对人的身心健康产生影响，还在一定程度上决定着个人学业、人际关系乃至家庭生活的成败。幼儿的情绪发展具有外显性、多变性、不稳定性等特点，他们的情绪状态对其学业、个性、社会性等方面发展的影响极为重要。2012 年教育部颁布的《3～6 岁儿童学习与发展指南》专门指出，幼儿园健康领域的教育目标之一就是让孩子“保持愉悦的情绪”④。因此，在幼儿园教育和家庭教养中，幼儿情绪的发展与教育已经成为父母和教师关注的焦点。

幼儿情绪能力大致可分为三个方面：适宜的情绪表达能力（competent emotional expressivity），即相对较多地表现出积极情绪，相对较少地表现出消极情绪；情绪认知能力（competent emotional knowledge），即正确认识他人情绪及推断情绪成因的能力；情绪调控能力（competent emotional regulation），即将情绪经验和情绪表现调整到适合的程度以成功达到个人目标的能力。

幼儿情绪能力的这三个方面都能在一定程度上预测他们之后的社会能力。德纳姆（Denham）对幼儿在以上三个方面情绪能力的追踪研究表明，在 3～4 岁，幼儿的情绪表达可预测其情绪知识及情绪的自我调控能力，积极情绪占主导的幼儿通常具备更多的情绪知识，更能调控自我情绪⑤。而情绪的自我调控能力也可以预测幼儿的社会能力。情绪的

---

① SAARNI C. The development of emotional competence. New York：Guilford Press，1999.

② MAYER J D，SALOVERY P. What is emotional intelligence? //SALOVEY P，SLUYTER P. Emotional development and emotional intelligence：implications for educators. New York：Basic Books，1997.

③ 林建福. 情绪教育的哲学反思. 欧美研究（台湾），1999（3）.

④ 中华人民共和国教育部. 3～6 岁儿童学习与发展指南. 北京：首都师范大学出版社，2012.

⑤ DENHAM S A. Social cognition，prosocial behavior，and emotion in preschoolers：contextual validation. Child development，1986，57（1）.

自我调控能力高的幼儿们被幼儿园教师评定为更有社会能力的群体，也更受幼儿园同伴们的喜爱。但是，到了学前班阶段，情况有所变化：良好的情绪表达能力（以积极情绪为主导的情绪表达）和较多的情绪知识成为预测幼儿社会能力的优良指标，而情绪的自我调控能力在此阶段的地位有所下降，不再是首要预测指标。

因此，在幼儿园和家庭中，父母和教师通过适宜的方式和途径，引导幼儿进行积极的情绪表达，准确理解和认知自身和他人的情绪状态，及时恰当地调控自己的情绪，以满足他人和情境的需要，将会助力幼儿的成长，为其今后的发展打下坚实的基础。

三、幼儿情绪教育与幼儿发展

很多研究表明，幼儿情绪能力是可以通过后天的学习和环境熏陶改变和提高的。沙拉维等人提出，情绪能力会因学习和成熟等因素而改变。幼儿情绪能力的提高对其发展有何意义呢？幼儿园和家庭的情绪教育对幼儿发展有何益处呢？

（一）有利于幼儿良好同伴氛围的构建

进行情绪交流和维持积极的同伴交往是幼儿阶段的主要发展任务之一。能更好地理解他人情绪的幼儿，也会对同伴表现出的消极情绪给予积极、敏感、恰当的回应，更好地帮助同伴克服消极情绪，从而结交到更多的朋友，维持更长久的友谊关系。情绪能力强的幼儿，往往能在同伴交往中把自己愉悦、快乐的情绪用语言、面部表情或者肢体动作等多种方式传达给同伴，在分享自己喜悦的同时让同伴认识到自己是可以信任的，是容易交往的；同时也能把不满的情绪通过恰当的方式表达出来（比如，把不满的情绪以及情绪出现的原因说出来），让他人知道。幼儿消极情绪出现的原因之一就是不能准确、有效地表达自己，缺乏相应的情绪表达策略。

（二）有利于幼儿良好社会行为的发展

在同伴交往中，早期较多使用积极活动策略的幼儿，其后的社会交往能力比较强，很少表现出社会退缩行为；早期较多使用被动回避策略的幼儿，其后的社会交往能力和任务坚持性较差，社会退缩行为较多。情绪能力强的幼儿，在日常的学习和同伴交往中往往较多地表现出积极的情绪，而且能够有效地调节和控制自己的消极情绪，对他人的情绪也会更加敏感。因此，他们会更多地参与到集体活动中，表现出更多的亲社会行为（安慰、分享、互助、合作等），并能够对他人友善的行为做出积极的回应。

（三）有利于幼儿良好个性的形成

个性是个体区别于他人的，在不同环境中显现出来的，相对稳定的，影响人的外显和内隐行为模式的心理特征的总和。学前阶段是幼儿个性形成和发展的关键时期，这个阶段对幼儿进行情绪能力的培养，有助于其健全个性的形成。情绪性强是学前阶段幼儿显著的特点之一。当幼儿较多地表现出积极情绪时，他们才能够发展自己的兴趣、需要以及同伴关系；当幼儿学会恰当地表达自己的消极情绪时，他们才能够主动向别人表达自己的想法和需要，在此过程中，他们会逐渐形成稳定的个性特征。

（四）有利于幼儿社会能力的提高

社会能力是幼儿解决冲突和与人相处的能力。人是社会性的动物，社会能力的提高是其社会性发展的重要前提。幼儿的问题解决能力和人际交往能力是在其同伴交往中不断获得与发展的，情绪能力的提高本身有助于幼儿同伴关系的发展。良好的情绪调节和控制能力本身就是一种问题解决策略。学前儿童经常出现攻击等问题行为，很重要的原因之一就是情绪认知能力不足，不能从行为情境信息中辨别行为背后的真实原因（如别人开玩笑或无意的触碰可能被误认为恶意的攻击）。幼儿情绪调节和控制能力的提高也能使其自身保持愉悦安定的情绪，减少与他人不必要的冲突等。

四、幼儿情绪教育的目标

情绪发展是幼儿阶段的重要任务之一，情绪教育是幼儿园教育中重要的内容。幼儿情绪教育的总目标是：培养幼儿与教师间强烈的情感关系和信任感；给幼儿提供满足情绪安全感的学习经验；发展幼儿的情绪能力，帮助幼儿发展适宜的情感表达方式，支持幼儿情绪的社会化过程；培养幼儿的情绪沟通能力；培养幼儿对幼儿园、对教师、对幼儿园活动、对学习活动的积极态度和积极的情感体验。

（一）培养幼儿与教师间强烈的情感关系和信任感

《3～6 岁儿童学习与发展指南》规定，幼儿园要“营造温暖、轻松的心理环境，让幼儿形成安全感和信赖感”。健康的师幼关系是幼儿情绪教育的基础。幼儿在园一日活动中，无论是自由活动、自主游戏，还是各个生活环节、集体教学活动，都是建立积极、稳定、亲密、相互信任的师幼关系的课堂。只有教师在任何环节都有意识地与幼儿建立积极的情感关系，幼儿才能信任教师。

首先，教师要及时地满足幼儿的情感需求，通过拥抱等身体接触，让幼儿感受到被爱，感受到自己的存在和价值，感受到自己被需要，使幼儿保持积极、愉快的情绪状态。同时，教师应做到以欣赏的态度对待幼儿，注意发现幼儿的优点，接纳幼儿的个体差异，不简单地将幼儿与同伴做横向比较，尊重幼儿的发展水平的差异，接受幼儿的发展中的问题，帮助并支持幼儿健康成长。

其次，教师要与父母沟通，建立与父母间相互信任、积极的合作伙伴关系。例如：在幼儿刚入园的第一个星期，鼓励父母暂时留在幼儿园一段时间陪伴幼儿；安排在园或园外的亲子互动，让父母和幼儿共同完成一些任务或游戏活动，以提高父母对幼儿发展与教育的参与度；还可以让幼儿带家人的照片到幼儿园与大家分享，这一方面有利于幼儿在幼儿园安全感和归属感的建立，另一方面也向父母表达了幼儿园对幼儿家庭的接纳和欢迎。教师还可以在父母每天来接幼儿时，安排与父母沟通的时间，这一方面能让教师更了解幼儿的情况，另一方面有利于建立父母和教师间的合作伙伴关系，为父母提供一个表达个人对幼儿园感受的机会。

（二）培养幼儿的积极态度和对幼儿园活动的积极情感体验

对幼儿园活动的积极情感体验，是幼儿日后对学习、工作的积极态度的基础。如果幼儿能在阅读绘本、探索周围环境、学习新的运动技能、发展数学概念或其他集体教学活动中，感受到学习活动的乐趣和通过努力完成任务后的自豪感，积累抑制冲动的经验，他们在日后的学习、生活中就可能表现出更多的自我激励。

幼儿园教师为幼儿提供学习活动与游戏活动，目的之一就是培养幼儿的探索精神和积极的自我评价和自我激励，支持幼儿的全面发展。因此，在满足幼儿安全感与信任感的基础上，教师还要为幼儿提供能满足他们情绪安全感的学习活动与学习环境。教师在教学活动中要注意：帮助幼儿处理与家人短暂分离的情绪焦虑；培养幼儿对学习的积极态度，为幼儿提供适宜的学习活动和学习材料，帮助幼儿体验学习的乐趣；为幼儿提供适于探索的班级环境，帮助幼儿体验探索、发现的魅力；创造愉悦的学习气氛与社交活动。

例如，有一位教师在她的小班教室里放了一个用包装冰箱的大纸箱子做成的小房子，房子上有窗，有门。开学的第一周，这个小房子吸引了许多幼儿的注意力。幼儿们进进出出小房子，有的躲在里面，有的利用它玩捉迷藏。这个小房子既为幼儿们提供了相互交流的机会，促进了他们语言能力的发展，让幼儿们体验了捉迷藏的快乐和提供了有关守恒（物体的消失与重现）等的经验，也为尚未获得安全感的幼儿提供了独处的空间。这种环境设计，既有利于幼儿语言和认知能力的发展，也为幼儿提供了有安全感的学习和生活环境，以及积极愉快的幼儿园情绪体验。

在另一位教师的中班，教师为幼儿们安排了“绘本分享活动”，她不仅让幼儿们自由选择要看的绘本，还鼓励幼儿轮流向同伴介绍、分享他们看的绘本，并鼓励幼儿欣赏并说出同伴的优点。借此，教师为幼儿提供了认真阅读及与他人分享观点的机会，培养了幼儿仔细阅读的态度和想要与他人分享的愿望，培养了幼儿对图书的亲近感、对图书的积极态度以及阅读兴趣。同时，教师通过在活动中鼓励幼儿相互欣赏，既满足了幼儿被团体接受和获得同伴认同的情绪需求，锻炼了幼儿与他人分享想法、当众表达自己的能力，也培养了幼儿欣赏他人、发现他人优点的特质。

（三）培养幼儿接纳自己的情绪和适当表达情绪的能力

情绪表达能力，不仅是幼儿情绪能力的重要内容之一，也是幼儿情绪教育的重要内容之一。一方面，教师要理解、尊重并接纳幼儿的消极情绪感受与表达。例如，在开学第一周，刚入园的幼儿在父母要离开时大哭是正常的，教师要敏感地察觉幼儿的悲伤情绪感受，为幼儿提供安慰和应对、处理消极情绪的策略，如：拥抱幼儿，递给幼儿面纸，为幼儿选择与分离焦虑、入园适应有关的绘本，鼓励幼儿表达自己的悲伤，引导幼儿进行积极应对。

另一方面，教师也要鼓励幼儿表达积极的情绪感受，如快乐、好奇或惊讶等，帮助幼儿体验快乐的幼儿园生活。同时，教师还要为幼儿提供表达积极体验、传递正能量、给他人人文关怀的示范，如：“你非常认真地读完了这个故事，还讲给我们听，这真是一个有趣的故事！你一定非常喜欢这本书！”

（四）培养幼儿的情绪管理能力和关爱、理解他人情绪的能力

“帮助幼儿学会恰当表达和调控情绪”是《3～6岁儿童学习与发展指南》提出的幼儿情绪教育的重要目标之一。情绪社会化，包括情绪管理能力，识别他人情绪的能力，以及处理与他人关系的能力。而情绪管理能力包括：能正确处理情绪问题、摆脱消极情绪（如焦虑、伤心等）的能力，自我安慰的能力，以及自我激励的能力，等等。幼儿情绪教育应强调培养幼儿的情绪管理能力，培养幼儿学习调节、控制、管理消极情绪，并学习以社会接受的方式表达自己的消极情绪。教师可以教授幼儿冷静下来的方法：“我知道这件事让你很生气，你在娃娃家那里一个人待一会儿也许会好受一点，之后我们可以一起想想怎么

解决这个问题。”

处理与他人关系的能力，尤其是与他人互动的能力，如理解他人的感受、倾听他人说话、尊重他人意见，以及与他人建立、维持友爱关系的能力，是情绪社会化的重要内容之一。教师在教育教学活动中要注意培养幼儿对他人情感的敏感性和关怀的能力，帮助幼儿与他人建立起真挚的友谊，以及培养幼儿对团体的归属感和认同感。

第二节　幼儿情绪理解能力的发展与教育活动指导

情绪理解是指个体对情绪加工过程有意识的了解或者对情绪如何起作用的认识。对自己和他人情绪的理解和认知，既是幼儿情绪社会化的第一步，也是其社会能力发展的重要前提。在学前阶段，幼儿的情绪理解能力的发展最为迅速和关键，它也是幼儿情绪能力培养的重心。

一、幼儿情绪理解能力的发展

幼儿的情绪理解主要包括个体的情绪识别、理解自身和他人情绪产生的原因以及与情绪有关的线索（如表情、情境等）[①]。情绪理解能力具体可以分为三个方面：情绪识别、情绪观点采择和情绪推理。

（一）幼儿情绪识别能力的发展

幼儿对他人面部表情的识别能力最早出现在婴儿时期。6～8 个月的婴儿对高兴的表情表现出非常明显的偏好，1 岁以后，幼儿逐渐表现对恐惧表情的注视偏好，女孩能比男孩更精确地表达和辨别情绪[②]。但是幼儿在 3 岁之前很难识别和命名图片人物或木偶的表情，他们还喜欢滥用“快乐”这个情绪标签词语[③]。这表明 3 岁以前的幼儿尚未获得或还未找到命名不同情绪的标签词语。

3～5 岁期间，幼儿逐渐掌握了正确命名他人或木偶面部表情的词语。3 岁大的幼儿已经会正确命名快乐的表情了，但是他们也经常会把“快乐”这个标签词语泛用到其他积极的情绪上去，比如用快乐来命名惊讶的表情。3～4 岁的幼儿开始用“伤心”或“生气”来形容一系列消极情绪，而 4～5 岁的幼儿则逐渐学会使用“恐惧”这个标签词语。但是对于 4 岁之前的孩子来说，他们识别表情的能力优于命名表情的能力，在消极情绪中，害怕是最难识别的表情[④]。一些高级的情绪标签词语，到很晚才会被幼儿使用，例如：即使是 5 岁大的幼儿，也很少用“惊讶”或“厌恶”等情绪标签词语来形容消极情绪。一直要

---

① 李大维，韩闯．幼儿情绪理解能力发展研究综述．吉林省教育学院学报，2010（1）．

② 李佳，苏彦捷．纳西族和汉族儿童情绪理解能力的发展．心理科学，2005（5）．

③ WIDEN S C，RUSHELL J A．A closer look at preschoolers’ freely produced labels for facial expressions．Developmental psychology，2003（39）．

④ DENHAM S A．Social cognition，prosocial behavior，and emotion in preschoolers：contextual validation．Child development，1986，57（1）．

到小学中期，幼儿才会使用这类标签词语，比如自豪、羞愧、内疚等，来形容更为复杂的情绪。

然而，面部信息并不是幼儿用来辨认他人情绪的唯一线索。研究者让 4 岁、5 岁及 8 岁的幼儿观看成人跳舞时的场景，成人跳舞时的动作蕴含各种情绪，如快乐、伤心、生气或害怕，结果发现 5 岁的幼儿也能区分这些情绪性动作，而 8 岁的幼儿的情绪识别能力已经与成人无异，他们能够正确地识别出舞蹈者的所有情绪性动作中所蕴含的情绪①。

活动案例一

幼儿的情绪表情识别

活动准备：

收集幼儿们的不同情绪类型（开心、生气、伤心、害怕、惊讶等）的照片，照片既可由教师在幼儿园一日活动中抓拍，也可请父母提供。

活动目标：

幼儿们通过观察自己、他人的表情特征，在说说玩玩中了解不同情绪的表情特点，根据照片与同伴交流不同情绪产生的具体情境，进而了解不同情绪产生的原因。

活动建议：

(1) 这些照片将被作为情绪识别和情绪理解的材料。教师可以在讲解不同情绪特征时使用，帮助幼儿们理解在不同情境下产生的不同情绪，理解情绪产生的原因。

(2) 可以玩“你演我猜”的游戏，请幼儿们抽出不同的情绪表情照片作为任务卡，一个幼儿根据任务卡表演表情，另一个幼儿猜情绪表情名称。

(3) 可以把情绪表情照片贴在骰子上，作为个别化学习材料。幼儿通过玩掷骰子游戏，认识骰子上贴着的不同表情，学习有关情绪的词语。

(4) 将各种情绪表情照片贴在木偶或手偶的脸上，幼儿可以在角色游戏的“小舞台”游戏中，根据情绪绘本的故事内容或者自己真实的情绪事件创造、改编、表演情绪故事。

(5) 用各种情绪表情图制作《心情书》。情绪表情图既可以是选自幼儿熟悉的故事中的人物的表情图片，也可以是来自幼儿真实生活的表情照片。幼儿在翻阅《心情书》的同时，可以和同伴讲一讲自己的心情小故事，说一说自己心情的变化。

（二）幼儿情绪观点采择能力的发展

观点采择是指个体具有区分自己与他人观点的能力，并能按照过去或当前情境对他人的观点做出正确的判断②。幼儿的情绪观点采择是指幼儿设身处地地从他人的角度理解和看待别人的想法、情绪情感状态等。

① BOONE R T, CUNNINGHAM J G. Children's decoding of emotion in expressive body movement: the development of cue attunement. Developmental psychology, 1998, 34 (5).

② 夏瑞雪，等. 观点采择在内隐情绪加工中的调节作用. 心理学报，2014 (8).

幼儿的情绪观点采择能力属于社会观点采择能力的一种，情绪观点采择能力的发展与其道德能力的发展息息相关。在幼儿出生的第一年，他们还不能完全区分自己与他人，还不能够准确理解和识别他人的情绪，但通过最简单的情绪唤起方式，他们仍能体验到他人正在遭遇的痛苦，就像自己也在经历那种痛苦一样。例如，婴儿当看到其他婴儿跌倒了，或者被妈妈骂而大哭时，自己也会跟着大哭，或者表现出不安的情绪。在幼儿 2 岁左右时，随着自我意识的发展，他们开始能够理解他人可能与自己有不同的情绪情感，在他们情绪状态好的时候，还能够对他人表示同情和安慰（比如把喜欢的东西分给别人）。但是这个阶段的幼儿的情绪受认知发展限制，有很强的自我中心性。到了 3 岁以后，随着认知的发展和生活经验的增多，幼儿逐渐能够意识到自己和他人的个性与生活经历对情感体验的影响，不仅能从当前情境，而且能从更广泛的生活经验来看待他人所体验到的愉悦和痛苦。

理论应用于实际　　情绪的社会性参照——感受别人的感受

当 1 岁大的佳佳看到哥哥和他的朋友大声争辩并且开始打斗起来时，佳佳感到不知所措，不知道发生了什么，于是她回头瞥了一眼妈妈，仿佛想从妈妈那里得到答案。妈妈知道哥哥和他的朋友只是在玩耍，于是只是微笑地看着两个小男孩打闹。佳佳在观察到妈妈脸上的微笑后，也开心地笑了起来，还不停地用手指着哥哥和他的朋友们。

其实和幼儿一样，成人也会在遇到不确定的情景时，看看别人是如何反应的，这种对别人的依赖就是一种社会性参照。社会性参照具体指人有意地搜索关于他人感受的信息，以帮助解释不确定环境和事件的意义。幼儿准确地通过社会性参照获取关于情景的信息，可以减少他们对正在发生的事件的不确定性，提高他们的安全感以及对新奇事物的探索兴趣。

（三）幼儿情绪推理能力的发展

随着幼儿年龄的增长、社会互动的增多，仅仅识别他人的情绪已经不足以应对他们将面对的社会生活了。幼儿只有认识更多的心理概念，才能对自己和他人情绪产生的原因和线索做出推断，从而预测别人的情绪状态，指导自己做出正确的行为反应，这就是幼儿的情绪推理能力的发展。幼儿在与成人及同伴交流和互动的过程中，逐渐能够掌握他人情绪产生的原因和结果的过程，也逐渐能够推断出在某种情境下自己或者他人可能会出现的情绪反应。

幼儿的情绪推理能力出现较晚，他们最初只能够理解愿望与信念之间的关系。在伊尔的研究中，3 岁的幼儿能准确地预测当一个故事主角扔出的球被期望的对象接到时，故事主角会感到高兴；当被另外一个对象接到时，故事主角会感到难过①。但是幼儿对情景信息的理解出现得相对较晚，在一项研究中，研究者向 4～5 岁的幼儿展示一张画有一个高兴的小男孩和一辆坏了的自行车的图片，并问幼儿这张图片中发生了什么事情。结果表明，4～5 岁的幼儿倾向于只关注情感表达："他很高兴，因为他喜欢骑他的车子。"② 显

① YUILL N. Young children's coordination of motive and outcome in judgements of satisfaction and morality. British journal of developmental psychology，1984（2）.

② EISENBERG N，et al. The relations of parental characteristics and practices to children's vicarious emotional responding. Child development，1991，62（6）.

然，他们只注意到了图片中的一条最明显的线索，而忽略了其他线索；大一点的幼儿就能整合两条线索，回答说：“他很高兴，因为爸爸答应给他修车子。”

活动案例二

情绪观点采择和情绪推理

活动准备：

设计包含多种情绪（开心、生气、伤心、担心、害怕等）的绘本；幼儿根据自身的情绪事件制作《情绪故事书》；等等。

活动目标：

幼儿通过阅读情绪绘本，从作品中主人公的面部表情、肢体动作、语言表达，甚至是整个作品的背景风格等线索，猜测、了解主人公的情绪状态，理解情绪产生的原因，并学习合适的情绪控制、调节方法。

活动建议：

(1) 绘本的阅读不仅仅是发展幼儿语言的一个有效媒介，更是促进幼儿情绪发展的重要途径。有关情绪的绘本中包含了大量与情绪理解、情绪表达相关的元素与线索，幼儿通过对绘本中人物表情、动作的观察，甚至在不需要文字提示的情况下，就能推理出人物的情绪状态和产生该情绪的原因，以及该情绪造成的结果等，这比成人通过语言向幼儿描述一个情绪事件来促进幼儿的情绪理解能力来得更直观、更有效。

(2) 选取的绘本以“情绪”为主线，故事明确表现出主人公情绪产生的原因、情绪状态变化的过程、情绪对应行为的结果等，帮助幼儿清晰地了解某种情绪表现的状态、出现的情绪反应、情绪产生的原因和造成的结果，从而促进幼儿理解他人情绪的能力的发展。

(3) 可以借助情绪绘本，和幼儿开展集体活动。教师通过带领幼儿共同阅读故事内容，深度解析故事中主人公的情绪事件，组织幼儿讨论情绪产生的原因和表达情绪的合适方式，帮助幼儿更准确地认识自己与他人的情绪状态，更好地理解情绪，并做出更适宜的行为表现。

(4) 当形成以“关注情绪”为主的班级氛围时，教师可以鼓励幼儿将自己的情绪事件以绘画的方式表现出来，制作属于自己和同伴的《情绪故事书》。利用个别化学习、区角游戏、自由时间、环节过渡时间等，鼓励幼儿翻阅、分享《情绪故事书》，进一步了解自己与同伴的情绪表现状态。

(5) 鼓励幼儿将《情绪故事书》中的故事表演出来。情绪故事的演绎是对故事里主人公情绪的再现、体验和感受，更有助于幼儿对情绪的进一步理解，同时它也是对他人情绪推理的行为化、外显化。教师可以在角色游戏中创设“小舞台”环境，提供合适的道具，鼓励幼儿在自主性游戏中大胆表现情绪故事，反思故事中主人公调节情绪的方法，这对幼儿自身及其同伴的情绪调节能力也有促进作用。

二、提高幼儿情绪理解能力的途径

良好的情绪理解能力不仅可以帮助幼儿更准确地认识自己的情绪状态，恰当地表达自己的需求，同时也能帮助幼儿更好地识别他人的情绪，预测可能出现的行为，对幼儿认知的发展以及社会交往能力的提高有重要意义。在家庭和幼儿园中，父母和教师可以通过以下途径提高幼儿的情绪理解能力。

（一）帮助幼儿明确命名自己和他人的情绪

随着幼儿年龄的增长、社会互动的增多，幼儿逐渐在社会交往中体验到各种各样的情绪，同时也会面临更多的处理自己和他人情绪的问题，正确的情绪识别、情绪观点采择和情绪推理可以帮助他们更好地应对这些问题。当幼儿遇到情绪问题，或者无法准确表达自己的情绪时，成人可以协助幼儿把情绪尤其是消极情绪说出来，让他们感受到自己是被理解的，同时这也增强了他们对自我情绪的认知。例如：当幼儿因为心爱的玩具被弄坏了而哭泣时，教师可以这样安慰他："我知道你很伤心、很难过，这是妈妈在你过生日时给你买的，是你最喜欢的玩具。"

（二）开展情绪相关的绘本阅读

绘本故事能让幼儿以旁观者的身份理解故事中不同角色的情绪体验，再配合教师恰当的提问与适时的引导，将有助于幼儿理解他人的情绪，增强情绪推理能力。《我不想生气》《我好害怕》《我好担心》《愿望树》等绘本故事能够帮助幼儿理解产生消极情绪是正常的，并且鼓励孩子勇敢地把消极情绪表达出来。"我喜欢做的事""关于爱的故事·亲情篇"等系列绘本，《我的感觉：我会关心别人》等绘本故事，能够逐步让幼儿理解怎样表达自己的积极情绪以及正确理解他人的情绪情感和需要。

（三）开展支持幼儿情绪理解的活动

同伴交往是幼儿进入幼儿园后重要的活动之一，各种游戏活动中的同伴互动为幼儿提供了大量理解他人情绪、进行情绪推理、协调自己和他人情绪的机会。教师应该抓住机会，尤其是在一些竞争性游戏和角色游戏中，让幼儿通过输赢和角色互换，理解他人的情绪状态和感受，引导幼儿通过关注他人的表情、动作、行为方式，推断他人的行为意图以及情绪状态，进而做出恰当的行为反应。

理论应用于实际　　**帮助幼儿情绪理解的小游戏**

游戏既是幼儿园的重要活动之一，也是幼儿园教师教育教学活动开展的重要途径之一。游戏中蕴含着无穷的情绪教育资源，幼儿园教师可以通过游戏活动为情绪教育的开展提供一些思路。

1. 骰子脸谱

利用小纸盒或牛奶盒做出立方体的骰子，并将骰子的每一面都贴上不同的情绪脸谱，也可在骰子内放入一些豆子来增加游戏时的趣味性。幼儿轮流丢掷骰子，当骰子停止后，幼儿根据骰子上的情绪脸谱，说明这种情绪表情代表什么意义，以及何时会出现这种情绪表情。

2. 情绪转盘

将转盘游戏中的颜色更改为情绪脸谱，或自行制作一个情绪脸谱转盘，并将转盘其中的一格空出来。幼儿轮流转动转盘，并说明转盘停下后指针所指的情绪表情之意义，以及何时会出现这种情绪表情；若转盘停在空白格子，请幼儿描述此刻的心情。

3. 传帽子（信封）

从儿童杂志或其他杂志里剪下与情绪相关之表情图片，将其放在帽子或大型信封里，当音乐响起时，幼儿开始传帽子（信封），当音乐停止时，手上拿有帽子（信封）的幼儿从帽子（信封）中抽出一张表情图片，并说明这张图片代表何种情绪，以及何时会出现这种情绪表情，当音乐再度响起时，幼儿继续传递帽子（信封）（也可将已描述过的图片抽出避免重复）。

4. 奇妙的镜子

给每位幼儿分发一面小镜子或将幼儿分为两人一组，播放帕尔默（Hap Palmer）的歌曲《Feeling》，当歌曲提到类似“表演当你感到生气时你会有什么表情”等歌词时，或请幼儿对着手上的镜子做出歌词中所要求的表情（快乐、伤心等表情），或请两人一组的幼儿面对彼此做出歌词中所要求的表情（快乐、伤心等表情）。

5. 一周心情小书

这个活动强调情绪改变的时间点。幼儿每天画下自己当天的情绪表情，或选择自己当天的情绪表情并涂上颜色，并说明为什么会有这种情绪（教师可一边问，一边记录）。到了星期五，教师将幼儿这周的表情图制作成小册子，让幼儿比较、观察和讨论自己与他人的情绪在这一周的变化。

6. 你演我猜

将一个信封内装入不同的情绪表情图，一位幼儿一次从信封中抽取一种情绪表情图，当抽出后，幼儿必须以肢体动作或声音来表达自己所抽到的情绪表情图，让其他幼儿猜测。

7. 如果感到开心你就拍拍手

利用这一首歌来做许多不同的情绪表达，也可请幼儿利用这首歌发明一些新的情绪歌词或动作。

资料来源：李燕，等. 学前儿童的情绪教育：理论与实践. 北京：北京大学出版社，2014.

第三节 幼儿情绪调控能力的发展与教育活动指导

情绪的自我调控是个体为了实现目标，处理、调整或改变内在情感状态的出现与否、出现强度或持续时间以及与情绪相关的生理过程，伴随情绪而出现的行为。本节主要从幼儿的情绪表达和情绪调节两个方面来介绍。

一、幼儿情绪表达能力的发展

幼儿的情绪表达能力是其社会性发展的重要内容，个体情绪是由主观体验、生理唤醒和外部行为这三方面构成的，情绪表达是个体情绪活动的外部表现。幼儿恰当地进行情绪表达有利于其建立和谐的人际关系，提高在同伴群体中的地位。由于认知发展的限制以及生活经验的不同，幼儿的情绪表达能力表现出很大的年龄差异。

幼儿在出生时不仅已经能够体验不同的情绪，同时也可以对兴趣、痛苦和欢乐等基本的情绪表现出不同的反应。但总体来说，新生儿的情绪表达还是未分化的，仅仅能对消极情绪和积极情绪表现出不同的反应。婴儿期，孩子通过哭、笑、皱眉等方式表达不同的情绪体验。哭是他们表达消极情绪的最主要方式，当他们的需要没有得到满足，身体不适、恐惧，甚至受到“冷落”时，都会用哭表达不满情绪。随着幼儿年龄的增长，他们的情绪也逐渐分化，一些高级情绪也相继出现：一个不到 2 岁的幼儿就能表现出明显的嫉妒情绪，当他们看到自己的妈妈抱着其他幼儿时，就会大哭大闹，拉妈妈的衣角，让妈妈抱自己；一个 3 岁的幼儿在完成一件作品后会很自豪地在成人面前“炫耀”；当一不小心打碎妈妈的花瓶被妈妈批评时，也会感到羞愧和自责，会低着头，拉着妈妈的衣角表示承认错误；当一个 4～5 岁的孩子，要拉着妈妈走，却发现一不小心拉错了人时，会露出尴尬的微笑。进入幼儿园以后，幼儿在同伴交往中会体验更多的情绪情感，情绪的自我中心性也会慢慢变弱，不再像 3 岁之前那样，动辄情绪爆发，大哭大闹。

视野拓展

情绪表达规则

每个人在社会化的过程中都努力使自己的行为符合社会规范，情绪行为也是如此。我们会在合适的场合和情境下表现出规则允许或他人能够接受的情绪反应。在表达情绪时，社会成员要符合一系列的社会规范，这些规范有些是明显的，有些则是潜在的，即使是学前幼儿也需要遵守特定的情绪表达规则。下面来介绍四种情绪表达规则：

（1）最小化规则：与真正的感受相比，情绪的表达在强度上减弱。

（2）最大化规则：主要指积极情绪的表达在强度上增强。

（3）面具规则：用中立的表情来表达不置可否的情绪。

（4）替代规则：个体被期望用一种很不同的（通常是相反的）情绪代替某种情绪。比如，即使对收到的礼物并不满意，也要抑制住自己失望的表情，而表达高兴的情绪。

活动案例三

促进幼儿的情绪表达

活动准备：

收集幼儿的各种情绪（开心、伤心、害怕、生气、惊讶等）事件，形式为由幼儿自己将某个情绪事件作为主题创作绘画作品。

活动目标：

幼儿通过观察自己与同伴的绘画作品，理解不同情绪的表情、肢体等外在表现的区别。幼儿通过以自己的情绪事件为主题创作绘画作品，回忆了解自己的不同情绪产生的原因，并将自己的情绪表达给他人。

活动建议：

(1) 这些绘画作品，不仅是幼儿观察自己与他人的情绪表情、理解情绪产生原因的素材，同时也是幼儿表达情绪的一种途径。幼儿通过绘画，将当时的情绪感受和情景以简单但明了的方式展示给他人，正基于他们对自己情绪的正确认知和理解。

(2) 可以将幼儿的情绪绘画作品做成"情绪日记"，这样不仅能帮助每个幼儿积累属于自己的关于各种情绪的事件本，也能帮助教师和父母了解幼儿的心情趋势。

(3) 开设"我的心情故事"环节，鼓励幼儿与同伴分享自己的情绪事件，说说自己当时的情绪感受、原因，请同伴听完后也说说自己的想法（如果是你，那么你会有什么感受）和建议（你会怎么做）。

(4) 在教室里创设"心情树"，提供多种颜色的画笔和纸张，鼓励幼儿利用自由活动、游戏时间等，将一天里让自己印象最深刻、感受最强烈的情绪通过绘画表现出来，并将绘画作品挂在"心情树"上。幼儿可以利用午休等自由交流的时间，查看同伴的《心情画》，并主动询问同伴当时的情绪事件，鼓励同伴将自己的情绪表达出来。

二、幼儿情绪调节能力的发展

幼儿在社会化的过程中，为了处理人际关系，解决人际冲突，需要使用不同的情绪调节策略调控自己的行为，尤其是在面对一些消极情绪（愤怒、生气、着急、伤心、难过等）时，幼儿更需要主动调节，避免消极情绪爆发或者持续较长时间。随着年龄的增长，幼儿情绪调节能力的发展主要表现在以下几个方面：独立性逐渐增强、目的性逐渐增强、复杂性逐渐增强①。

(一) 情绪调节的独立性

幼儿的情绪调节在婴儿期就已经出现，但那时的情绪调节是在成人的指导下进行的。大概在出生后的第一年，幼儿主要依靠成人提供支持性的情绪调节。例如：在婴儿期，幼儿通常用哭声来表达自己的需求和痛苦、不安等情绪，促使父母通过喂食、陪玩、安慰等方式减轻幼儿的痛苦。在第二年，幼儿开始出现在成人指导下的自我情绪调节。例如，当幼儿哭泣时，妈妈会跟幼儿讲"别哭了，你再哭妈妈就不给你玩具玩了"，幼儿就停止了哭泣，伸手跟妈妈要玩具。这个阶段的幼儿还可以根据成人的情绪表情线索调节自己的情绪，例如：当幼儿感受到妈妈今天很不开心（说话声音很大声，表情很严肃）时他们就会表现得比较安静，不那么调皮捣蛋。幼儿在进入幼儿园以后，情绪的自我调节能力更强。例如编者曾做过这样的实验：对一个中班的幼儿说要跟他玩一个游戏，在游戏结束后，会

① 蒋长好，石长地．儿童情绪调节的发展及其影响因素．首都师范大学学报（社会科学版），2009（4）．

给他一个很好玩的玩具，但等到游戏真的结束后，却给了这个幼儿一小片贴纸作为奖励。可以看出，这个幼儿是有点不开心的，但是当编者问小朋友是否开心的时候，小朋友却回答“开心”，还咧嘴尴尬地笑了一下。这个实验也表明幼儿已经能够通过自己的方式掩饰或者调节自己的消极情绪，并能够考虑到他人的感受。

（二）情绪调节的目的性

婴儿出生后头几个月的情绪反应没有明显的社交意义，目的性不强。例如，一个7个月大的婴儿在妈妈离开时会产生分离焦虑，大哭大闹，但他出现这种行为是由于分离焦虑带来的心理上的痛苦。但是到了2岁以后，幼儿的哭闹和不安的行为会带有明显的目的性，就是为了找回妈妈，以减少痛苦。幼儿情绪调节的目的性还表现为，他们逐渐能够根据社会期望进行情绪调节。有研究发现，绝大多数幼儿认为：对于悲伤，寻求支持是最好的情绪调节策略；对于愤怒和羞愧，解决问题是最好的情绪调节策略；而对于创伤感，远离创伤源是最好的情绪调节策略。幼儿认为，悲伤会引发接受者更多的悲伤、安慰。比如，在生活中我们也会发现，当一个幼儿不小心摔了一跤时，如果没有成人在身边，他可能自己爬起来就走了，但如果父母在他身边，他可能就会号啕大哭，以求得父母的安慰和帮助。

（三）情绪调节的复杂性

幼儿情绪调节的复杂性增强主要体现在情绪调节策略的增多。幼儿的情绪调节由反射性向反应性发展，由受生理不舒服支配向建立依恋对象的工作模型发展。婴儿期的情绪调节策略除了用哭的方式寻求成人的帮助之外，主要是吮吸手指之类的自我安慰行为，通过身体运动来减轻压力和安慰自己。2～3个月的婴儿能够采用控制视觉注意的方法来调节情绪；当婴儿能够爬行或走路时，则多采用接近或回避的方式调节情绪。幼儿在2岁以后，可以通过做游戏或者玩玩具的方式调节自己的消极情绪。随着年龄的增长，社会经验的增多，幼儿逐渐可以从不同角度判断压力的来源，并判断压力源是否可控。对于不可控的情景，中班幼儿倾向于使用分散或者回避的策略应对，大班幼儿会使用更多积极的调节策略，倾向于沟通交流，积极地化解情绪，或者主动承担更多的社会责任（如主动认错、向同伴示好等）。

视野拓展

学前幼儿常见的情绪调节策略

情绪调节策略是指个体通过一定的策略和机制，使情绪在生理活动、主观体验、表情行为等方面发生一定的变化。年龄小的幼儿在表达情绪时，往往比较直接，当出现一些消极或者积极的情绪时，往往会通过外显的行为表达出来。但是随着年龄的增长，幼儿需要在一些场合恰当地表达自己的消极或积极情绪，他们也开始慢慢掌握了一些情绪调节策略，主要包括六个方面：自我安慰、替代活动、被动应付、发泄、问题解决和认知重建。

自我安慰包括行为和语言上的、以自我为导向的安慰。当年幼孩子面临不可控的消极情境时，由于他们“可作为”的能力十分有限，因此这个时候采取自我安慰的情绪调节策略有益于缓解他们的消极情绪，是一种相对比较有效的自我保护措施。

替代活动指幼儿把注意力从引发挫折感或消极情绪的情境中转移开并积极主动地投入其他活动之中。学前幼儿在要求暂时得不到满足、面临恐惧等消极情境时，会更多地采取替代活动的情绪调节策略，例如玩其他玩具、唱歌、想其他有趣的事等，通过主动地投入其他活动来调节自己的情绪。

被动应付指幼儿试图离开或回避引发消极情绪的情境，或在面对问题和挫折时不作为。例如：当幼儿们在一起玩时，看到别的小朋友被绊倒大哭起来，他们赶紧躲到一边。

发泄是指幼儿运用破坏性或伤害性的行为来宣泄自己的消极情绪。

问题解决则是指幼儿采取一切可能的适应性行为和手段来消除挫折来源，摆脱所面临的困境。

认知重建是指幼儿对消极情境中的各项参数进行重新思考或重新解释。例如，在幼儿和同伴一起玩耍的时候，别的小朋友不小心撞疼了他，他说没关系，小朋友是不小心碰到他的，不是故意的。

三、提高幼儿情绪调节能力的途径

3～6岁也是幼儿情绪能力发展的关键时期，他们的大部分时间是在幼儿园中度过的。幼儿园环境的安全感以及班集体的归属感既是其安全感的重要来源，也是影响幼儿情绪稳定的重要因素。在幼儿园中，教师可以把情绪教育融入幼儿园的一日活动中，提高幼儿的情绪调节能力。

（一）帮助幼儿掌握问题解决策略

幼儿产生情绪问题，大多数是在人际交往中遇到了问题，并且自己不能妥善地解决。尤其是面对同伴交往中的同伴冲突，弱小、受欺负的一方，往往会产生较多的情绪问题。

作为教师，应从幼儿的角度出发，教授幼儿冲突发生后的调节方法。冲突的解决应包括对冲突时的情感情绪、态度和认知方面的处理，冲突产生时要学会平复不悦的心情，用深呼吸来缓解自己的情绪，并且要及时联想到后果，一旦发现自己无法独立解决冲突，要及时求助教师，避免过激的行为的出现。让幼儿在冲突解决之后学会自我反思，正确地归因。俗话说，“孩子没有隔夜仇”，冲突的有效解决，在一定程度上能够加深幼儿之间的友谊。在纪录片《成长的秘密》中就有这样一个片段，小女孩豆豆和周周发生了小摩擦：

豆豆：“她刚刚这样打我”，说着还用手学着周周拍了一下自己的肩膀。

周周：“我是这样拍的”，说着也用手在自己身上拍了一下。

豆豆：“不对!”

老师：“豆豆，她刚刚拍到你的肩膀了，是吗?”

老师正说着，两个人都背过脸去，不理对方。

老师：“周周，那现在该轮到你说话了。”

周周："不说，我就是不把话说出来。"

豆豆："我知道你的意思是，你太傻了，都忘了！"

周周："不是这个原因！"

（沉默了一会儿之后）

老师："现在不解决的话，我们就一直这样保持沉默。我等你们，直到你们想解决问题。"

周周："我是不小心碰到她的袖子的"，还略带哭腔。

豆豆："我大发雷霆，大发雷霆！（对着周周怒吼！）为什么我老是受到别人的欺负？我今天终于要大发雷霆了，把他们给教训一顿！"

老师："豆豆你试过这样的办法吗？那你想不想试一下？我可以帮助你，你写一封信告诉我，然后我帮助你实现好吗？"

于是老师真的拿起笔带着两个女孩写起信来，然后说："豆豆的大发雷霆就是她要向天吼一声，这时候天海就张开了，就把周周吸进去了……"

老师用一种很巧妙的方式，把一场冲突巧妙地化解了，而且最后两个幼儿都很开心，重归于好。她们在解决问题的过程中，既把自己的不满情绪发泄了出来，同时又很好地解决了问题。

理论应用于实践　　**面对幼儿在园情绪失控，教师该怎么做？**

1. 当幼儿面对其他人的怒气时

当面对其他人的怒气时，不同的幼儿会有不同的表现，有的会很快报复，有的则会退缩以避免冲突。而成人对于负面情绪所做的反应，会影响幼儿对于其他人生气时的反应。因此，当幼儿面对其他人的怒气时，教师表现出苦恼、忽视、震惊或生气都是不可取的。许多教师认同且支持幼儿的此种行为——为自己的权利辩护，但不失控。

2. 当幼儿伤害到别人的情感时

当幼儿的言行伤害到别人的情感（如对他人的失误或身体残疾进行调侃）时，教师需要明确告知幼儿他的这种言行是被禁止的。艾森伯格（Eisenberg）和瓦里恩特（Valiente）的研究表明，很明白地接受父母的指导并以此去控制自己的情绪表达、避免伤害别人情感的幼儿，通常比较有同情心。在禁止之后，教师需要与被禁止的幼儿讨论他人的情绪体验，帮助幼儿了解为何教师会禁止此类言行，从而进一步学习，避免再次伤害他人的情感。

3. 当幼儿感到害怕时

每个人都会感到害怕，当幼儿害怕时，教师首先需要了解幼儿的害怕是一般的害怕（如害怕打针）还是特殊的害怕（如害怕黑影，害怕做面膜的妈妈等）。对于不同类型的害怕会有不同的处理方式。对于一般的害怕，教师可以运用榜样作用或者试图转移幼儿的注意力。而当特殊的害怕发生时，教师应当及时处理眼前发生的事件，并且控制幼儿畏惧和焦虑的程度。例如，当出现黑影时，及时给予照明，帮助幼儿了解黑影只是物品的影子，而不是其幻想出来的恶魔。又如，妈妈在做面膜时，让幼儿参与进来，了解妈妈只是敷了一层纸在脸上，与其他时候没有什么不同。

4. 当幼儿需要等待时

在一日活动中，幼儿总会遇到需要等待的时候，并且在任何团体环境下，等待都是不可避免的。能够延缓满足是情绪控制能力的一项重要指标。因此，等待可以让幼儿练习情绪的调控能力。但教师不能让幼儿空等，可以适当转移幼儿的注意力，使其为想要的东西而等待；或者在等待的时间内，为幼儿提供一些材料，让其做一些有意义的事情。例如，清晨，在等待其他幼儿来园的时候，可以让幼儿去为自然角的植物浇水，等等。

（二）帮助幼儿应对压力事件

压力对于成人可以说是司空见惯的，每个人都多多少少肩负着一些来自生活、工作或学习的压力。压力看上去好像和幼儿扯不上关系，但是幼儿也和成人一样，承受着来自多方面的压力。幼儿的压力可能来自家庭、幼儿园、社会等多个方面。家庭的变故（如父母离异、亲人亡故），遭到虐待或忽视，教师的批评、惩罚、忽视等，被同伴拒绝、排斥、攻击等都有可能在无形中给孩子造成心理负担，进而影响其情绪健康。压力的长期存在，可能会导致幼儿生理上的病变、行为异常、情绪失常、性格孤僻、暴躁易怒等问题。

虽然压力对幼儿存在一定的消极影响，但是由于幼儿的自控能力和辨识能力不足，很多压力的存在往往是必要的（如让幼儿遵守常规、督促幼儿完成作业、阻止幼儿玩游戏等）。因此，压力本身并不仅是一种消极的力量，它也会给幼儿成长、成熟提供挑战机会和推动力量。但是不同幼儿的心理承受能力各有差异，因此，只有成人帮助幼儿正确地认识和利用压力，学会如何减少压力带来的消极影响，才能够变压力为动力，促进幼儿的健康成长。

1. 端正幼儿对压力事件的认识

让幼儿知道生活中出现各种各样的压力事件是很正常的，每个人都会遇到压力事件。当遇到压力事件时，会伤心、难过等也是正常的，但是我们可以通过其他渠道、方式解决问题，把消极情绪带来的负面影响降到最低。

2. 培养幼儿面对问题的积极态度

教师和父母在生活中往往是幼儿的情绪示范者，当成人遇到问题时，积极向上、努力想办法解决、不悲观不抱怨，这样的处事方式和态度，在无形中会感染幼儿。

3. 教授幼儿减压技巧

幼儿在感受到压力后，往往会出现情绪问题，有时甚至会情绪爆发，出现一些过激行为。减压的一种方法是练习慢深呼吸，比如在经历过一场冲突之后，引导幼儿慢慢地吸气，再慢慢地呼气，以缓解幼儿当时的过激情绪。另一种是心理咨询里常用的方法：让幼儿把两只手分别放在另一侧的肩膀上，这样保持几分钟，会迅速让幼儿的情绪稳定下来。

除此之外，教师和父母还应鼓励幼儿大胆地表达情绪和自由想象，把心中的不满找一个不伤害别人的渠道发泄出来，或者以某种其他形式呈现出来。

活动案例四

帮助幼儿应对压力事件

活动准备：

前期向父母收集或通过教师的观察收集一些幼儿的压力事件（容易使幼儿产生消极情绪的事件）。建立幼儿压力事件资源库，寻找减缓、应对幼儿压力的方法。

活动目标：

通过面向幼儿开展多种形式的活动，帮助幼儿了解自己的压力来源，了解自己面对压力时的感受、表现。学习一些应对压力的方法，从而帮助自己减缓、消除压力。

活动建议：

1. 让每个幼儿知道每天要做的事情

让幼儿知道每日的活动计划（一日活动流程），对每天要做的事情有充分的了解，以排除幼儿对未知的恐惧。此外，可以采用和幼儿一起制定一日活动的某个环节的计划，或者让幼儿复述每天要做的事情，以增加幼儿对计划的了解。

2. 接受幼儿在游戏中表现出消极的游戏内容（如死亡、离婚、暴力和恐怖事件等）

当幼儿在角色游戏中表现出一些消极或者不健康的游戏内容时，不要急于去阻止、改变幼儿的游戏内容，尤其不可严厉地呵斥幼儿的这类游戏行为。当幼儿在现实生活中感到害怕和不确定时，游戏会增进幼儿的控制感，减缓甚至治愈幼儿的消极感受。在角色游戏中，幼儿会把生活中的问题减少到可控制的范围，并且既能理解他人也能理解自己。例如，当幼儿有过住院治疗的经历时，他们通常会玩“看病”的游戏，但这些幼儿很少有兴趣扮演病人，相反，他们喜欢扮演医生，因为他们能通过扮演“医生”来“掌控”局面，减缓害怕、焦虑的情绪。

幼儿将死亡作为游戏的主题也是很普遍的，比如假装倒下、死去等。游戏是安全而适宜的探索死亡的手段。当教师看到幼儿表现出这类游戏内容时，即使觉得压抑，也不要急于进行干预。事实上，表演自己理解困难的概念和情况是幼儿解决问题的一种方式。

3. 提供让幼儿放松的时间，教授幼儿一些放松的技巧

如果幼儿园一日活动安排得太过紧凑和丰富，那么也会给幼儿带来烦躁的感觉。教师应该在一些容易让孩子兴奋的活动后，安排一段放松、安静的时间，让幼儿过于兴奋的神经得到舒缓、平静。例如，通过拉伸肌肉、放松肌肉、体操练习等来放松呼吸，这样的活动能帮助幼儿更好地集中精力投入下一场精彩的活动，更好地完成自己的任务。

教师可以教授幼儿一些减压的技巧。例如，练习做慢而深的呼吸。首先要让幼儿明白吸入和呼出的区别，吸入是吸一口气而呼出是吹一口气。伸出五根手指，假装手指是生日蜡烛，慢慢地吸入一口气然后呼出，吹灭每一根蜡烛。让幼儿找出身上所有的“关键部位”（脖子、手肘、手腕、骨盆、膝盖、脚踝等），然后让幼儿体验各个部位分别收紧后如何放松，着重感受身体的感觉。教师还可以教授幼儿一些简单的按摩技巧，把右手放在左肩后部，轻轻挤压，然后手指以圆周做运动。同样，用左手按摩右肩。然后两手在前额交叉，手指以圆周运动轻轻地按摩肩部。最后，两手放在颈部后面，按压三下，然后以圆周运动按摩。

4. 鼓励幼儿练习积极的自言自语

教幼儿在面对一种让自己紧张或者有压力的情形前，告诉自己要放松、冷静。年龄越小

的幼儿可能更需要大声将话说出来："我要控制。""我能冷静。""我害怕，但是我能控制它。"

5. 给幼儿创设或者假想一些压力情境，鼓励幼儿模拟解决、应对的方法

教师可以通过开展角色游戏、表演游戏等方式，和幼儿共同讨论、模拟、表演一些幼儿会面对的压力情境。例如，"当你在商场或公园里与父母走散了，怎么办?"或者"当你被比你强壮、年长的孩子欺负时，你该怎么办?"通过对这些情境的假想和模拟，来增加幼儿遇到实际问题时的经验，缓解幼儿的压力情绪。

6. 扩展幼儿的词汇量，尽可能地帮助幼儿通过语言表达自己的情感和想法中的困惑

与幼儿共同阅读一些描述压力情境的绘本，或为能独立阅读的幼儿提供书单。学习用简洁的语言表达情感，如"你今天精力很充沛"或"我发现你今天很沮丧"，帮助幼儿在感觉有压力时，尽可能准确地表达自己的感受。

（三）给幼儿提供在游戏、绘画、音乐活动中学习情绪调节的机会

游戏是幼儿园最常见的活动，如果教师能够精心设计，让幼儿在游戏中积极地表达和情绪调节，将会事半功倍。在角色游戏中，教师有目的地把情绪内容引入其中，在游戏过程中，让幼儿说出自己的情绪体验，判断他人可能的情绪反应，并引导幼儿讨论遇到此类问题时的做法，让幼儿自己探讨解决策略。

除了游戏活动外，教师还可以把情绪教育内容融入日常的集体教学活动中，用绘画、音乐等形式表现出来，既有教育意义又不失趣味性。

一次，在小智搭积木时，小娅把他搭建的城堡碰倒了，小智很生气，猛地推了小娅一下，导致小娅倒在地上。老师发现后，把小智叫了过来。

老师：你很生气的时候，会想用什么颜色来画画?

小智：我不知道!

老师：你生气的时候，是会像一个轻飘飘的气球，还是会像……?

小智：像一块石头!

老师：是重重的还是轻轻的?

小智：重重的!

老师：你觉得那是什么颜色?

小智：（想了一会儿）黑色!

老师：那就拿黑色……有点儿生气? 还是很生气?

小智：很生气!

老师：你是会很用力地画，还是轻轻地画?

小智：很用力!

老师：那你就很用力地画! 用你最大的力气来画!

这位老师运用绘画来了解小智盛怒的感受，并鼓励他借助涂鸦来呈现事发时的情景，再用重重地涂鸦宣泄出压在心头的"黑色大石头"，既将心中的愤怒宣泄出来，又不会干扰到他人的绘画活动。

活动案例五

情绪调节（以生气情绪为例）

活动准备：

收集多本关于“生气”情绪的绘本（比如《生气的亚瑟》《菲菲生气了》《我不想生气》《冷静和平息怒气》等）、多种角色游戏道具等等。

活动目标：

幼儿通过阅读绘本、做情绪小游戏、角色扮演等途径，提升识别自己与他人生气情绪的能力，理解生气情绪产生的原因；学习控制生气情绪的方法，练习用合适的方法表达生气情绪。

活动建议：

（1）尽量从幼儿的角度选取生气情绪的绘本、贴近幼儿生活的生气情绪事件。绘本的内容能分别融合表现生气情绪的外部特征、产生生气情绪的缘由及调节生气情绪的方法，由浅至深，能通过绘本的阅读和分析，帮助幼儿识别、感知、理解和调节生气情绪，最后能恰当地表达自己的生气情绪。

（2）设计、开展与生气情绪有关的小游戏。比如“我的生气日记”：鼓励幼儿以绘画的形式记录一件自己生气的事件，与同伴分享自己的“日记”，用语言补充、交流讨论自己的情绪事件。又比如“情绪消防员”：根据绘本内容创编“消气”儿歌，请幼儿跟念儿歌并辅以舞蹈动作。再比如“情绪红绿灯”：依据三种信号灯划分心情，绿色表示心情平静或舒畅（笑脸），黄色表示心情有点焦躁和不舒服（平脸），红色表示很生气或想发怒（怒脸），轮流出示颜色牌，幼儿根据颜色变换脸上的表情；将颜色牌置于班级公共角，当幼儿心情有起伏而不想用语言表达时，鼓励幼儿用颜色牌表示自己的心情、感受。

（3）设计与学习调节、缓解生气情绪的方法。比如，学习慢深呼吸（腹式呼吸），通过练习调整呼吸来调节、缓解生气情绪。和幼儿一起制作《平息怒气小贴士》，请幼儿说说绘本或生活中自己处理生气情绪时有效的、喜欢的方法，并将这些方法用绘画的方式记录在白纸上，制作成《平息怒气小贴士》，将其置于班级的“情绪角”，当幼儿有生气情绪时，可以自行取用，尝试根据上面的方法来调节、缓解生气情绪。

（4）将绘本或者幼儿的《生气日记》中大家最感兴趣或最常见的生气事件改编成表演剧，利用一些游戏道具，鼓励幼儿在角色游戏“小舞台”等活动中表演。扮演他人角色的过程，既是幼儿有意识地记住并模仿积极有效的情绪调节策略的过程，也给幼儿提供了一个感受他人观点的能力。

第四节　回应幼儿的情绪

在学前阶段，尤其是进入幼儿园之后，幼儿的情绪体验会随着其社会交往的增多逐渐丰富起来。丰富多样的情绪体验对幼儿造成的影响主要取决于成人是如何回应和帮助幼儿表达与调节情绪的，成人对幼儿情绪的回应也是幼儿情绪安全感的重要来源。当幼儿兴冲冲地跑过来期待你的赞美与鼓励时、当幼儿情绪不佳需要你的安慰与疏导时，成人及时、恰当、正面的回应，将有利于幼儿情绪的健康发展。

一、了解并尊重幼儿的情绪表达

安安是个中班的小女孩，最近一段时间，早上来园的时候她都兴致不高，心情低落，还经常对着其他小朋友发脾气。早上做早操的时候，她站在那里像个木头人一样，当教师去劝阻她时，她有时候无动于衷，有时候干脆就号啕大哭。玩游戏的时候更是不能合群，别人在三五成群地玩游戏，她却一个人坐在一边。有一天，户外活动的时候，老师就问安安：

老师：安安你是不是有点累，不太开心？

安安看着教师点了点头。

老师：那好吧，你就坐在那里休息一会儿吧！

等回到教室的时候，小朋友们都去喝水、洗手了，安安并没有去，就一个人坐在自己的小凳子上。这时，老师走过去，坐在安安身边。

老师：感觉怎么样了，安安？你今天有什么不开心的事吗？

安安看着老师，犹豫了一会儿，突然哭了起来。

安安：我讨厌妈妈，妈妈总是骂我！

老师：（拍着安安的肩膀）老师看得出，你很伤心，想哭就哭出来吧，我陪着你。

后来老师了解到，安安成长在单亲家庭，她妈妈一个人带她。最近她妈妈单位工作特别忙，总是很晚才回家，心情不好的时候，还总是骂她。在了解了原因后，教师和安安妈妈沟通了几次，安安的情绪状态明显改善了。

有效地回应幼儿情绪的前提就是无条件地接纳幼儿的情绪。无条件地接纳不是一种具体的方法，而是一种态度。无条件地接纳幼儿的情绪是允许幼儿有情绪，允许幼儿表达情绪，理解幼儿当下的情绪，无论幼儿当下的情绪状态如何，教师都能够给予积极的关注、理解和尊重①。

（一）接纳幼儿的情绪表达，真诚地投入与分享

无条件地接纳幼儿的情绪，是支持幼儿情绪表达的第一步。尤其是当幼儿表现出具有对立性或攻击性的消极情绪时，更不应该以成人的权威去压制幼儿的表达，而是应该等幼儿平静后再引导幼儿解决问题。当幼儿将自己的各种情绪通过语言和非语言的方式表现出来的时候，成人应该真诚地向幼儿表示理解、投入及分享。成人尤其应该鼓励幼儿对同伴的各种情绪表示接纳和分享，这对促进幼儿的情绪理解能力有着重要的作用。

需要注意的是，无条件地接纳幼儿的情绪，是指成人理解幼儿此时此刻的感受，但不代表认同、支持幼儿不恰当的情绪表现。对于容易以攻击行为表现消极情绪的幼儿，成人

① 沈文娜．4～5岁幼儿情绪表达及教师回应策略：以广州市E幼儿园中班幼儿为例．教育导刊，2016（11）．

应该设立界限：当幼儿表现出不合宜的行为时，成人应马上制止，并明确告知此行为是错误的。比如，教师可以告知幼儿：我知道你现在很生气（很伤心），但是你打人的行为是错误的，是不被允许的。你可以去“发泄区”或“安静角”自己待一会儿，也可以在里面尽情地涂鸦、撕纸，甚至扔一会儿抱枕、玩偶之类柔软的东西，直到你觉得心里好受一点。

（二）向幼儿示范真诚合适的情绪表达

对幼儿来说，教师、父母和其他与幼儿亲近的成人在生活中随时为幼儿的情绪发展提供观察学习的机会：如何表达情绪、何时表达情绪、如何管理与调节情绪、如何为情绪命名、如何了解别人的情绪等。成人，尤其是父母与教师，是幼儿最重要的情绪示范者。教师和父母要知道，不管示范者知不知道自己的行为正在被幼儿观察，也不管幼儿是否已经注意到并能记住示范者的行为表现，示范仍然会发生。所以成人要注意示范自己的情绪表达，为幼儿的情绪表达提供正确、合适的观察学习的榜样。

既然成人的情绪示范是幼儿观察学习情绪表达的重要途径，成人就要有意识地调节自己的情绪，适宜地表达自己的情绪，并预设一些情境以进行情绪示范。例如，事先想好情绪示范的目标、内容与方法，有意识地寻找并把握情绪示范的时机，进行正确的情绪示范，并及时向幼儿加以说明。

（三）使用正确的情绪语言，帮助幼儿表达情绪

由于受到思维发展水平的限制，幼儿很难用准确的语言来描述当下自己体验到的情绪感受，尤其是当幼儿体验到负面情绪时，更容易以情绪化的语言或者行为来宣泄。例如，当他们与同伴发生冲突时，往往不会说“你们这样，让我很生气”，而是说“我要打你”“我再也不和你们玩了”。因此，成人要善于捕捉、分析幼儿语言中包含的情绪成分，帮助幼儿重新建构语言信息。成人可以通过集体正式的活动或者非正式的日常交流等，给幼儿提供一些正确的情绪语言，帮助幼儿正确认知、了解自己的情绪状态和表达方式。以往的研究也表明，幼儿的情绪能力与成人对情绪语言的使用呈正比。

（四）教授幼儿多种表达情绪的方式

当幼儿体验到积极情绪（如快乐、自豪等）时，他们就会“喜笑颜开”“喜形于色”。当幼儿体验到消极情绪（如生气、悲伤等）时，他们就会“号啕大哭”“怒目圆睁”。这就是幼儿最直白地表达情绪的方式——表情。此外，语言和肢体动作也是幼儿自然表达情绪的方式。在回应幼儿情绪时，教师可以给幼儿提供更多表达情绪的方式。例如，可以教授幼儿通过绘画《情绪日记》的方式记录、表达自己的情绪，通过“打电话”“说悄悄话”的形式将自己的情绪告诉成人和同伴，以及在一定的私密空间通过多种方式宣泄自己的情绪，等等。这些形式不仅能丰富幼儿情绪表达的方式，而且能帮助幼儿学习如何合适地、健康地表达、调控情绪。

综上所述，成人对幼儿的情绪表达应带着无条件地接纳的态度，尊重和理解幼儿的感受，支持和鼓励幼儿的情绪表达，并及时给予有效的回应。此外，成人需要注意的是，幼儿的情绪表达风格也是有个体差异的，有的比较外显，有的比较内敛。总之，成人应该对幼儿的情绪表达风格有所了解，尊重并理解幼儿个人的情绪特质，积累一些应对不同情绪风格的教育教学方法，从而帮助幼儿采用更合适的方法来表达自己的情绪，解决问题。

二、支持幼儿的消极情绪

在日常生活中，每个人都会因为客观事物和情境符合或违背自己的需要和愿望，而产生高兴、快乐等积极的、肯定的情绪，或悲伤、难过、烦躁、气愤等消极的、否定的情绪，幼儿也不例外。对幼儿而言，体验和面对生活中的消极情绪既是一种非常重要的能力，也是他们学习社会规则的一种途径。因此，支持幼儿的消极情绪表达，帮助幼儿调节和控制对消极情绪的表达显得十分重要。成人应该给幼儿创造能够表达愤怒、痛苦及害怕等消极情绪的安全空间，同时给予幼儿适宜的回应和引导，帮助幼儿提高感知、理解、管理自己情绪的能力。

（一）创设让幼儿自由表达消极情绪的安全空间

幼儿有时会因需要得不到满足而大哭大闹、大发脾气、乱扔东西，甚至攻击他人，不管成人如何给幼儿讲道理、说好话，他们似乎都听不进去，这时的幼儿似乎变得特别不讲道理。其实，这个时刻的幼儿最需要的就是一次情绪的宣泄。

成人往往也有这样的体验，当自己的情绪十分低落时，大哭一场或大喊大叫发泄一通后就会觉得身体很轻松，心情也变得舒畅了，这说明消极情绪是需要宣泄的。所以，成人应为幼儿创设一个安全的、可以自由地以多种途径发泄消极情绪的区角，让幼儿生气的时候能“拳打脚踢”一番，伤心的时候能尽情“大哭一场”，害怕的时候能获得一次心灵的抚慰……区角里可以准备一些软性材质的靠垫、抱枕、玩偶，既可以营造舒适温暖的环境，同时也可作为宣泄物使用；提供一些能反复使用且安全的物品，如橡皮泥、废纸、沙袋，作为幼儿情绪宣泄的媒介。需要注意的是，成人需要给“发泄角”制定规则：当幼儿处于消极情绪时，可以到“发泄角”任意使用物品发泄。比如，可以用笔在纸上画、写，或揉捏橡皮泥，可以打打沙袋、掐掐玩偶，可以将靠垫、抱枕、纸团等柔软的物品扔来扔去，但是这些发泄或攻击的行为只能针对物，不能伤害自己和他人的身体。当情绪得到宣泄后，幼儿需要将所有的物品放回原处，将产生的纸屑等垃圾处理干净。此外，还可以鼓励幼儿使用语言宣泄。幼儿通过与他人交谈、倾诉，将自己的消极情绪以恰当的语言表述出来，从而缓解情绪。在进行沟通的过程中，成人要注意使用正面的词语，帮助幼儿用语言进行积极的自我调控。

（二）示范正面应对消极情绪的方法

成人在幼儿面前表现或示范消极情绪可能会受到争议，有人认为教师的消极情绪示范会导致幼儿处于一种被鼓励或被允许自由无度地表达情绪的状态，从而造成幼儿情绪失控或对消极情绪过度敏感。也有研究指出父母的消极情绪示范既可能导致幼儿学习模仿，也有可能导致幼儿长期受压抑而无法宣泄情感，从而出现情绪不稳定、缺乏自信等情绪问题①。

其实，在幼儿面前表现消极情绪是把双刃剑，既有积极的一面又有消极的一面。成人合理地表现消极情绪可以帮助幼儿理解他人的消极情绪，帮助幼儿学习社会规则，幼儿可

① 张奇勇，等. 情绪感染问卷的中国化修订与信效度检验. 心理学探新，2017（3）.

以从成人的消极情绪中理解自己的某些行为是不被认可的，从而实现社会化。所以我们提倡成人建设性地表现消极情绪，尤其要有意识地关注消极情绪表现后的解决过程，适宜地示范自己对消极情绪的管理。

首先，成人应该理性地感知和评估自己的情绪，能够预设自己可能产生消极情绪的情境，如幼儿做出不符合期望的表现、幼儿对消极情绪的不合适表达，以及遇到生活或工作中不如意的事件等。其次，成人应该能够控制自己的情绪，尽量在幼儿面前不怒于颜，尝试使自己的面部表情与内心体验相分离。如果实在感觉很难控制，那么可以通过短暂离开、安静独处一会儿、转移注意力等方式帮助自己缓解情绪。最后，成人要学会调节自己的情绪，通过合理宣泄、转变认知、表达抑制等方法来平复自己的消极情绪。需要注意两点：第一，当成人的消极情绪来源于幼儿时，向幼儿表达消极情绪时只能针对幼儿“做错的事”，要用语言指明幼儿“哪里做错了”，并且这种“错误”是能通过努力改正的，要让幼儿清楚，成人的消极情绪是指向事件的，而非“嫌弃幼儿”。第二，当成人在幼儿面前不恰当地表达了消极情绪后，要及时真诚地向幼儿检讨自己不合适的情绪表达方式，与幼儿讨论消极情绪对自己和别人的影响，消除幼儿的恐惧感。

（三）教授幼儿调节消极情绪的方法

幼儿是独立的个体，是自己情绪调节的主体。当面对消极情绪时，幼儿对情绪的调节不应当只依赖成人，尤其是在幼儿园学生数量比较多的情况下，教师不可能及时关注到每一位幼儿的情绪变化，因此教授幼儿调节消极情绪的方法，鼓励幼儿发挥主动性，运用有效的方式或主动求助于成人帮助自己摆脱消极情绪的困扰，也是情绪教育中培养幼儿自我调控情绪能力的一个重要目标。

成人可以通过多种途径，以正式、系统的方式或非正式、间接的形式，教授幼儿一些调节消极情绪的方法。以下是可借鉴的一些方法或途径：

1. *游戏法*

游戏，尤其是角色扮演类游戏，对幼儿的消极情绪有治疗的功效。首先，幼儿在游戏中通过扮演消极情绪给予者的角色，反复还原导致自己产生消极情绪的行为，从而适度宣泄了消极情绪，缓解甚至消除了生活中的紧张感、恐惧感。例如，幼儿因为生病等原因在医院打针后，产生了害怕针筒、害怕医生等消极情绪。在游戏中，幼儿扮演“小医生”的角色，通过给“娃娃病人”反复打针、看病的游戏，减轻了自己在生活中对打针和医生的恐惧感。

角色扮演给幼儿提供了一个在实际情境中操练所学情绪知识和社会技能的机会。幼儿通过模仿所扮演角色的表情、动作、语言，来认识在不同情境中不同角色的情绪变化及原因，逐步掌握社会期望的情绪表达规则。角色扮演与绘本阅读结合，是一种较为有效的调节幼儿消极情绪的方法。幼儿通过模仿、练习从绘本里获得的情绪知识和调控技能，再经过个体亲身的体验和再现，将暂时习得的知识、策略转化为长久的记忆，逐渐将外显的行为内化。例如，在模拟搭积木的冲突情境中，有的幼儿扮演积木被别人不小心碰倒而产生消极情绪的角色，有的幼儿则扮演不小心碰倒别人积木的角色，两种角色会经历不一样的情绪体验和内心活动，但最终都要消除不良的情绪感受，解决冲突。

成人应该鼓励幼儿以游戏的方式来宣泄、缓解消极情绪，当看到幼儿在游戏中对玩具表现出暴力行为时，不应该急于制止，而应该通过仔细观察，尝试了解幼儿当下的情绪状态和行为背后的原因。如果幼儿同意，成人应以“玩伴”的身份加入游戏，游戏时不主导，听从幼儿的指令和安排。在游戏中，成人要做一个细心的观察者，接纳幼儿的语言和行为，不加以评论和随意贴标签，强化幼儿调节情绪的良好行为。

2. 故事法

成人以绘本中的故事为媒介，通过组织幼儿观察、分析和讨论绘本中人物在面对各种消极情绪事件时的表现和行为策略，为幼儿在实际生活中运用一定的策略调节自己的消极情绪或解决问题提供示范。

社会学习理论学家班杜拉认为，人类的大部分学习是直接学习榜样的过程，即观察学习。在观察学习的过程中，人们获得了示范活动的象征性表象，并将表象存储于大脑中。绘本则是观察学习的第一、第二阶段——注意和保持阶段，成人以幼儿喜爱的图画书为材料引起幼儿的关注，绘本里的人物及其行为态度成为幼儿模仿的对象。例如，毛毛兔生气后会通过深呼吸、找个地方待一会儿、找大人说说话的方法缓解自己的消极情绪；当两个小朋友发生冲突时，他们会先平复自己的情绪，彼此说出自己的想法并接受对方的想法，然后找一个双方都愿意接受的方法。

成人在帮助幼儿阅读绘本的过程中，不断剖析、讲述并复述绘本里人物的调节消极情绪的行为方式，这些情节就会留在幼儿的大脑中，当他们在生活中遇见相似的情况时，大脑会浮现出这些情节，幼儿再结合自身的实际情况做出恰当的行为和态度表达。

3. 绘画法

绘画是幼儿表达心灵感受的一种直白的方式，年龄越小的幼儿，其图画中的各种表征符号越是他们想要表达的语言。幼儿通过自由作画，能排遣内心的消极情绪。绘画也是幼儿与成人沟通的途径，能帮助成人更鲜明地了解幼儿的情绪感受。

成人可以提供一块区角或一套桌椅，准备多种材料的画纸及画笔，让幼儿任意涂抹、肆意作画。在幼儿绘画的过程中，不随意打扰和干预，对幼儿完成的绘画作品也不妄加评论。对于年龄稍大的幼儿，可以鼓励他们将消极情绪产生的原因、带来的感受等完整地呈现在作品里；对于年龄较小的幼儿，可以在作品完成后，鼓励他们尝试用语言描述、补充绘画的内容，以帮助成人更好地理解幼儿的情绪事件。

此外，音乐调节法、呼吸调节法、表情调节法、情绪宣泄法等也是调节消极情绪的方法。成人应掌握多种形式的情绪调节方法，尝试以各种途径教授给幼儿，从而帮助幼儿掌握一些有效的情绪调节方法，达成自我对消极情绪的管理。

三、创造有利于幼儿情绪管理的环境

幼儿有安全、被接纳、被尊重、自我实现的心理需求，只有当幼儿园的班级环境以及人际关系满足了幼儿这样的需求时，幼儿才会有更多积极的情绪体验。创造有利于幼儿情绪管理的环境也是其情绪健康发展的基础。和谐班级环境的构建需要班集体所有成员的共同参与。在一间教室里，积极的氛围是由师幼之间、师师之间以及幼儿与同伴之间的和谐关系共同构成的。处在积极氛围中的幼儿会感到幸福、放松、归属感强，情绪状态良好的幼儿，会更愿意学习、参与集体活动，也能够从幼儿园的学习、生活中收获更多。

（一）构建和谐的师幼关系

教师以关怀、理解、接纳、尊重、支持、平等交流、共同分享的态度与幼儿交往，使每个幼儿都有一种被关爱、被接纳的心理感受。在幼儿园确实存在一些不太受教师关注，或者受教师“特别照顾”的幼儿，从幼儿的角度看，往往师幼关系没有那么和谐。俄罗斯有句谚语：“漂亮的孩子谁都喜欢，而对难看的孩子的爱才是真正的爱。”这里所说的“漂亮”和“难看”并不单指长相，也包括行为（符合规范或失范）。有些幼儿可能更加淘气，违反班级纪律，和小朋友闹矛盾，对于这样的幼儿，教师更应该用积极、乐观的态度对待他们。

（二）建设融洽的师师关系

上文提到过，成人的情绪示范对幼儿积极情绪的培养至关重要，班级里的几位教师，每天都与幼儿朝夕相处。因此教师之间的协同合作、相互关心和帮助的和谐氛围，会给整个班级带来温暖的气氛，也更容易激发幼儿的亲社会行为。

（三）加强幼儿与同伴的互动

除了师幼关系、师师关系之外，同伴互动是检验和提高幼儿情绪能力的最有效方式之一。教师应该为幼儿提供进行有效的同伴交往的环境，成为幼儿问题解决的指导者，而非直接的干预者。一个健康和谐的人际环境，不代表没有争执、没有冲突，争执和冲突恰恰也是班级环境的重要组成部分。幼儿往往会在争执、冲突中学会自主解决问题，学会调节和控制过激的情绪反应。

相关资源推荐

专著：

1.《教出乐观的孩子》

作者：马丁·塞利格曼；译者：洪莉；出版社：北方联合出版传媒（集团）股份有限公司；出版年份：2010 年

2.《积极情绪的力量》

作者：弗雷德里克森；译者：王珺；出版社：中国人民大学出版社；出版年份：2010 年

绘本：

1.《生气的亚瑟》

作者：文/奥拉姆，图/北村悟；译者：柯倩华；出版社：河北教育出版社；出版年份：2009 年

2.《菲菲生气了，非常非常的生气》

作者：莫莉·卞；译者：李坤珊；出版社：河北教育出版社；出版年份：2009 年

3.《生气汤》

作者：贝西·艾芙瑞；译者：柯倩华；出版社：明天出版社；出版年份：2007 年

4.《毛毛兔儿童情绪管理图画书》系列

作者：特蕾西·莫洛尼；译者：萧萍，萧晶；出版社：长江少年儿童出版社；出版年份：2018 年

5.《小怪物说不》

作者：奥丝拉格·琼斯多特尔，凯勒·古特勒，拉琪尔·海姆斯达；译者：李姝霖；出版社：天津人民美术出版社；出版年份：2018 年

6.《大怪物不哭》

作者：凯勒·古特勒，拉琪尔·海姆斯达，奥丝拉格·琼斯多特尔；译者：李姝霖；出版社：天津人民美术出版社；出版年份：2012 年

7.《长大我最棒》系列

作者：文/梅纳斯，图/约翰逊；译者：荣信文化；出版社：未来出版社；出版年份：2011 年

本章参考文献

[1] 姚端维，陈英，赵延芹. 3～5 岁儿童情绪能力的年龄特征、发展趋势和性别差异的研究. 心理发展与教育，2004 (2).

[2] SAARNI C. The development of emotional competence. New York：Guilford Press，1999.

[3] MAYER J D，SALOVERY P. What is emotional intelligence? //SALOVEY P，SLUYTER P. Emotional development and emotional intelligence：implications for educators. New York：Basic Books，1997.

[4] 林建福. 情绪教育的哲学反思. 欧美研究（台湾)，1999 (3).

[5] 李大维，韩闯. 幼儿情绪理解能力发展研究综述. 吉林省教育学院学报，2010 (1).

[6] 李佳，苏彦捷. 纳西族和汉族儿童情绪理解能力的发展. 心理科学，2005 (5).

[7] WIDEN S C，RUSHELL J A. A closer look at preschoolers' freely produced labels for facial expressions. Developmental psychology，2003 (39).

[8] DENHAM S A. Social cognition，prosocial behavior，and emotion in preschoolers：contextual validation. Child development，1986，57 (1).

[9] BOONE R T，CUNNINGHAM J G. Children's decoding of emotion in expressive body movement：the development of cue attunement. Developmental psychology，1998，34 (5).

[10] 夏瑞雪，等. 观点采择在内隐情绪加工中的调节作用. 心理学报，2014 (8).

[11] YUILL N. Young children's coordination of motive and outcome in judgements of satisfaction and morality. British journal of developmental psychology，1984 (2).

[12] EISENBERG N，et al. The relations of parental characteristics and practices to children's vicarious emotional responding. Child development，1991，62 (6).

[13] 李燕，等. 学前儿童的情绪教育：理论与实践. 北京：北京大学出版社，2014.

[14] 蒋长好，石长地. 儿童情绪调节的发展及其影响因素. 首都师范大学学报（社会科学版），2009（4）.

[15] 沈文娜. 4～5 岁幼儿情绪表达及教师回应策略：以广州市 E 幼儿园中班幼儿为例. 教育导刊，2016（11）.

[16] 张奇勇，等. 情绪感染问卷的中国化修订与信效度检验. 心理学探新，2017（3）.

[17] DENHAM S A，et al. Preschool emotional competence：pathway to social competence? Child development，2003，74（1）.

第四章

幼儿人际交往与社会适应的发展

在幼儿园每学期的半日活动开放日里，学校邀请了父母来观摩。从父母们踏入教室的那一刻起，很多幼儿的表现跟平时有所不同。阳阳的爸爸今天特意请假来参加幼儿园的活动，阳阳兴奋地拉着爸爸在教室里走来走去，一会儿让他猜墙上哪一幅作品是她的，一会儿带他去看自己最喜欢的区角，集体活动的时候思维活跃，比平时还要积极主动。萌萌的妈妈已经是第三次来参加幼儿园的活动了，萌萌紧紧地拉着妈妈的手坐在教室的一个角落里，哪儿也不去，运动的时候其他小朋友都围在两位班主任身边，她就待在妈妈身边，学本领的时候，她也不让妈妈离她太远，眼睛不时看向妈妈。午餐时间到了，萌萌突然间哭了，她已经预料到吃完午餐妈妈要去单位上班了，她边吃边哭，嘴里还念叨着“妈妈别走”，妈妈在旁边左右为难。

当父母们来观摩半日活动时，幼儿们的表现各不相同，有的积极热情，表现欲爆棚；有的拘谨退缩，恨不得黏在妈妈身边。这跟幼儿与母亲形成的依恋关系的类型密不可分。依恋是幼儿寻求并企图保持与另一个人的亲密联系的一种倾向，这种强烈的、持久的情感联系，对幼儿一生的发展具有重要意义。在婴幼儿时期形成安全型依恋的幼儿，在陌生情境中，会把母亲当作一个“安全基地”，敢于探索周围的事物，同时在与母亲彼此依恋的过程中，他对自我和他人的认识更加全面、客观，从而与他人建立起健康、友好的同伴关系和其他社会关系。

本章将讨论以下几个问题：(1) 幼儿人际交往能力的发展理论与教育方法，包括幼儿的亲子交往、同伴交往和师幼交往的相关理论及相应的教育方式；(2) 幼儿社会适应能力的发展理论与教育方法，主要包括幼儿社会适应能力的发展特点、幼儿社会适应能力的典型表现、促进幼儿社会适应能力的行为培养。

荀子曰：“人之生也，不能无群。”意思即人只有通过交往，建立起和谐的人际关系，才能过上正常的社会生活。在学前阶段对幼儿进行人际交往教育，不仅有助于幼儿习得有效的交往技能，建立友好的同伴关系，学会正确地与成人交往，而且对幼儿成人后的人际交往有着深远的影响。《幼儿园教育指导纲要（试行）》在关于社会领域的要求中明确指出：要引导幼儿参加各种集体活动，体验与教师、同伴等共同生活的乐趣，帮助他们正确认识自己和他人，养成对他人、社会亲近、合作的态度，学习初步的人际交往技能；《3～

6 岁儿童学习与发展指南》中也明确将社会领域划分为两大子领域，分别为人际交往和社会适应，并指出人际交往和社会适应既是幼儿社会学习的主要内容，也是其社会性发展的基本途径。因此，在学前期对幼儿进行人际交往和社会适应的教育指导是十分必要的。

第一节　幼儿人际交往能力的发展与教育方法

人际交往是指个体通过一定的文字、语言、肢体动作、表情等表达手段将某种信息传递给其他个体的过程。学前期是幼儿人际交往能力发展的关键时期，人际交往能力是学前幼儿社会化程度和社会适应能力的一项重要指标，是学前幼儿交往、学习、生活的基础和保证。

在学前阶段，教育工作者不仅要更好地发展幼儿的智力与技能，还要注重人际交往能力的培养，让幼儿从小就以正确的方式表达自己的想法，学会理解和尊重他人，树立自尊、自信、自主的意识，培养积极、健康的交友态度和交往技能，促进社会性的更好发展。由于幼儿的交往对象主要限于父母、同伴、教师这三个群体，因此，本章将幼儿的人际交往分为三种类型。

一、亲子交往

一般而言，父母是幼儿出生后接触最早和最多的人，随之建立起来的亲子关系对人的一生有重大意义。早期良好的亲子关系的建立，会为个体未来更好地适应社会打下坚实的基础。

（一）依恋及其对幼儿发展的影响

1. 依恋的概念

婴幼儿时期建立的亲子关系，称为“依恋”。依恋，一般被定义为婴儿及其照顾者（一般为母亲）之间存在的一种特殊的情感关系。它产生于婴儿与其父母的相互作用过程中，是一种情感上的联结和纽带。依恋是人类最初始的也是影响最深远的一种情感，是健康成长不可缺少的环节，是几乎一切社会情感发展的基础。依恋通常在幼儿 5～9 个月明显地表现出来，而在 1.5～2.5 岁达到高峰。

2. 依恋的类型及影响因素

安斯沃思（M. Ainsworth）设计了陌生情境的经典实验来研究幼儿分离焦虑、陌生焦虑。在陌生情境中，他针对 12～24 个月的婴儿和他们的母亲进行了实验，测量了婴儿的依恋反应及其类型。该实验研究基于的假设是：如果依恋发展完好，婴儿应视母亲为安全保障，并在此基础上在游戏室里探索；当父母短时间离开时，婴儿应表现出分离焦虑；当婴儿处于焦虑状态时，陌生人对婴儿的安慰一定不及母亲的安慰有效。

（1）依恋的类型。

依据婴儿在实验情境中的表现，安斯沃思发现婴儿的依恋有不同的类型。安斯沃思的陌生情境测验结果将婴儿的依恋关系分为三种类型：

a. 安全型（secure）。这类幼儿与母亲在一起时能舒心地玩玩具，并不总是依恋母亲，当母亲离去时，明显地表现出苦恼。当母亲回来时，会立即寻求与母亲的接触，才能很快平静下来并继续玩游戏。

b. 焦虑-回避型（insecure-avoidant）。这类幼儿在母亲离去时并无紧张或忧虑，母亲回来，他们亦不予理会或短暂接近一下后走开，表现出忽视及躲避行为。他们在接受陌生人的安慰与接受母亲的安慰时的反应没有差别。

c. 焦虑-反抗型（insecure-ambivalent）。此类幼儿对母亲的离去表示强烈反抗，母亲回来，他们即寻求与母亲的接触，但同时又表现出反抗情绪，甚至会发怒，不再去玩游戏。

视野拓展

经典依恋实验及依恋关系分类

安斯沃思与同事设计了陌生情境测验（strange situation test），用来评定1岁婴儿对其母亲的依恋的安全性。

陌生情境测验是在一间实验玩具室内观察婴儿、母亲和一名友好却陌生的成人在一系列情境中的行为与反应。最初，母亲与幼儿被邀请进入一间放有适当玩具的舒适的实验室，当幼儿安静下来并开始玩玩具时，便有陌生人加入。之后，相继出现母亲离去、陌生人与幼儿相处、母亲回来陌生人离去、母亲离去幼儿独处等情境，幼儿的反应用录影带进行记录。事后，依据录影带的记录评估幼儿的探索行为、对养育者与陌生人的倾向性、在简单分离后重聚时对母亲的反应等，从而对依恋进行分类。

在安斯沃思的最初研究中，安全型依恋的幼儿约占65%，回避型依恋的幼儿占21%，反抗型依恋的幼儿占14%。后来，在8个国家的2 000名幼儿中进行的39个有关依恋类型的研究，虽然有一些文化的差异，却发现依恋类型的分布几乎与安斯沃思的研究结果相同。

（2）影响依恋安全性的因素。

a. 照看者的稳定性。在出生的前几年，幼儿与照看者建立的稳定、亲密的关系，对幼儿以后的身心发展有重要影响。稳定的照看者是婴儿形成安全型依恋的必要条件，但若在幼儿早期频繁更换照看者，将对幼儿的依恋发展产生破坏性影响。

安娜·弗洛伊德（A. Freud）曾研究过第二次世界大战期间欧洲一些孤儿的依恋发展，发现战时看护孤儿的护士不稳定，导致这批幼儿无法形成对照看者的正常依恋，只能相互抱团、相依为命，对他们的社会适应能力发展造成很大障碍。斯皮茨（R. Spitz）对孤儿院幼儿进行的研究进一步说明了这一点。这些幼儿都在3～12个月内被母亲抛弃，他们被放在一个大的病房内，一个护士需要照看至少7个幼儿。和与父母分离前的快乐、外向的状态相比，他们时常哭泣，对周围环境退缩，体重减少，很难入睡。如果幼儿所见到的照看者无法代替母亲，这种伤心就会更加严重。

b. 照看的质量。照看者对婴幼儿的态度对依恋的形成有重要影响。对4 000对母子的66项研究表明，如果母亲对幼儿的信号始终能做出合适、积极的回应，对幼儿照顾得温柔而细致，幼儿的依恋安全性就比较强。幼儿能在母亲的积极回应中建立一个信仰系统，即父母是可以信赖和依靠的人，自己是值得父母爱、会得到他人的积极回应的有能力的人。

c. 幼儿的特点。依恋关系是亲子双方共同构筑的，幼儿自身的特点也决定了建立这种关系的程度。

托马斯（A. Thomas）根据活动水平、规律性、常规变化适应性、对新情境的反应、感觉阈限水平、反应强度、积极或消极情境、注意分散度、坚持性和注意广度等 10 个维度，将幼儿的气质划分为容易照看型、难以照看型和缓慢发动型三类。对于母亲而言，难以照看型气质的幼儿比容易照看型气质的幼儿的抚养难度要大。

有关缺陷幼儿的研究表明，幼儿的智力水平及生理缺陷对依恋的发展有重要影响。智力正常的幼儿更爱注视母亲，在与母亲的交往中掌握着主动权，更容易得到母亲的积极回应，而大多数有智力障碍的幼儿在与母亲的交往中是消极被动的。聋童对父母的依恋发展缓慢，但衰减速度很快，因为他们的交流受阻。

d. 家庭的因素。家庭是幼儿生活的第一环境，当父母有失业、感情破裂、经济困难等问题时，会直接影响对幼儿照看的质量，进而破坏幼儿的依恋安全性。

幼儿在养育环境中是否得到关爱、是否被用心地抚养，也会影响幼儿的依恋安全性。很多家庭中的大宝在二宝出生后，由于父母精力与时间上的分配不均衡，又没有提前为大宝做好迎接二宝的心理准备，因此依恋安全性降低。

3. 依恋对幼儿发展的影响

受世界卫生组织的委托，鲍尔比（John Bowlby）对非正常家庭成长的幼儿和流浪儿做了大量的调查，在提交的《母性照看与心理健康》的报告中，他得出的结论是：幼儿心理健康的关键在于婴儿和年幼幼儿与母亲建立的一种和谐而稳定的亲子关系。一些国家的调查发现，“母爱丧失”的幼儿，包括受父母虐待的幼儿，在婴儿期会出现神经性呕吐、厌食、慢性腹泻、阵发性绞痛、不明原因的消瘦和反复感染，这些幼儿还会表现出胆小、呆板、迟钝、不与人交往、敌对、攻击和破坏等个性特点，这些个性特点会影响他们一生的顺利发展，他们易出现心理不健康、情绪障碍、社会适应不良等问题。可见，亲子关系对于幼儿的发展具有重要影响。

（1）对认知的影响。

不同依恋类型的幼儿，在问题情境中的表现有所不同。有的研究评定了一些 12 个月和 18 个月的幼儿的依恋类型，在这些幼儿 2 岁时，观察他们在问题情境中的表现，以揭示早期依恋质量与以后发展的关系。结果表明，安全型依恋的幼儿对问题表现出好奇探索的倾向，会主动地接近问题，遇到困难时较少有消极情绪的反应，既能够向在场的成人请求帮助，又不太依赖成人；不安全型依恋的幼儿自我调控能力与合作性较差，情绪不稳定（如跺脚、发脾气），面对困难时有明显的失望反应，坚持性差，容易放弃，必要时也极少求助于成人。

丁艳华等人对 160 个 12～18 个月的婴儿采用“陌生情境法”进行母婴依恋类型的测评，并在幼儿期进行随访——采用《贝莉婴幼儿发育量表（第二版）》测评幼儿的认知发育水平，采用《Achenbach 儿童行为问卷（2～3 岁）》调查幼儿的行为问题。结果表明，安全的母婴依恋关系为幼儿的认知和行为发展提供了一种更好的可能性；不安全的母婴依恋关系可能导致幼儿的认知损害和产生更多的行为问题①。

① 丁艳华，等. 母婴依恋关系对幼儿认知和行为发展的影响. 中国儿童保健杂志，2013（12）.

由此可见，幼儿的依恋类型会影响到他们认知的发展。

（2）对情感的影响。

婴幼儿与稳定的照看者（多为母亲）之间应当有一种温暖、亲密、连续不断的关系。安全型依恋的幼儿，很容易产生信赖、自信和稳定的情绪状态，在同伴中展示出社会才能。不安全型依恋的幼儿则容易情绪不稳定和对环境不信任，长大后难以成为一个好的父亲或母亲，在幼儿园环境中也表现出更多敌对的、愤怒的、侵犯的行为。

视野拓展

20 世纪 40 年代，心理学家研究孤儿院的幼儿，发现他们有两种行为模式：一种是对人冷漠，对保育员和同伴都未形成有意义的依恋关系；另一种表现为情感的饥饿，贪求与人交往，以得到别人的注意和情感。

（3）对社会行为的影响。

幼儿在与周围环境的人交往的过程中，形成自己的反应方式和决定反应的认知方式，从而形成最初的“内部工作模型”，即幼儿对自己、重要他人（如父母或其他照看者）及自己与他人的人际关系的稳定认知模式。

安全型依恋有利于幼儿学习和掌握人际交往技能，在与人交往时表现出较高的积极性、主动性、独立性和合作性。婴儿期对父母有安全型依恋，能预测幼儿在幼儿园有较强的社会能力并良好的社会关系。

麦克唐纳（MacDonald ）和帕克（Parke）的研究观察 3～4 岁幼儿在家中与父母的游戏和在幼儿园中与同伴的交往，以及教师对幼儿受欢迎程度的评价等级。结果发现，家庭中的积极经历，可以促成男孩在幼儿期良好的同伴关系。

婴幼儿早期的依恋对青少年期的亲子关系及青少年的人格发展有着极为深刻的影响。从来没有过依恋感的幼儿长大后既可能成为只顾自己而对别人毫无感情的人，也可能成为由于缺乏安全感或对人过分猜疑而无法跟他人建立信任的人，还可能成为具有破坏性和攻击性的人。

日本东京都教育研究所等对在初中、高中学生中发生的逃学、家庭暴力和其他不良行为的调查研究结果认为，上述行为的根源之一在于幼儿教育及亲子关系。在调查的 84 名学生中，有 82 名学生的不良行为与紧张的亲子关系、不良的家教有关。因而从婴儿期起重视良好亲子关系的建立至关重要。

【经典实验】哈洛（Harry Harlow）的恒河猴母爱剥夺实验——“代理妈妈”

哈洛是美国一位著名的比较心理学家。他曾把一些幼小的猕猴和母亲隔离开，在小猕猴的笼子里安装了两个“代理妈妈”。其中一个“妈妈”用硬邦邦的钢丝做成，但胸口有奶瓶，另一个“妈妈”用绵软的绒布做成，但没有奶水。他将刚出生的婴猴脱离母亲的哺育，单独关在笼子里。当小猴饥饿时会在钢丝“妈妈”身上吃奶，当小猴休息或恐惧时便趴到绒布“妈妈”身上。从这个细节中可以看到，婴猴内心对温暖和依恋的需求甚至超越了对食物的需求。与正常生长的同龄猴子相比，在这种缺乏母亲养护的环境中成长起来的猴子，大都性情冷漠，缺少群体性行为，不合群，有攻击性，怯于探索环境，不会交配或拒绝交配，且不能适应未来的生活。实验人员通过人工办法让这些有心理创伤的母猴怀孕，待小猕猴出生后，这些母猴对小猴冷漠而无情，有的甚至会咬死自己的幼崽。猕猴和人的基因有94%是相似的，它们反映的正是人类最初始的情感状态。

（二）促进亲子关系的发展——父母的做法

在亲子关系的建立过程中，父母掌握了绝对的主动权，但这不意味着这段关系是不平等的。平等和谐的亲子关系助力父母养育出一个高自尊水平的幼儿，他可以用强大的内心迎接未来工作与生活的挑战。

良好亲子关系的建立渗透于一点一滴的相处，受影响于父母的一言一行。父母可以有这些做法：

1. 及时、热烈地回应幼儿的需求，时刻表达对幼儿的爱

在幼儿的成长过程中，父母对幼儿需求的敏感性与适宜的满足，是帮助幼儿构建对这个世界的安全感的重要来源。对幼儿的需求高敏感的母亲，能从幼儿的哭声中判断出他是饿了、困了、热了还是其他的原因，并能及时、精准地满足幼儿；能在幼儿还不能运用语言清晰地表达自己的要求时，跟幼儿确认他的想法，并满足幼儿的需求；能在幼儿对这个世界充满好奇心与探索欲时，陪幼儿做一些简单、重复的，在幼儿心中其乐无穷的小事，做各种游戏，陪幼儿观察这个世界，向幼儿解释这个世界，帮助幼儿逐渐开拓认知的边界。

真正亲密的亲子关系，需要父母与子女之间相互表达爱意。富有情感的语言表达，能帮助幼儿一次次确定自己在父母心中的地位（不因自己不听话而改变，不因自己成绩不好而动摇），这份情感的确认是建构稳定、亲密的亲子关系的基石。

2. 相信幼儿是独立自由的个体，尊重幼儿的个性和节奏

纪伯伦说："幼儿借由你的身体而来，但并不属于你。"每个幼儿都有自己独立的思想，他的气质、优势、兴趣等都有独特的个人色彩。幼儿虽然弱小，但不是父母的私人财产，作为父母不能把不切实际的期望强加到幼儿身上，没有一个幼儿会完全成长为父母希望的样子。在引导幼儿成长的过程中，父母应该观察幼儿的兴趣，挖掘幼儿的潜能，因势利导，因材施教。

幼儿是跟成人完全不同的个体，他们观察与探索世界的方式与角度也古灵精怪。尊重幼儿的个性特点与成长节奏，是真正平等地对待幼儿的表现。父母是不是可以偶尔停下急匆匆赶路的脚步，蹲下身体和幼儿一起观察汽车轧过水坑溅起来的水花？是不是可以耐住性子陪幼儿每晚睡觉前读一本已经反复读了无数次的绘本？

3. 高质量的陪伴

当父母们都开始意识到"高质量的陪伴"的重要性，却由于工作的忙碌而无法做到时，新的育儿焦虑又涌现了。"高质量的陪伴"重质不重量，父母不必因陪伴幼儿时间少而内疚，不然工作的时间惦记幼儿，在家的时间谋划工作，两头都不能兼顾。最好的陪伴

是父母一回到家里就一心一意地陪伴幼儿，倾听他的话，关注他的情绪，进行愉悦而充分的沟通，给予幼儿足够的信任和支持。

（三）爱家教育——教师的做法

家庭既是幼儿出生后接触的第一个环境，也是幼儿人生的第一所学堂。家庭对个体的成长非常重要，良好的亲子关系可以促进家庭氛围的和谐，而和谐的家庭氛围又可以进一步维持和增进亲子关系。因此，养成良好的亲子关系，使幼儿感受到家庭成员之间的爱，增进幼儿对家的观念，也是幼儿社会教育的重要内容之一。爱家教育的内容包括：

1. 增进对家人的了解

成人总是希望自己的幼儿不自私、不任性，而在现实中，往往是这样的：成人总是清楚地知道幼儿喜欢什么、不喜欢什么，而幼儿似乎永远不必关心大人们喜欢吃什么、玩什么、干什么。于是，时间久了，我们便给幼儿贴上了“自私”的标签，但事实上，这大部分的责任应该归于成人的疏于引导和教育。因此，首先应该让幼儿了解自己的家人。幼儿对家人的了解包括对家庭成员的性别、年龄、职业、兴趣爱好等的了解。教师可以组织各种活动（如谈话活动、集体教学活动、游戏活动等）帮助幼儿了解家人、梳理对家人的认识。学会关心他人，首先从学会关心自己的家人做起；学会关注他人的需求，首先从学会关注家人的兴趣爱好做起。只有这样，幼儿才能推己及人，从了解身边人做起，继而了解生活中的其他人员。

2. 对家人的关爱

虽然关爱是一个抽象的词语，但是关爱来源于生活中的点滴事件。对幼儿来说，爱是具体的事件和由事件引发的感受，而非笼统而抽象的词语。因此，在与幼儿谈论“关爱”这个话题时，应该聚焦于具体的事件，如多问问幼儿：“你从哪里感受到爸爸妈妈很爱你？”“你爱你的爸爸妈妈吗？”“你是怎么表达你对爸爸妈妈的爱的？”让幼儿知道关爱他人可以有多种方式，既可以是简单的问候、关心体谅家人，也可以是为家人做自己力所能及的事，让幼儿明白可以用语言、行动表达对家人的爱，同时引导幼儿观察家人的情绪、身体、工作等状态，学会根据不同的情境，表达自己对家人的关爱，从而促进亲子关系的发展。

活动案例一

爸爸的大手（中班）——培养幼儿对家人的关爱

活动目标：

（1）交流爸爸手的特征和本领。

（2）感受爸爸对自己的爱，从而知道应该关心爸爸。

活动准备：

图书、爸爸的手形、背景音乐、照片、录像

过程与指导：

1. 认识爸爸的手——回忆交流爸爸的手，了解爸爸手的特征

（1）展示“爸爸的手”：这些是谁的手？

（鼓励幼儿比较爸爸的手和自己的手）

小结：瞧，爸爸的手跟我们的手不一样，不仅比我们的手大多了，而且更粗糙，也更

有力量！

(2) 爸爸的手摸上去是什么感觉？

小结：爸爸的手摸上去是硬硬的、有毛的、有茧的、肉肉的。

(3) 你和爸爸握过手吗？和爸爸握手有什么感觉？

小结：爸爸的手是男人的手，很有力量很温暖。

2. 爸爸手的本领大——说说爸爸的手的本领，并分享经验

(1) 你见过爸爸的大手做过哪些事？(出示照片)

小结：爸爸的手会开车，会修家里的电器，会牵着我的手不让我摔倒……爸爸的手本领可真大。

(2) 爸爸的手为你做过哪些事？你们喜欢爸爸的大手吗？

(3) 创编：爸爸的大手，为我们……为我们……所以他们的手变得硬硬的。

3. 我为爸爸做件事——关心爸爸，体验为爸爸做事的快乐

你们的小手可以为爸爸做哪些事？

小结：平时，爸爸总是想到我们，爸爸为我们的成长做了许多的事。关爱是相互的，我们也应该为爸爸做一些力所能及的事情。

---

3. 家庭观

家庭观既是个人对家庭事务所抱有的一种观点、态度或信念，也是个人评价家庭的存在意义及理想家庭的标准，家庭观影响着个人对家庭生活的经营。家是一个遮风挡雨的地方，是可以让人感觉温馨、有安全感的地方。也有人把家当成一个“旅馆”，认为家是个睡觉的地方，有东西吃，有房间住就行了，根本不愿意为家付出劳动，这就是没有家庭观。幼儿的家庭观主要表现在：愿意一起努力维持家庭和谐，包括保持家庭的环境卫生、做简单的家务劳动、维护家庭成员间的关系、喜欢自己的家等。家庭观对每个人来说都是非常重要的，因此教师应该帮助幼儿潜移默化地树立家庭观。

二、同伴交往

(一) 同伴关系概述

1. 同伴关系的含义

同伴关系是指年龄相同或相近的个体之间，因共同活动和相互协作从而衍生出的一种价值、期望和情感关系，或者主要指同龄人之间或心理发展水平相当的个体之间在交往过程中建立和发展起来的一种人际关系。

幼儿在入园前3年主要与父母和其他家人的交往较多，活动范围局限于家庭这个小圈子。随着幼儿年龄的增长，他们表现出越来越强烈的同伴交往需求，并且开始走出家庭，与更多的幼儿发展出新的人际关系——同伴关系。

2. 同伴关系的年龄发展特点

(1) 1岁以前。

幼儿很早就能对同伴的出现和行为做出反应。2个月左右的幼儿能够注视同伴，3～6

个月的幼儿能相互观望和触摸，但 6 个月以前的幼儿的这些反应并不具有真正的社会性质，他们可能仅仅是把同伴当作物体或活的玩具，这时的行为如抓对方的头发、鼻子，往往是单向的。6 个月以后，当幼儿看见旁边的幼儿时，能露出微笑以及发出“咿”“呀”的声音，虽然这种接触是短暂而单向的，但是从发展的过程看，这种互动已经开始有了社会意义，也可以说是向同伴交往迈出的第一步。

(2) 1～1.5 岁。

随着身体运动能力和言语能力的发展，幼儿的社会性交往变得越来越复杂和熟练，交往的回合也越来越多。这时候幼儿之间的简单交往最突出的特征是出现应答性的社交行为，即一个幼儿对另一个幼儿发出的语言或非语言的声音、露出的微笑，以及做出的抚摸、轻拍或递玩具的动作，能引起对方的反应。比如，对方会报以微笑、发出声音、注视他的行动等等。从此，幼儿之间最初的直接接触和互动开始发生。此外，这个年龄段的同伴交往，还有这些特征：交往受情绪控制，高兴时乐于与人交往，生气时则拒绝交往；交往时出现利他行为，会向他人表示关心，会同情和主动安慰同伴；幼儿仍须借助玩具或其他媒介发起交往活动；喜欢与同伴接近，幼儿之间容易互相吸引，但常常因探索而引起摩擦。例如看到同伴的玩具很有趣，也会伸手摸摸，拿来玩玩。若同伴不肯，就用推、打、咬等方法去夺得，因而常引起摩擦、冲突。

(3) 1.5～2 岁。

1 岁半以后，语言发展、行走自由、能接触更多的新事物激起了幼儿对新事物的好奇和兴趣。幼儿之间越来越多地出现模仿或互补的交往行为。这个年龄段幼儿的同伴交往特点是，虽然同在一起玩，但互不干扰，各玩各的，熟悉以后会相互观察，互相模仿。如：相互模仿对方的动作，当一个幼儿站到墙角时，另一个幼儿也跟着挤过去；当一个幼儿钻到桌子下面坐着时，另一个也跟着跑去坐下。追追跑跑是这个年龄段幼儿最喜欢的活动。这个阶段，同伴交往持续的时间越来越长。

(4) 2～3 岁。

2 岁以后，随着身体运动能力和言语能力的进一步发展，幼儿的社会性交往变得越来越复杂，同伴交往的回合也越来越多。这时候，幼儿与同伴在一起的活动，主要是各自对物体的摆弄和操作。他们是对玩具或其他物体感兴趣，而不是对同伴感兴趣。他们摆弄的对象，是各种可以接触到的物体，如玩具、用品、材料和小工具等。几个幼儿之所以能够在一起活动，是因为他们对共同活动的对象——某个玩具或活动材料感兴趣。这时，幼儿还没有真正意义的人际交往。所以说，这是以物体为中介的同伴交往关系。

(5) 3～6 岁。

在 3～6 岁幼儿阶段，随着幼儿语言能力和认知能力的发展，幼儿与同伴相互作用的频率进一步增加，同伴交往的总体水平显著提高，如幼儿能够相互交流想法，能够与同伴商量和制定游戏规则，分配游戏角色，游戏中出现较多的合作和助人行为。这个阶段幼儿同伴交往的形式还是以游戏为主。

总的来说，在学前幼儿的游戏中，2～3 岁幼儿较多出现独自游戏，即不与任何人产生关联的游戏；3～4 岁幼儿较多出现互相平行游戏，即与同伴玩一样的玩具或游戏，但是相互之间几乎没有交往；4～5 岁幼儿较多出现结伙或合作的游戏，即无组织的共同游戏，在游戏中有时会出现互相借玩具或交换玩具的情况；5～6 岁幼儿较多出现合作游戏，即有组织、有规则或有“小组领袖”的共同活动，但由于发展水平的局限，即使在合作游戏中，幼儿同伴交往的方式、时间等也十分有限。

3. 同伴关系的意义

(1) 同伴关系构成幼儿社会能力发展的重要背景。

幼儿的以自我为中心的特点非常明显，不愿也不能意识到同伴的观点、意图、情绪。成长中的幼儿在与周围的人的交往的过程中，逐渐形成两种不同性质的关系：垂直关系和水平关系。

垂直关系，是指那些比幼儿拥有更多知识和更大权力的成人（主要包括教师和父母）与幼儿形成的关系。在这种关系中，成人更多的是对幼儿进行教导和提要求，幼儿更多的是被动接受，体现了成人和幼儿之间的一种“权威-服从”关系，他们之间在心理和地位上是不平等的。

水平关系，是指幼儿与那些具有相同社会权利的同伴形成的一种关系。在这种关系中，幼儿之间可以进行平等的交流，相互模仿和学习，更多地体现了“平等-互惠”关系，他们之间在生理、心理和地位上都是平等的。

在人际交往中，水平关系比垂直关系对幼儿的社会化影响更强烈、更持久。因为同伴之间的交往更容易产生平等对话、轮流分享、投入和回报的合作行为。它为幼儿体验冲突、谈判和协商提供了机会，使幼儿意识到积极的、富有成效的社会交往是通过与同伴的合作而获得的。经常和同伴在一起，幼儿将发展自己与他人交流的能力，学习有效的交往技能，获得控制攻击行为所需要的能力。在和同伴争论的过程中，幼儿能逐渐克服以自我为中心的倾向，学会坚持自己的想法和接纳别人的意见，最终达到掌握协调的能力。

(2) 稳定的同伴关系是满足社交需要、获得社会支持和安全感的重要源泉。

根据马斯洛的需要层次理论，归属和爱的需要、尊重的需要是人的基本需要。韦斯认为个体在与他人不同的关系中寻求特殊的社会支持，不同类型的关系提供不同的社会支持，满足不同的社会需求。如，成为同伴群体的一员可以使幼儿获得初步的归属感。归属感是指一个人属于群体和被接纳的感受，这种感受只能从群体中获得，而无法从一对一的友谊关系中获得。当幼儿知道群体中的其他成员认同或肯定自己的某些方面时，他将愿意与他们共享群体的规范，获得群体的认同，这对幼儿的自尊发展具有积极的影响。班级中稳定的同伴交往关系，容易使幼儿形成比较亲密的同伴关系，这种同伴关系既能够满足幼儿的社交需要，也能够帮助幼儿获得社会支持和安全感，具体体现为同伴间分享兴趣、希望或分担恐惧，幼儿自己能肯定自我价值。

(3) 同伴交往经验有利于幼儿自我概念和人格的发展。

根据符号互动论的观点，人类互动是基于有意义的符号之上的一种行动过程，意义不是来自事物本身，而是来自与他人的互动。在个体发展的过程中，人们都是按照自己在社会情境中的经验来定义自己的。

家庭、社区和学校是最普遍和最基本的社会活动场所。在社会互动中，人们逐渐认识到自己的特征，以及在别人心目中的地位和形象。在与同伴相处的过程中，幼儿习得了解决问题的方法和与他人交往的技能。通过交流与互动，幼儿能更了解别人的观点和想法，学会换位思考，促进自我概念和人格的发展。

4. 同伴关系的影响因素

幼儿在同伴群体中的社交地位具有很大的个体差异：有的幼儿非常受欢迎，有的幼儿地位一般，有的幼儿常常被同伴拒绝，还有的幼儿在同伴群体中的存在感很弱，属于被忽视的一类。影响同伴关系的因素主要有以下几个方面：

（1）社会行为特征。这是幼儿社交能力的重要体现。受欢迎的幼儿一般具有外向、友好的人格特征，擅长双向交往和群体交往，在活动中没有明显的攻击行为，愿意分享，能坚持合作。这样的幼儿极易被同伴当成“领导”，人际关系“如鱼得水”，从不感到寂寞。被拒绝的幼儿在同伴交往中是比较笨拙和不明智的，经常表现出攻击性行为或不适宜的社会行为，如不愿意分享与合作、活动过度、话过多、破坏同伴的游戏、不懂得交往的规则等等。被忽视的幼儿在同伴交往中的行为是笨拙的，他们逃避双向交往，由于害羞，他们中的大多数只知道玩，很少表现自己或出现攻击性行为，导致同伴和教师常常忽视他们的行为。

（2）社会认知能力。幼儿的社会认知能力影响着他们的社交地位。受欢迎的幼儿大都倾向于成为优秀的社会问题处理者，社交策略的恰当性和有效性较一般幼儿高，能很好地解决冲突。被拒绝的幼儿平时对同伴表现出更多的批评、敌意，更容易活动过度或离群，以自我为中心。被忽视的幼儿在与他人交往时也往往体现出以自我为中心的特点，有封闭的倾向。因此要注意提高幼儿的社会认知能力，丰富幼儿对自我、他人、社会关系、社会规则等的认知，从而在与同伴交往的过程中，更好地理解他人、解决问题、获得同伴的友谊。

（3）教师的影响。一个幼儿在教师心目中的地位如何，会间接地影响到同伴对这个幼儿的评价。经常可以发现，当教师喜欢某个幼儿，经常关注他时，其他幼儿虽然会“嫉妒”这个幼儿，但还是不由自主地愿和他一起游戏。社会心理学家认为，在同伴群体中的评价标准出现之前，教师是影响幼儿的最强有力的人物。

（4）家庭教养方式。家庭教养方式对幼儿的同伴关系有重要影响，如父母对幼儿与同伴交往干预与否，父母的人格、家庭氛围宽松与否，无不影响着幼儿的同伴交往。父母对幼儿与同伴的交往干涉越多，幼儿在同伴交往中就越难以发展其社交技能，因此，父母应给予幼儿足够的时间、空间去面对人际交往中的冲突，而非一发生冲突就急着帮忙解决或控制、命令幼儿。

除以上因素外，幼儿的外貌吸引力、电子产品的使用等对幼儿的同伴关系也有一定的影响。

（二）促进同伴关系的发展

良好的同伴关系使幼儿喜欢群体，乐于遵守群体规则，具有初步的归属感。幼儿的同伴关系是在与同伴交往的过程中逐渐发展起来的，因此，要促进幼儿的同伴关系的发展，首先应鼓励幼儿积极与同伴进行交往。

1. 鼓励幼儿发起交往

在同伴交往过程中，尤其在角色扮演等游戏活动中，幼儿可以了解他人的想法、情感体验。如在“医院”里，扮演“病人”的幼儿的言行就必须符合“病人”这一角色的要求，角色的需要迫使他走出自我中心。再如纠纷与冲突是经常发生的，而冲突的自主解决过程就是对幼儿的换位思考能力和交往策略的培养过程。现在的幼儿生活在成人的世界中，而成人对弱小的生命往往会给予莫大的爱和“谦让”，这让幼儿不能正确认识自我，所以当幼儿将与成人交往的准则迁移到与同伴的交往中时，便立刻发生矛盾。胆小害羞的幼儿的情形更糟，他们在受挫后也许会产生社会退缩行为。所以，要鼓励幼儿与人交往，锻炼幼儿的社交能力，既可以在集体教学活动中运用一定手段对幼儿进行引导，也可以为幼儿创设游戏情境，为幼儿提供与同伴交往的机会。

2. 发展幼儿的社会交往技能

在同伴交往中，幼儿往往由于缺乏社交技能而表现出不恰当的行为特征。如被拒绝型幼儿，有的可能很想和其他幼儿一起玩，可是不知道怎样用语言表达。看到同伴搭好了积木，他也想玩，于是跑过去，一把打掉、推倒已搭好的积木，自然不受同伴欢迎；想对某个同伴表示好感，于是走过去打招呼——打一拳，却把同伴打哭了；在和同伴一起玩时，稍不满意就加以破坏，导致其他幼儿都不喜欢他了。因此，父母和教师应注意教授幼儿社会交往技能。社会交往技能有多种，包括交流技能、谈判技能、维持友谊的技能等，以下主要从三方面来说明如何促进幼儿社会交往技能的发展。

（1）交流技能。

能成功交朋友的幼儿一定会在互动中进行谈话。2～6 岁的幼儿首先应学习怎样与人愉快地谈话。为了开始一段愉快的谈话并将谈话保持下去，幼儿需要确认一个双方都感兴趣的主题，并练习谈话技能。培养幼儿的谈话技能可从以下几个方面考虑：看着对方，学会轮流讲话，而不要在别人讲话的时候发表自己的观点，即使自己不同意对方所说，也要等到对方说完再表达；听对方说，并进行相应的回应，要做到这一点，成人应告诉幼儿，倾听不仅指让对方把话说完，还包括关注对方说了什么内容。当对方说完之后，不能只想着把自己想说的说完，而应该根据对方所说，指出对方观点中合理或不合理之处，并进行回应。观察对方的表情，理解对方的情绪。成人应让幼儿明白，保持双方情绪的稳定是进行谈话和解决问题的重要保证，因此在谈话中适时注意对方的情绪变化，有助于幼儿调整自己的说话方式，从而将谈话进行下去。需要注意的是，幼儿在进行谈话时，成人不要打扰，而是在旁边观察，在需要帮助的时候适时介入。

（2）谈判技能。

谈判技能的有效使用能够帮助幼儿进行人际沟通。首先，谈判技能的有效使用与幼儿的语言能力有很大关系，因此，教师首先应从培养幼儿的语言能力做起，教会幼儿使用谈判的语言。其次，谈判的成功与否取决于所有谈判者对于问题产生的原因和解决办法能否达成共识。以幼儿玩“小医院”角色游戏为例，成功的谈判者应具体实施以下策略：

- 表达自己的权利、需要或者感情。如：“这次我想要当医生，你当病人。”
- 聆听和认识别人的权利、需要或者感情。如：“可是我也想当医生。”
- 建议用非暴力的方式解决冲突。如：“那我们一起商量一下。”
- 在提出解决方案后解释理由。如：“不如我们轮流，这样比较公平。”
- 反对不合理的要求。如：“轮流并不是指你一定先当医生。”
- 接受合理的不同意见。如：“如果轮流的话，那我们就猜拳决定谁先当医生。”

● 折中解决方案。如："好吧，那我们就'石头剪刀布'，谁赢了谁先当医生，然后交换。"

教师可以将这些谈判策略通过游戏等活动教给幼儿，使幼儿在具体的情境中意识到这些谈判策略的有效性。

（3）维持友谊的技能。

幼儿很容易交到朋友，即使是两个陌生的幼儿，也能很快玩到一起。但是，幼儿又很容易失去朋友，因为对于幼儿来说，朋友间出现分歧是对友谊的最大考验，维持一段友谊往往十分困难。因此，教授幼儿维持友谊的技能十分必要。对于幼儿来说，维持友谊的技能有以下几点：第一，用微笑、点头、眼神交流、提问的方式建立一段友谊；第二，在和朋友相处的过程中要学会合作、轮流和分享；第三，要学会接受别人的建议和提议；第四，学会用肢体动作或语言（如拥抱、握手或者说"我喜欢你"）表达自己的情感；第五，学会赞扬同伴，如"你（积木）搭得真好""你的想法很不错"等。使用以上积极策略维持友谊的幼儿表现出对其他幼儿的尊重和赞赏，这样产生的一个可喜的结果就是：幼儿能成为同伴心中的理想伙伴，因为人们总是寻找自己喜欢的人做朋友。因此，积极行为会产生积极的反应，积极的反应又会促成幼儿交往时的积极行为，良性循环就是这样建立的。

理论应用于实际

《3～6岁儿童学习与发展指南》之"能与同伴友好相处"的教育建议

（1）结合具体情境，指导幼儿学习交往的基本规则和技能。如：

当幼儿不知怎样加入同伴游戏，或提出请求不被接受时，建议他拿出玩具邀请大家一起玩，或者扮成某个角色加入同伴的游戏。

对幼儿与别人分享玩具、图书等行为给予肯定，让他对自己的表现感到高兴和满足。

当幼儿与同伴发生矛盾或者冲突时，指导他尝试用协商、交换、轮流玩、合作等方式解决冲突。

利用有关的图书、故事，结合幼儿的交往经验，和他讨论什么样的行为受大家欢迎，想要得到别人的接纳应该怎么做。

幼儿园应多为幼儿提供需要大家齐心协力才能完成的活动，让幼儿在具体活动中体会合作的重要性，学习分工合作。

（2）结合具体情境，引导幼儿换位思考，学习理解别人。如：

幼儿有争抢玩具等不友好行为时，引导他们想想"假如你是那个小朋友，你有什么感受"，让幼儿学习理解别人的想法和感受。

（3）和幼儿一起谈谈他的好朋友，说说喜欢这个朋友的原因，引导他多发现同伴的优点、长处。

3. 发展幼儿的问题解决能力

问题解决能力和技巧与以上所提到的幼儿社会交往技能紧密相连，幼儿在交往过程中难免产生分歧和冲突，这时候就要求幼儿运用以上社会交往技能解决这些问题。幼儿在交往中经常出现各种各样的人际冲突，但通过对其人际冲突进行梳理会发现，幼儿人际冲突的起因主要有资源争抢、规则维护、意见分歧、肢体冲突、言语冲突这几种①，因此教师可选定几种典型的人际冲突，与幼儿共同探讨和模拟解决方法。以下提供了相关的促进幼儿问题解决的活动及建议。

活动案例二

我会解决问题——促进幼儿问题解决能力的发展

活动准备：收集幼儿和同伴在一起活动的照片和视频，包括争抢玩具、友好分工协作、谦让商量、规则维护、意见分歧、肢体冲突、言语冲突等具体交往场景。既可以是本班幼儿的，也可以是别的班级的幼儿的。

活动目标：幼儿通过观察自己或他人的交往，在说说玩玩中了解不同交往行为对应的情境，说说自己在生活中的类似场景中怎样与他人交往，怎样解决问题，同时根据游戏意愿进行情景模拟，进一步深化交往技能。

活动建议：

（1）照片和视频可用作认识和促进幼儿问题解决能力发展的工具。在讨论照片中的具体情景时，让幼儿说说遇到相同或相似情境时，最有效的解决方法行为可以有哪些。

（2）可以让幼儿在角色游戏区域玩情景模拟的游戏，通过情景模拟解决问题。

（3）组织谈话，让幼儿及其同伴说一说自己人际交往的小诀窍，分享解决人际问题的小故事。

三、师幼交往

《幼儿园教育指导纲要（试行）》指出："教师应成为幼儿学习活动的支持者、合作者、引导者……关注幼儿在活动中的表现和反应，敏感地察觉他们的需要，及时以适当的方式应答，形成合作探究式的师生互动。"师幼交往是教师和幼儿在教育教学和交往的过程中形成的比较稳定的人际关系。与亲子关系、同伴关系等幼儿的其他关系相比较，师幼关系的特殊之处在于它蕴含着教育的因素，是一种特殊的"教育关系"。教师是幼儿在园中主要交往的对象之一，但在师幼交往中教师与幼儿还未达成真正意义上的平等对话关系。幼儿园应加强师幼交往活动，培养幼儿与教师交往的能力。

（一）师幼关系的影响因素

1. 幼儿自身的特点

幼儿作为互动的主体，其自身的特点（如能力、气质、性格等）以及所处家庭的特点影响着互动的形成。一般，性格开朗、外向、行为积极的幼儿易与教师形成良好的互动，教师也会格外关心那些与自己亲近的幼儿，而这些幼儿多是行动积极、成绩优异、善于表

① 彭国艳. 中班幼儿同伴冲突的特点及策略研究. 哈尔滨：哈尔滨师范大学，2016.

现自己的幼儿；相反，能力较弱、性格内向、不善交往的幼儿比较容易被教师忽视，或师幼互动消极。此外。埃里克松（Erickson）和皮亚纳（R. Pianta）指出，在进入幼儿园之前，幼儿与父母之间的情感依恋情况，影响幼儿的学习与环境适应能力，进而影响幼儿与教师之间的互动①。

2. 教师

教师的对幼儿的敏感度、受教育程度、教育观念、亲师关系、教学效能感等都会影响师幼互动。如：对幼儿行为较为敏感的教师比不太敏感的教师显示出更多的师幼互动，且互动引发幼儿的更多主动行为；受教育程度高的教师由于其教育观念较新，与幼儿互动的时间相对更长、频次更多，对幼儿行为更为敏感②；教师与幼儿父母之间的关系亲密与否也会影响到师幼互动的质量。此外，教师的教学效能感也是影响师幼关系的重要因素。

3. 互动环境

互动环境包括互动的场地大小、人数规模大小、地理位置等。布拉奇福德（Blatchford）的研究显示，班级的规模大小会对师幼互动产生影响：在小班教学中，教师与幼儿的互动更为流畅、更富有个性化，但在大班教学中，幼儿更可能与同伴进行互动，而与教师互动减少。此外，幼儿园所处环境中的噪声、卫生情况也对师幼互动的形成有一定影响。如，幼儿园所在的地区如果噪声级别很高，那么更容易影响幼儿的情绪，教师也更易产生倦怠感，进而影响师幼互动的质量③。

（二）发展积极的师幼关系

师幼关系主要是在师幼互动过程中形成的，师幼互动遍布于幼儿园日常生活的点点滴滴。教师迎接幼儿入园时的每一次拥抱，俯身教导幼儿正确穿衣、系鞋带，区域活动中的每一次介入指导，教学活动中的每一次鼓励与微笑等等，无不在积极建构师幼关系。同样，教师对幼儿的忽视、不尊重甚至打骂，是对“幼儿精神”的亵渎，体现出师幼关系中的冲突和紧张，这些无疑会有损于幼儿的身心健康，影响师幼之间的互动。因此，发展积极的师幼关系首先应从教师做起。

1. 提高教师师德素养，加强在职培训

首先，尽量确保教师在入职前具备学前教育领域的基本专业知识，包括教育知识、教育技能、教育观念等。同时，政府、教育行政部门和幼儿园有必要为在职幼儿教师提供进修的机会，建议培训的内容有师幼交往的重要性、与不同幼儿交往的策略等，如教师如何与不同类型（害羞、有攻击性、情绪控制能力弱等）的幼儿进行交往、幼儿出现行为问题怎么办、如何建立和谐的师幼关系等等。

其次，要提高教师的教学效能感。具体来说，要帮助教师认识到自身的价值，认识到自己在师幼交往中所起到的作用。

---

① ERICKSON M F, EGELAND B, PIANTA R. The effects of maltreatment on the development of young children. Economics & politics, 1989, 14 (1).

② MCBRIDE B, LIN H F. Parental involvement in prekinder gartenat: risk programs: multiple perspectives. Journal of education for students placed at risk, 1996 (4).

③ BLATCHFORD P. A systematic observational study of teachers' and pupils' behaviour in large and small classes. Learning & instruction, 2003, 13 (6).

最后，为教师创设向专家、优秀教师学习的机会和环境，帮助其掌握师幼交往的有效策略与方法。

2. 善于倾听幼儿需要，尊重个体差异

教师要善于倾听，当面对有不同问题行为、气质类型等的幼儿时，教师首先要询问幼儿需要获得什么样的帮助。在这一过程中，教师需要带着自身对幼儿表现出的问题的观察和认识，耐心地倾听幼儿的需要，不因幼儿的行为、气质、身体素质的差异而区别对待，同时根据幼儿不同的问题行为、气质类型，做到具体问题具体分析。仔细观察幼儿的行为、倾听幼儿心声、平等对待每一位幼儿既是教师成功的关键，同时也是改善师幼关系的重要途径。

小贴士

在对待有反社会行为问题的幼儿时，教师更多的是采取积极的态度；在对待有“社交淡漠”或“害羞”行为问题的幼儿时，教师更多的是给予耐心的指引和监督；在对待有好斗的行为问题的幼儿时，教师要将尊重和严格要求相结合；在对待有退缩行为问题的幼儿时，教师更要多鼓励幼儿，并给予必要的帮助。再如，对待那些简单大方型（随和、善社交以及坚韧）气质的幼儿，教师既要给予必要的关注，又要严格要求；对待那些困难型（孤僻、分心和难以平静）气质的幼儿，教师不仅应该给予更多的帮助，同时也要耐心指导，努力创造一个轻松愉悦的幼儿园环境。

3. 增加师幼互动机会，开展趣味活动

增加师幼互动机会，首先应保证幼儿与教师有充分的互动。我国学者也认为，当幼儿园班级规模较小、师幼比较大时，教师的教学相对较为灵活。同时他们也指出，应该将师幼比控制在合适的范围内，这样既能保证幼儿能力的发展，也能使教师关注自己的教学行为。在此基础上，教师还应做到：基于幼儿自己的选择、兴趣和能力提供适合幼儿学习的材料或者玩具；让幼儿在自己喜爱的环境下生活和学习，增强幼儿对教师的满意度和对幼儿园的归属感；多组织一些幼儿感兴趣的活动，这样既能吸引幼儿的注意力，也可以将主动权还给幼儿，让幼儿感受到教师对幼儿的尊重与爱，建立平等、和谐的师幼关系；创设与幼儿互动的机会，让幼儿在活动和游戏中对教师产生信任感，愿意与教师进行交流和互动。

活动案例三

有事告诉教师

活动目标：

（1）发展能大胆地表达自己意愿的能力。

（2）萌发爱教师的情感，有事向教师求助。

活动准备：

（1）布袋木偶：山羊教师、小猪 、小猴、小羊。

（2）木偶台，“小班班牌”，一台电视机。

活动过程：

1. 观看木偶表演——导入活动，激发幼儿兴趣

幼儿欣赏木偶表演：《小猪尿裤子了》《小猴手指划破了》《小羊的衣服找不到了》

2. 我来帮小猪——引起幼儿共鸣，激发幼儿思考

（1）小猪、小猴、小羊遇到了什么问题？

（2）你有没有遇到过相同的问题？

（3）你觉得小动物们应该怎么办？还可以怎么办？

3. 我会寻求帮助——引发幼儿讨论，激发幼儿主动求助的意识

小猪：“小朋友们，当我们遇到哪些事情时，应该主动告诉老师，并寻求帮助呢？”

小结：当遇到这些事情——生病、打架、出现事故、要大小便——的时候一定要告诉老师，并寻求帮助；另外，一些其他高兴的、伤心的、生气的事情也可以和老师分享。

第二节　幼儿社会适应能力的发展理论与教育方法

人的一生，总是不断地适应外部环境，生活在选择与适应的过程之中，有选择就有冲突，有冲突就有压力，有压力就有适应，也就有心理调整……社会适应是人最基本的生活方式。幼儿的社会适应能力是指幼儿逐渐学会接受新环境、适应矛盾冲突情境的能力，包括初步形成的对新环境的适应能力，对陌生人的适应能力，对同伴交往的适应能力，独立克服困难、解决实际生活中的简单问题的能力，学会做事，学会生活①。

幼儿要成长为“社会人”，其社会适应能力显得尤为重要。良好的社会适应能力可以帮助幼儿适应不同的社会群体和组织，促进幼儿的社会化。例如，在家庭中，幼儿是“太阳”，但到了幼儿园和学校，“太阳”就会变成和其他幼儿一样的“星星”，不可能再像在家里一样一切以他为中心，这就要求幼儿从心理到行为有所转变，以适应新的社会群体，因此，对于幼儿来说每一次环境的改变都是挑战，但也为其提供了更多学习和发展的机会。

一、幼儿社会适应能力的发展特点

幼儿的社会适应能力并不是一成不变的，而是随着时间的推移不断发展。因此，小、中、大班的幼儿的社会适应能力有着不同的发展特点。

（一）小班幼儿

小班幼儿首要面临的社会适应能力挑战就是入园。面对入园，社会适应能力不同的幼儿有着不同的表现，大部分幼儿会经历入园不适的阶段：有的幼儿会不停地哭闹，有的幼

① 彭海蕾. 学前幼儿社会教育与活动指导. 北京：教育科学出版社，2012.

儿会紧抓着教师或跟随教师以寻求安全感，有的幼儿会拒绝参加任何集体活动，有的幼儿眨着眼等着教师为其穿衣、脱鞋……少数幼儿能够控制自己的情绪，积极与教师互动和玩玩具。除了幼儿的入园适应表现各不相同以外，幼儿的入园适应时间也因人而异：有的幼儿经过一周甚至更短的时间就能够适应幼儿园的生活，而有的幼儿需要数月甚至是一个学期的时间才能够适应幼儿园的生活，还有的幼儿刚开始表现出适应良好，一段时间后又开始哭闹，最终又表现出良好的入园适应。造成幼儿不同入园适应表现的原因有很多，但无论是何种原因，都需要父母和教师为幼儿做好入园前的思想准备，并随时关注幼儿心理的变化，帮助幼儿尽快适应幼儿园生活。

入园给幼儿的生活带来了翻天覆地的变化，这些变化往往影响幼儿心理的健康成长。入园适应较好的幼儿能够很快转变自己的角色，对群体有初步的归属感，更加独立、更有自信；而入园适应不良的幼儿往往显得更胆小，对成人依赖性强，生活自理能力差。

小贴士

教师给父母的建议——如何帮助幼儿顺利适应入园

1. 心理准备

入园前父母要和幼儿经常谈论幼儿园，既可以谈自己小时候在幼儿园多么快乐，也可以谈邻居、同事家小孩在幼儿园的趣事；带幼儿到幼儿园玩，让幼儿知道幼儿园是小朋友学本领、玩游戏的地方，在那里能够玩到许多新玩具，结交许多新朋友，还有教师陪小朋友一起玩，激发幼儿想上幼儿园的愿望。尽量使幼儿在入园前对幼儿园有个美好的印象，激发他们想入园的兴趣与愿望。

2. 生活准备

让幼儿学会自己用勺子进餐，克服要别人喂饭或挑食等不良习惯；让幼儿认识自己的服装鞋袜及其他用品等；在作息时间的安排上，应逐渐接近幼儿园的生活规律；教幼儿认识自己的姓名（幼儿园的晨检牌、喝水茶杯等都标有幼儿的姓名）。

3. 交往准备

多带幼儿到家庭之外的环境中活动，让幼儿多接触其他幼儿；多和幼儿讲有关独立、勇敢的故事或做一些相关主题的游戏；教幼儿学会用语言表达自己的需求，如大小便、口渴、饥饿等；教幼儿学会不霸占玩具、不抢别人的玩具；教幼儿学会和教师、小朋友打招呼，如“早”“再见”等；教幼儿学会交流自己在幼儿园的所见所闻。

教师的做法——帮助幼儿顺利适应入园

1. 做好家访工作

家访工作可以帮助教师提前了解每位幼儿的性格、喜好，同时让幼儿认识自己的教师，减少陌生感，与教师建立起初步的信任。

2. 关注每位幼儿的入园表现

对于适应不良的幼儿及适应表现较好的幼儿都应给予关注和关爱，如：有的教师对哭闹严重的幼儿会给予较多安慰与鼓励，但对不哭闹的幼儿往往置之不理，认为这些幼儿不需要关注，这是不正确的。相反，不哭闹的幼儿也十分需要教师对其良好的入园适应表现给予肯定和赞扬。

3. 开展丰富有趣的活动

活动的开展可以吸引幼儿的注意，缓解幼儿由于分离焦虑而产生的哭闹行为。教师可以准备一些有趣的手指游戏、故事、玩具，或其他有趣的幼儿游戏。

4. 帮助幼儿找到新朋友

教师可以帮助幼儿尽快认识班级中的其他幼儿，使幼儿找到自己的新朋友，尽快被同伴接纳和喜欢，从而产生对班级的归属感。

活动案例四

高高兴兴上幼儿园（小班）——提高小班幼儿的入园适应

活动目标：

（1）尝试做开心娃娃。

（2）知道要高高兴兴地上幼儿园。

活动准备：

（1）情境表演、开心娃娃的图片（脸部及五官）、固体胶。

（2）教学挂图。

活动过程：

1. 图片讲述

（1）引导幼儿观察图片。

（2）老师讲述图片内容：这是开心娃娃，他高高兴兴地来到了幼儿园，和爸爸妈妈挥手再见。他见到了老师，鞠躬向老师问好。在幼儿园里，他认识了许多好朋友，和朋友们玩得真高兴！

（3）提问："开心娃娃是怎么上幼儿园的？""他在幼儿园里为什么很高兴呢？"

2. 情感体验

（1）鼓励幼儿说说自己高高兴兴上幼儿园的事。

（2）提问："今天谁也是开心娃娃？"

"伤心娃娃在哭，他为什么哭？"

"你有什么好办法能让他不哭吗？"

3. 制作开心娃娃

（1）让我们一起做个开心娃娃，我们都要高高兴兴地上幼儿园。

（2）幼儿制作开心娃娃，粘贴五官，并向同伴展示。

（二）中班幼儿

在经历了一年小班生活的历练后，进入中班的幼儿已经完全能适应幼儿园的常规生活和学习了。但中班幼儿在适应同伴交往上不能仅仅停留在可以共处的层次，而是需要相互之间沟通、合理解决交往过程中的争执和冲突，从而在适应生活和学习环境的基础上，进一步提升与人交往的能力。在经过教师的社会性教育后，大部分中班幼儿能够与班级中的其他幼儿友好相处，学会初步协商与解决问题，并乐于与同伴进行游戏、交谈等。中班是幼儿园生活的过渡阶段，虽然较小班时期，幼儿的社会适应能力有了显著的提升，但父母和教师对于该时期幼儿的社会适应发展仍应有所重视，尤其应对幼儿的合作协商能力、自理能力、班级归属感等加以引导。

（三）大班幼儿

大班幼儿社会适应的外部表现之一，是幼儿在班级群体中的情感是否稳定。虽然大班幼儿的情感仍会因外界事物的影响而发生变化，但他们情感的稳定性开始增强，大多数幼儿有相对稳定的同伴。大班幼儿具有初步的主动学习、解决问题的能力；具有较强的生活自理能力，如穿衣吃饭、整理收拾、值日打扫等；能够理解并遵守规则，对班级人际关系的适应能力大大增强。此外，大班幼儿即将进入小学，环境的更换对其社会适应是一次新的挑战，因此教师和父母应帮助幼儿形成对小学生活的初步熟悉，使幼儿期待小学生活而不是害怕、担忧。

二、幼儿社会适应能力的典型表现

社会适应是幼儿与社会环境建立起和谐关系的过程，而与社会环境建立和谐关系就要求幼儿具有良好的社会交往行为、初步的问题解决能力、明显的亲社会行为，以及积极向上的情绪，因此，幼儿社会适应能力的典型表现主要在以下几个方面：

（1）有良好的社会交往行为。主要表现为：具有基本的交往礼仪，会说简单的礼貌用语；合群，愿意和同伴一起游戏、交谈；具有一定的社会交往技能，能主动发起交往并友善待人；在集体中能愉快地学习、生活，愿意为集体做力所能及的事。

（2）有初步的问题解决能力。主要表现为：遇到困难能够主动寻求成人的支持，有效利用周围资源解决问题；遇到同伴之间的冲突时，能用协商、制定规则等方法解决冲突；在学习和游戏中遇到问题能积极思考，解决问题。

（3）有明显的亲社会行为。主要表现为：经常出现帮助、安慰、合作、分享等行为；对人有同情心和友好行为，不随便打人、骂人；对游戏材料不争不抢，有序操作；拥护并遵守班级规则。

（4）有积极向上的情绪。主要表现为：能够意识到自己的情绪和情感，在特定的情境下能控制自己的情绪，调整不愉快的情绪，进而调节自己的行为；热爱生活，活泼开朗。

三、促进幼儿社会适应能力的行为培养

《3～6岁儿童学习与发展指南》将幼儿社会领域的发展目标定为两个维度：人际交往及社会适应。其中，社会适应维度又分三个目标："喜欢并适应群体生活""遵守基本的行为规范""具有初步的归属感"①。要让幼儿喜欢并适应群体、具有初步的归属感，首先应

① 中华人民共和国教育部．3～6岁儿童学习与发展指南．北京：首都师范大学出版社，2012.

让幼儿被群体接纳和喜欢，因此对幼儿自身的亲社会行为培养十分重要。此外，幼儿在发展过程中不免会出现社会适应的行为问题，包括内化问题及外化问题。因此，可以分别从培养幼儿的社会规范认知、发展幼儿的亲社会行为、处理幼儿的社会适应问题三方面来培养幼儿的社会适应能力。

（一）培养幼儿的社会规范认知

社会规范是人们在社会学习、工作和生活中必须遵守的科学的、合理的、合法的行为规范和准则，是人与人之间、组织与人之间、组织与组织之间的约定。幼儿是未来社会的成员，幼儿的社会规范意识不仅影响自身的发展，也影响幼儿所在的群体，同时，幼儿的社会规范认知是幼儿社会适应能力的重要方面，因此，对幼儿进行社会规范认知的培养应受到普遍重视。

幼儿对社会规范的认知包括对道德规范、生活规范、交往规范、集体规范和安全健康规范等的认知。对幼儿进行社会规范认知的教育，应首先从培养幼儿的规则意识做起，且应渗透在幼儿园、家庭和社会生活的各处。因此，可以分别从认同与接纳规则、维护和遵守规则、制定与修改规则三方面来培养幼儿的社会规范认知。

1. 认同与接纳规则

幼儿社会规范发展的第一阶段便是认同与接纳规则，幼儿只有当认同与接纳了规则后，才有可能去遵守和维护规则。当幼儿进入幼儿园开始集体生活后，就必然会接触到各种各样的社会规则，从不理解、不明白规则到自觉遵守、维护规则，中间经历的过程便是幼儿对规则的认同与接纳过程，这时候教师可以组织幼儿认识身边的各种规则，如：喝水和上下楼梯等要排队、轮流、等待、先来先得、少数服从多数等。认识的方式既可以是用视频，也可以是利用相关的行为规则绘本，还可以是实地参观各种规则的标志，同时与幼儿一起探讨：为什么要有这些规则？如果没有这些规则，会出现什么情况？你同意这些规则吗？说说你同意或不同意的理由。

2. 维护和遵守规则

维护规则，是在幼儿认同与接纳规则的前提下，才会出现的幼儿行为表现；遵守规则，即幼儿的规则意识及执行规则的能力，是幼儿社会性适应的重要内容。遵守规则是保证幼儿愉快生活、交往、学习的前提，幼儿只有具备规则意识及执行规则的能力，才能适应社会生活，被群体接纳。《幼儿园教育指导纲要（试行）》指出，教师应引导幼儿“理解并遵守日常生活中的基本的社会行为规则”，并要求教师在共同的生活中以“多种方式引导幼儿认识、体验并理解基本的社会行为规则，学习自律和尊重他人”。教师可用讲故事、角色扮演、情景讨论等方式，与幼儿一起讨论维护和遵守规则的必要性，请幼儿分享自己做过哪些遵守规则的事情，与幼儿一起谈论遵守规则带来了什么好处、如何对待不遵守规则的幼儿等等。

活动案例五

遵守规则总动员（中班）——促进幼儿对规则的遵守

活动准备：拍摄幼儿园中的规则示意图的照片，录制幼儿违反规则后出现的反应情况的视频，纸和笔，拍摄幼儿遵守规则及不遵守规则的照片。

活动目标：

(1) 感知和理解生活中等待行为的意义，初步体验秩序带来的方便和快乐。

(2) 尝试设计等待的温馨提示标志，提醒大家要遵守规则。

(3) 体会制订规则、遵守规则的乐趣。

活动建议：

(1) 让幼儿一起在幼儿园或班级寻找规则示意图，请幼儿说说这些规则示意图分别表示什么意思，以及为什么要遵守上面的规则。

(2) 请幼儿对比并讨论，遵守规则的结果与不遵守规则的结果分别是什么，并让幼儿观看相应的视频。请幼儿说说遵守规则的重要性。

(3) 开展“规则宣传员”活动，请每个幼儿思考幼儿在幼儿园、公共场所、家分别需要遵守哪些规则，并用图文并茂的方式将规则展示出来（可以邀请父母共同参与），然后进行“最佳规则宣传员”的评比（评比标准由教师自定，可以是规则的全面性、清晰性、必要性等），最终将幼儿设计的规则张贴于班级、幼儿园或家中的相应位置。

(4) 可以在班级中每周开展“遵守规则小榜样”的评选活动，请幼儿每周选出1～2个遵守规则的幼儿，被选出的幼儿会获得一定的奖励或鼓励。

---

3. 制订与修改规则

幼儿制订与修改规则基于对规则的认同和维护，这一过程正是建构规则真正意义的过程。按照皮亚杰的发展理论，幼儿对日常规则执行和遵守方式的第一阶段是单纯的“自我中心阶段”，幼儿此时按个人的意愿行事。因此，此阶段规则的制订与修改可着重体现幼儿的参与。

在引导幼儿提升规则意识和养成规则行为时，教师应注重培养幼儿的自主意识。如：在一日活动中，教师可以根据实际情况大胆放手，鼓励幼儿自己去思考规则和要求，探索规则和要求的合理性。又如：当区域中多出许多新的操作材料时，有些幼儿为了能拿到自己喜欢的玩具，会与同伴发生争执，教师便可组织幼儿讨论，让幼儿自己制订符合愿望而又不会影响同伴关系的规则，引导幼儿从活动场地、材料使用方法、入区人数等方面入手，制订出图文并茂的“区域活动规则表”。当幼儿成为规则的制订者后，他们会更加乐于遵守和维护规则，能产生积极作用。

视野拓展

《3～6岁儿童学习与发展指南》社会领域之目标“遵守基本的行为规范”

3～4岁：

(1) 在提醒下，能遵守游戏和公共场所的规则。

(2) 知道不经允许不能拿别人的东西，借别人的东西要归还。

(3) 在提醒下，爱护玩具和其他物品。

4～5岁：

（1）感受规则的意义，并能遵守基本规则。

（2）不私自拿不属于自己的东西。

（3）知道说谎是不对的。

（4）知道接受了的任务要努力完成。

（5）在提醒下，能节约粮食、水电等。

5～6岁：

（1）理解规则的意义，能与同伴协商制订游戏和活动规则。

（2）爱惜物品，用别人的东西时也知道爱护。

（3）做了错事敢于承认，不说谎。

（4）能认真负责地完成自己所接受的任务。

（5）爱护身边的环境，注意节约资源。

（二）发展幼儿的亲社会行为

亲社会行为是指能够善意地亲近和帮助他人，或者使他人受益的行为，执行者在执行这些行为时一般不期望得到外部回报。分享、助人、同情、安慰、鼓励、合作、保护、救助等词语都是在描述亲社会行为。从小的方面来说，幼儿亲社会行为可以让幼儿逐渐产生满足感，他们在帮助别人的过程中，会认为“我是一个有用的人”“我能做一些事情”“我是重要的”，由此产生对自己能力和价值的认知，形成一种积极、健康的自我意识；从大的方面来说，亲社会行为可以帮助幼儿尽快地建立并维持良好的人际关系，从而使幼儿喜欢并适应群体生活，进一步遵守基本的行为规范并具有初步的归属感，以及进一步提高社会适应能力。

成人在帮助幼儿发展亲社会行为时，首先应明确每种亲社会技能的含义，并创设各种情境引导幼儿发展。以下主要介绍幼儿的合作、安慰、助人、移情等亲社会行为的具体培养方法：

1. 培养幼儿的合作行为

首先，要为幼儿创设合作的机会，如让幼儿与同伴一起拼图、搭积木、画画、阅读图书、跳皮筋、玩过家家等，而非独自游戏。以合作画画为例：幼儿必须学习相互协商、配合、分工合作，才能在构图、色彩、内容上达到协调一致，共同创作出一幅美丽的画作。

其次，要教授幼儿一定的合作技能，合作过程中需要的常见技能有轮流、平分、妥协、肯定和赞美、分工、协商等。应让幼儿明确这些技能的含义，如告诉幼儿：轮流是指“你先玩，下一个轮到我，然后轮到玛丽”；平分是指“这里的玩具有一半给你，另一半给我”；妥协是指“在大家一起发表建议时，我发现我的建议不如你的好或不那么周全，因此，我愿意改变自己或接受别人的提议”；肯定和赞扬别人是指当别人出现亲社会行为时，可以对别人说感谢或赞美的话，如“你的办法真不错”“我喜欢你的做法”等。鼓励幼儿在真实的情境中使用这样的亲社会技能以及相应的语言。

最后，让幼儿体验合作的快乐。幼儿之间的合作常常会带来积极愉快的结果——活动成功的成就感和喜悦感、友谊的提升等，这对幼儿巩固、强化合作行为是极为重要的。教师也应注意积极引导幼儿感受合作的过程及成果，多问问幼儿合作的感受、方法、结果，让幼儿体验合作的愉快。

2. 培养幼儿安慰行为

首先，安慰行为的出现首先是觉察到了别人的消极情绪状态，如生气、烦恼、忧伤、痛苦等。因此，应让幼儿学会识别人的情绪。教师可在教室里张贴不同情绪的幼儿照片，并让幼儿说说："照片里的幼儿怎么了?""心情怎么样?""你想帮助他吗?"

其次，教授幼儿适当的安慰技能。教师可告诉幼儿，安慰别人的技能主要有三种：安慰的动作（如抚摸、拥抱）、安慰物品（如玩具或礼物）、安慰的言语（如：不要伤心，我陪你；我觉得你很棒；这一次没完成不要紧……）。在此基础上，教师可与幼儿讨论需要安慰的情境有哪些（如：当别人受伤或生病时、生气或伤心时、做游戏失败时等），并让幼儿以情景模拟的方式进行安慰，此外，组织幼儿谈谈自己曾经因为什么事情安慰过别人或被别人安慰过，安慰别人和被别人安慰时有什么感受，让幼儿感受安慰行为的积极作用。

3. 培养幼儿的助人品质

教师可以向幼儿布置一些助人的任务，保证每个幼儿都有机会成为帮助者和被帮助者。如：在体育活动中，幼儿可以轮流帮别人把器械放好；在生活活动的洗手环节，幼儿可以轮流帮助别人卷起袖子；在午睡环节，幼儿可以轮流帮助别人穿脱衣服；在游戏环节，让A组幼儿教B组幼儿玩数学游戏，再让B组幼儿教A组幼儿玩手指游戏……教师可以通过创设这些机会鼓励幼儿助人。同时，当幼儿向教师求助时，教师应尽量将助人的机会留给幼儿，如：当有幼儿需要胶水时，让幼儿的玩伴去帮他拿，而不是教师自己去拿；当有幼儿提出疑问时，让知道答案的幼儿去帮助解决……教师还可以组织幼儿谈谈帮助别人和被别人帮助分别是什么感受，使幼儿对助人的感受更进一步。

4. 培养幼儿的移情能力

移情是指幼儿推断别人内部心理活动，即能设身处地理解他人的思想、愿望、情感等的能力，移情的本质特征在于个体认识上的去自我中心化，即能够站在他人的角度看待问题。为了让幼儿理解何时需要帮助或合作、何时需要善意的行为，成人必须教会幼儿站在别人的立场考虑问题，并教会幼儿适时接受别人的观点和建议。可以通过开放式的问题（如"你怎么知道他需要帮助?""你为什么想要那样做?""如果……，那么会发生什么?""下一步会发生什么?""如果你做了，他会有什么感受?""你还能用什么方式帮助他?"）促进幼儿对亲社会行为的理解、对他人感受的体会，以及对事情结果的思考。

理论应用于实际　　**培养幼儿的亲社会行为**

开展专门的亲社会活动，如幼儿相互间的赞美活动、"热心小公民"评选活动、"我是小雷锋"活动等，帮助幼儿具体理解每种亲社会行为的内涵、行为表现，并在具体的情境中深化对亲社会行为的认识、获得经验。

活动案例六

我会赞美

活动准备：收集幼儿交往的图片。

活动目标：根据图片使幼儿理解并能表达有关人际交往及相关情绪的各种词语，如：分享、协商、妥协、恳求、谦让、同情、助人、感动、温暖……通过图片帮助幼儿梳理有效人际交往的行为特征、技能技巧，使幼儿理解并能表现出相关亲社会行为。在赞美活动中，强化和促进幼儿的亲社会行为，帮助幼儿梳理有效人际交往的行为特征、技能技巧。

活动建议：

(1) 在幼儿自主游戏、区域游戏、户外游戏结束时，教师组织幼儿进行有关“亲社会行为”的赞美，说说在今天的游戏活动中，哪些小朋友出现了好的行为，并值得赞美。

(2) 可以和幼儿开展“赞一赞，画一画”的活动，请幼儿针对自己所赞美的幼儿，将被赞美的行为画下来。

(3) 将幼儿的赞美画制作成册，形成“亲社会行为画集”，放置在图书区，供幼儿欣赏、阅读。

(4) 鼓励幼儿发现生活、新闻中其他人的亲社会行为。

(三) 处理幼儿的社会适应问题

幼儿的社会适应问题既包括外化社会行为问题，如攻击行为、多动行为、违规违纪行为、脾气爆发等，也包括内化社会行为问题，如害羞、焦虑等，以下将分别选取幼儿外化社会行为问题中的攻击行为、内化社会行为问题中的害羞行为来说明如何处理幼儿的社会适应问题。

1. 应对幼儿的攻击行为

攻击行为影响幼儿的社会适应，出现攻击行为的幼儿对群体生活缺乏认同，不能遵守基本的行为规范，对群体的归属感较弱，缺乏良好的社会适应能力，因此，解决幼儿的攻击行为问题是帮助幼儿提升社会适应能力的重要一步。

根据攻击者的意图，可以将攻击行为分为无意性攻击、表现性攻击、工具性攻击和敌意性攻击。其中，无意性攻击是指幼儿在游戏过程中无意地、不带有目的地伤害别人；表现性攻击是指幼儿从无意中伤害或干涉别人的行为中获得乐趣，不带有愤怒、沮丧或者敌意的情绪，而只是一种导致他人不开心的玩笑或探索性的行为；工具性攻击通常是幼儿为了争夺物品、领地或权力而发生的身体上的冲突；敌意性攻击表现出幼儿仅仅看到别人身体或心理受到伤害就体验到满足。

幼儿出现攻击行为的原因有多种，包括生物学因素、家庭教育、环境的影响、幼儿自身的模仿能力以及交往技能缺乏等，因此，要解决幼儿的攻击行为问题，就应从以下几方面着手：

(1) 帮助幼儿认识攻击行为。

要有效减少幼儿攻击行为，必须教导幼儿怎样非攻击性地表达愿望，同时帮助幼儿内化那些与攻击行为不相容的价值观和互动方法。如：告诉幼儿从电视或电影中看到的暴力行为并不能代表真实世界，并且与幼儿一起讨论电视节目和真实生活的区别；制止幼儿模仿他们所看到的暴力行为；帮助幼儿认识和明确暴力行为和非暴力行为；告诉幼儿观看暴力也是不健康的，并帮助幼儿想出其他可看或可做的事情。只有幼儿真正地将攻击行为看成违反其价值观的行为，才能促使幼儿抵制和减少攻击行为。

此外，成人还应帮助幼儿认识无意性攻击。通常，无意性攻击的受害幼儿会把攻击看成是故意的。因此，成人应该让受害幼儿意识到事件的无意性，并进行调解。如，成人可以对受害幼儿说，“你肯定很震惊你被打了，但他并不是故意伤害你的，他只是努力想把球扔高，结果球砸到你了”或者“你看起来不太高兴，但是她并不想推你，只是她今天心情不太好”等等。这种信息并不是为了帮攻击者开脱，而是试图解释事件的非故意性质，使得双方都能在较为理性的状态下理解事情的背景，最终使得被攻击的一方因为攻击意图的非故意性而减少愤怒或伤心，攻击的一方则能意识到自己的行为给他人造成的心理或身体的伤害，从而在日后更加注重言行举止的谨慎和规范。成人可以引导幼儿双方表达自己的感受，并选择双方认可的有效方式来解决问题。

活动案例七

我不打人

活动准备：收集本班幼儿生气、愤怒时的照片；收集一些幼儿攻击行为（包括身体攻击行为和言语攻击行为）的视频、照片，既可以是电视电影中的，也可以是现实生活中的。

活动目标：认识生气或愤怒的情绪，懂得一些缓解生气和愤怒情绪的方法；通过讨论和表达自己对攻击行为的看法和感受，认识到攻击行为对同伴会造成身体和心理的伤害，并认识到解决问题的方法除了攻击外还有多种。同时，在说说演演的过程中体验有效应对攻击行为的方法。

活动建议：

（1）幼儿可以说一说哪些事情会让自己产生生气或愤怒的情绪，有什么办法可以缓解。

（2）幼儿观看攻击行为的视频或照片，讨论并交流自己对影片中的攻击行为的看法。自己有没有攻击过别人？为什么？除了攻击还有其他更好的解决方法吗？

（3）请幼儿说说自己是否受到过别人的攻击，感受是什么？有什么办法应对？可以引导幼儿进行情境表演：设置情境，针对幼儿说出的应对攻击行为的办法进行角色扮演。

（4）可以跟幼儿一起制订有关攻击行为的班级规则，由幼儿自己制订攻击行为的惩罚形式。

（2）减少幼儿生活中的挫败感。

挫败感会使幼儿的攻击行为更容易发生，因此，减少挫败感、让幼儿感到自己有能力，可以降低攻击行为的发生率。减少幼儿的挫败感首先可以从环境着手，如：整理教室材料，使材料充足、有效；管理教室空间使得物品摆放适宜幼儿自由活动；等等。其次，可以通过给予幼儿更多的自主权来使其获得自主感，如让幼儿在一整天的时间里有不同的选择，而非始终受制于教师或父母。最后，可以在日常生活中以“小任务”的形式给幼儿布置工作，如浇花、喂鱼、检查灯是否关掉了、整理桌椅、擦桌子、整理玩具等，给幼儿选择、尝试各种任务以及独立体验的机会。这样，幼儿既能感觉到挑战，又能够学习怎样使用工具、怎样与他人一起工作，从而获得自我肯定。幼儿的自我肯定有助于减少挫败感，从而减少攻击行为的发生。

（3）注重培养幼儿的移情能力。

具有攻击性的幼儿通常不关心也意识不到自己的行为对别人产生的伤害，但是，这样的幼儿通过移情教育也能够体会别人的感受，想象受伤害的感觉，感受自己的行为所带来的消极后果。要对幼儿进行移情教育，成人就必须让幼儿知道不同的行为表现或表情所对应的情绪是什么。成人可以向幼儿指出人们情绪表现的特定标记，如：哭、不理睬、不说话等，代表对方不高兴；吼叫、跺脚、皱眉等，代表对方不同意、很生气；笑、投入、积极参与等，代表对方很开心。在幼儿了解了这些行为所代表的特定情绪后，成人还要和幼儿讨论，当对方出现这些情绪时，可分别采取什么样的解决方法。最终，在真实的生活情境中，引导幼儿将理论应用于实际，多注意这些情绪线索，多观察对方正在干什么、情绪怎么样，从而帮助幼儿更好地意识到他人的情绪，学会移情和换位思考。

（4）帮助幼儿进行冲突协调。

即使幼儿知道在与同伴发生冲突时应该进行分享或交流，但在真实的情境中，一旦发生冲突，他们还是会因为冲突而产生攻击行为。这时候，成人若是帮助幼儿进行冲突协调，而不仅仅是中断攻击行为，那么对于减少幼儿的攻击行为有很大帮助。所谓“冲突协调”，是指成人在幼儿发生冲突时，给予幼儿或多或少必要的指导，使幼儿双方从最初的问题确定，一步步找到最终的令双方都满意的解决办法。在冲突协调中，幼儿能够学会和平解决问题的必要技巧，包括交流、妥协、换位思考等。进行冲突协调的具体步骤可参考表 4－1。

表 4－1　帮助幼儿进行冲突协调的步骤

第一步：开始协调过程	确定协调者角色，使物品、领地或权力中立化
第二步：了解每个幼儿的想法	以每一个幼儿的观点为基础澄清冲突
第三步：整合	从双方的角度解释冲突，明确每一个幼儿在问题的产生和解决上都有责任
第四步：提出选择	要求发生争执的幼儿或旁观者提出建议
第五步：对解决办法达成一致意见	帮助幼儿制定一个令彼此都满意的行动计划
第六步：强化问题解决过程	表扬幼儿发现了令双方都满意的解决办法，表扬每个幼儿以解决为目的而做出的努力
第七步：坚持执行解决方案	帮助幼儿实施解决方案

2. 应对幼儿的害羞行为

害羞是一种常见的心理特征。按照害羞的原因，可将害羞分为恐惧型害羞和自我意识型害羞。恐惧型害羞在婴幼儿时期便已出现，表现为对陌生人和外部刺激产生恐惧；自我意识型害羞始于 3 岁，是由幼儿在自我概念发展并有能力考虑他人观点时，对自我公众形象过度觉察而引起的害羞。

在一般情况下，针对特定情境的、程度适当的害羞可被认定为正常反应，但如果害羞程度过高或产生泛化，则会引起许多社会交往问题。对于幼儿来说，害羞会使幼儿变得沉默、缺乏自信、孤单、难以交到朋友，妨碍幼儿的社会适应。因此，关注害羞幼儿并帮助其融入群体，是教师的一项重要工作内容。

（1）认同自我，增强自信。

害羞幼儿最大的特点就是自我价值感低，常常感到自卑，这不但阻碍了他们各种能力的发挥，使他们不敢主动交往，也导致他们成为被排斥或被忽视的对象，在班级群体中缺乏归属感，从而影响幼儿的社会适应能力的发展。因此，对待害羞幼儿，首先要引导害羞幼儿欣赏自我形象，提高自我意识，增强自信心，愿意与同伴互动，使他们为群体所接纳和喜欢。如：教师可以组织活动，让害羞幼儿及其他幼儿认识到每个人都有很多优点，每个人也都有自己的个性，应尊重和欣赏每个人。

（2）创设情境，克服害羞。

教师和父母可以为幼儿创造情境，先让幼儿在熟人面前讲话，再让幼儿到生人少、熟人多的场合讲其熟悉的事情，最后让幼儿到生人多、熟人少的场合自如地讲话。循序渐进，逐步练习，减少害羞的情绪。同时，还要鼓励害羞幼儿积极参加各项集体活动，和同伴讨论问题，交流思想。教师还要引导幼儿在教师提问时，大胆举手回答问题，不要怕答错；当被表扬时，要表现得落落大方，不要低着头不好意思；等等。以上这些都有利于幼儿克服害羞，提高交往与社会适应能力。当幼儿真正赢得同伴、教师和父母的信任和夸奖时，他们的害羞也就被克服了。

（3）树立榜样，及时表扬。

教师、父母是幼儿的主要模仿对象，其言行举止都会对幼儿产生潜移默化的影响，因此，教师和父母首先应该为幼儿树立榜样，用实际言行让幼儿感知如何应对不同情境。如：开放日时，父母应积极与幼儿一起表演节目；在遇到熟人时，父母应热情礼貌地引导幼儿向他人问好；父母在日常交往中与他人交谈、表达想法时，给幼儿以从容、自信、不卑不亢的示范；等等。需要注意的是，面对害羞幼儿的进步表现时，教师和父母应及时给予鼓励与强化，使幼儿逐渐减少害羞行为。

除了教师和父母外，同伴也是幼儿学习与模仿的对象，同伴交往在幼儿的社会适应中起到不可忽视的作用。但对于害羞幼儿，切不可以攀比的心理为幼儿树立学习榜样，如“你看看人家多活泼、大方”“你就不能像人家一样胆子大一点吗”……诸如此类的榜样设立不仅不会促进害羞幼儿的行为改变，还会造成害羞幼儿的反抗、自卑心理。因此，为害羞幼儿设立榜样，可以在潜移默化中进行。如多为害羞幼儿创设与其他幼儿一起交往、游戏、交谈的情境，多让害羞幼儿与同伴一起参加小聚会、小活动，使害羞幼儿在与同伴的相处中感受和学习同伴的优点。

相关资源推荐

专著：

1.《如何培养孩子的社会能力》

作者：默娜·R. 舒尔，特里萨·弗伊·迪吉若尼莫；译者：张雪兰；出版社：京华出版社；出版年份：2009 年

2.《幼儿心理学》

作者：王振宇；出版社：江苏教育出版社；出版年份：2006 年

3.《幼儿社会性发展》

作者：张文新；出版社：北京师范大学出版社；出版年份：1999 年

4.《幼儿社会性发展》

作者：郑淑杰；出版社：内蒙古人民出版社；出版年份：2005 年

5.《家庭教育与幼儿社会性发展》

作者：方建移，何伟强；出版社：浙江教育出版社；出版年份：2005 年

6.《幼儿社会性发展及其培养》

作者：李幼穗；出版社：华东师范大学出版社；出版年份：2005 年

7.《幼儿游戏通论》

作者：刘焱；出版社：北京师范大学出版社；出版年份：2004 年

8.《幼儿的社会技能》

作者：周宗奎；出版社：华中师范大学出版社；出版年份：2002 年

9.《幼儿教育心理学》

作者：林泳海；出版社：北京师范大学出版社；出版年份：2014 年

绘本：

关于亲子交往：

1.《我爸爸》

作者：安东尼·布朗；译者：余治莹；出版社：河北教育出版社；出版年份：2007 年

2.《我妈妈》

作者：安东尼·布朗；译者：余治莹；出版社：河北教育出版社；出版年份：2007 年

3.《像爸爸一样》

作者：大卫·梅林；译者：林听；出版社：湖北美术出版社；出版年份：2007 年

4.《有时候我特别喜欢爸爸》

作者：文/阿诺·阿梅哈，图/侯邦；出版社：明天出版社；出版年份：2013 年

5.《让我安静五分钟》

作者：墨菲；译者：李紫蓉；出版社：河北教育出版社；出版年份：2009 年

6.《逃家小兔》

作者：赫德；译者：黄迺毓；出版社：明天出版社；出版年份：2008 年

7.《猜猜我有多爱你》

作者：山姆·麦克布雷尼，安妮塔·婕朗；译者：梅子涵；出版社：少年儿童出版社；出版年份：2005年

8.《爷爷一定有办法》

作者：菲比·吉尔曼；译者：宋佩；出版社：明天出版社；出版年份：2013年

9.《你睡不着吗》

作者：文/马丁·韦德尔，图/芭芭拉·弗斯；译者：潘人木；出版社：明天出版社；出版年份：2008年

10.《你看起来好像很好吃》

作者：宫西达也；译者：杨文；出版社：北京少年儿童出版社；出版年份：2004年

11.《永远永远爱你》

作者：宫西达也；译者：蒲蒲兰；出版社：二十一世纪出版社；出版年份：2008年

关于同伴交往：

1.《找到一个好朋友》

作者：维尔修思；出版社：湖南少儿出版社；出版年份：2006年

2.《鼠小弟的小背心》

作者：文/中江嘉男，图/上野纪子；译者：赵静，文纪子；出版社：南海出版社；出版年份：2010年

3.《鼠小弟和鼠小妹》

作者：文/中江嘉男，图/上野纪子；译者：赵静，文纪子；出版社：南海出版社；出版年份：2010年

4.《我们是朋友》

作者：文/中川宏贵，图/广川沙映子；出版社：二十一世纪出版社；出版年份：2013年

5.《我们和好吧》

作者：奥布丽吉特·威宁格，伊芙·塔勒；译者：邢培建；出版社：南海出版社；出版年份：2008年

关于社会适应及问题解决：

1.《小魔怪要上学》

作者：文/玛丽·阿涅丝·高德哈，图/大卫·派金斯；译者：李英华；出版社：湖北美术出版社；出版年份：2007年

2.《阿文的小毯子》

作者：凯文·汉克斯；出版社：河北教育出版社；出版年份：2007年

3.《教师我想上厕所》

作者：文/代冉，图/星星鱼；出版社：北京科技出版社；出版年份：2018年

4.《在教室说错了没关系》

作者：文/恃田晋治，图/长谷川知子；出版社：青岛出版社；出版年份：2017年

5.《蚂蚁和西瓜》

作者：田村茂；译者：蒲蒲兰；出版社：二十一世纪出版社；出版年份：2005 年

6.《不要害羞，勇敢地说》

作者：安美妍，江京树；出版社：北京科学技术出版社；出版年份：2013 年

7.《手不是用来打人的》

作者：文/马丁妮·阿加西，图/玛丽卡·海因莱因；译者：陈薇薇；出版社：贵州教育出版社；出版年份：2008 年

8.《语言不是用来伤人的》

作者：文/马丁妮·阿加西，图/玛丽卡·海因莱因；译者：陈薇薇；出版社：贵州教育出版社；出版年份：2008 年

9.《别想欺负我》

作者：文/伊丽莎白·崔勒，图/达柯玛尔·盖斯恩民勒；译者：康萍萍；出版社：辽宁人民出版社；出版年份：2014 年

本章参考文献

[1] 克斯特尔尼克. 幼儿社会性发展指南：理论到实践. 北京：人民教育出版社，2009.

[2] 张明红. 学前幼儿社会教育与活动指导. 上海：华东师范大学出版社，2014.

[3] 周世华，耿志涛. 学前幼儿社会教育. 北京：高等教育出版社，2011.

[4] 高玉祥. 个性心理学. 北京：北京师范大学出版社，1989.

[5] 彭海蕾. 学前幼儿社会教育与活动指导. 北京：教育科学出版社，2012.

[6] 舒尔，等. 如何培养幼儿的社会能力. 北京：中国盲文出版社，2013.

[7] 彭国艳. 中班幼儿同伴冲突的特点及策略研究. 哈尔滨：哈尔滨师范大学，2016.

[8] 丁艳华，等. 母婴依恋关系对幼儿认知和行为发展的影响. 中国儿童保健杂志，2013 (12).

[9] ERICKSON M F，EGELAND B，PIANTA R. The effects of maltreatment on the development of young children. Economics & politics，1989，14 (1).

[10] MCBRIDE B，LIN H F. Parental involvement in prekinder gartenat：risk programs：multiple perspectives. Journal of education for students placed at risk，1996 (4).

[11] BLATCHFORD P. A systematic observational study of teachers' and pupils' behaviour in large and small classes. Learning & instruction，2003，13 (6).

第五章

社会环境：人、地理与环境保护

欣欣特别喜欢和妈妈一起走路去上学。今天是晴朗的一天，天气温暖，欣欣不用穿着她厚重的外套了。小区里，老爷爷、老奶奶们还是起得很早，在锻炼身体。欣欣发现，路旁破旧的垃圾桶不见了，换上了一个崭新的垃圾桶，旁边还新添了一个很大的废旧物品回收箱。走在去幼儿园熟悉的街道上，欣欣听着鸟儿在树丫上唱着欢快的歌，抬头一看，她惊喜地发现许多树丫吐出了嫩绿的叶子。花香弥漫在空气里，街道两旁的花儿正开得鲜艳，她停下来观赏了一会儿，发现有些花还是花骨朵儿，有些花已经绽放，大大小小的蜜蜂在花丛里忙碌着。没走一会儿，欣欣遇见了买菜回来的邻居阿姨，阿姨向欣欣打招呼，并送给了她一瓶牛奶。走着走着，到了妈妈每天给欣欣买早餐的面包店，欣欣最喜欢吃里面的糕点了。和往常一样，店里的叔叔阿姨非常热情，带着欣欣挑选她喜欢吃的糕点。在街角转弯处，是欣欣和妈妈常来看书的地方，在这里妈妈会给她念许多有趣的故事，并且她能遇到一起玩的小朋友。到幼儿园门口了，保安叔叔和教师们早就在门口迎接了，和妈妈再见后，欣欣很开心地走进了教室。

在上述案例中，尽管欣欣和她的妈妈并没有意识到她们在进行地理学习，但在去幼儿园的路上，地理学习实实在在地发生着。欣欣正在认识她所生活的社区以及社区的人们。破旧的垃圾桶换成了崭新的，废旧物品回收箱的添置使欣欣意识到人们为了改变环境而做的努力，嫩绿的树叶、绽放的花蕾让欣欣感受到春天的气息，欣欣熟悉晨起锻炼的老爷爷、老奶奶和送她牛奶的阿姨，她记得面包店飘出的麦香味，也记得街角拐弯处和妈妈一起去过的小书店。在日复一日的生活中，欣欣认识、熟悉、热爱她所在的社区，在产生地方认同感的同时也逐渐了解自己是谁、来自哪里。这是欣欣建立社会情感的基础。

地理学习对所有人都具有重要意义，因为地理本身就是人们生活的一部分。儿童通过地理经验与地理学习来建立自身的归属感，地理知识与地理技能的获得能够提升儿童认识世界、了解世界的能力。幼儿阶段的地理学习并非指让幼儿背诵国家名称或记忆地图上的各国首都位置。欣欣像一个地理学家一样，通过观察、体验来学习，逐渐了解自己身处的世界，并在这个地球上找到自己的位置。

幼儿阶段的地理学习应当扎根在幼儿的日常生活经验中。教师必须了解幼儿的生活环境、探索能力、已有的经验基础，以及观察、分析、推论的能力，并在此基础上展开地理学习。我国尚未出台幼儿阶段地理学习的主题与概念，借鉴美国国家地理学科标准中的《生活化的地理学：国家地理课程标准》与美国国家社会科协会的建议，地理学科应该包括以下五个主题：

（1）我们所生活的地球：早期地理经验可以包括对地球的认识。幼儿可以初步了解地球，关注白天黑夜的现象，知道地球是由陆地和水组成的，地形、水、气候、季节、土壤、动植物等自然景观，与人类的思想、行动等都产生在我们所居住的地球上。当幼儿有了“地球妈妈”的概念时，教师即可培养幼儿关爱地球、保护环境的意识。

（2）方向与方位：地理学习的核心是对空间概念的理解。在幼儿空间观念发展的过程中，对方向和方位的感知，是幼儿必须发展的能力。在幼儿园的幼儿对于物体间的空间关系已有所认识，从幼儿堆积木、玩沙子和水或建构其他物体时，便可看出幼儿是否了解物体间的空间关系。测量活动可以使得幼儿的数、量、空间等概念得到独立并有联系的发展。地图是幼儿获取空间知识的重要媒介和源泉，是培养幼儿空间想象力、抽象能力、逻辑思维能力和认知能力的有力工具。因此，在幼儿阶段可以进行早期地图认知技能的培养。

（3）人与环境的关系：作为富有社会责任感的积极社会成员，每个个体都应当认识到人与自然相互依存的关系，担负起关爱和保护环境的责任。幼儿从周围世界中获得对环境的经验和认识，而这些经验和认识正是他们不断增长的知识的基础。作为教育者，教师的角色是引导幼儿观察与发现周围环境之美，发现人与自然相互依存的关系，萌发热爱环境、保护环境的意识。

（4）不同空间的互动：现代技术的进步缩短了人与人之间的距离，使得个体能够超越自身所处的地域与远方的人或事物建立联系。教师可以引导幼儿关注自身在不同空间中的移动，以及不同空间中的人如何进行互动。

（5）地域：了解地域的概念，可以帮助幼儿进一步了解自身身处何种环境、何种文化，幼儿也可以看到自身所处的地域如何影响自己的生活，以便更好地把握自己与周围环境的关系。对地域的探讨可以从自然景观与地域文化两方面展开。我国南北方的差异为幼儿了解地域概念提供了很好的切入口。

本章也从以上几个方面展开对幼儿地理学习的讨论。

第一节　社会环境认知与幼儿发展

个体从婴儿期起就开始探索周围的环境与自我的关系，抚养者也总是不厌其烦地帮助幼儿认识自身所处的环境。“灯在哪里?”“沙发在哪里?”“火火兔在哪里?”幼儿一边张望，一边用小手指向物体。与其说幼儿认识了该物体，不如说他记住了物体所在的方位。正是这样日复一日地在环境中观察、学习、互动、体验，幼儿逐渐从环境中分离出自我，认识到自己是独立于环境中的其他客体的个体。幼儿生活在社会环境中，在与环境的互动中不断学习、发展，终将成长为小小社区的爱护者，成长为有责任感和使命感的新一代，成长为地球村的合格公民。而对社会环境（不仅包括地理环境，还包括人文环境）的认识与理解，则是个体成为积极主动、富有行动力的公民的必要条件。

对于社会环境的认识，很大程度上可以借由地理教育实现。那么，什么是地理学？为什么要对幼儿进行地理教育？地理教育在幼儿社会教育课程中具有什么价值？本节将对此展开讨论。

一、社会环境认知与地理学习

地理学是关于人、地方、环境及其相互关系的一门学科①。它是涉及空间所有维度——大到世界的整体特征，小到个人生活的地方的科学，它关注人与人、人与自然资源之间的互动。关于此地、周边、社区、国家、世界、地球的知识与经验不仅可以帮助人们获得生活的技能，还能赋予人们生活与活动的意义与价值。约翰·杜威（John Dewey）对于地理与历史学科的价值进行过深刻探讨。杜威认为，地理和历史为狭隘的个人行动或单纯的专门技能提供材料，使这些行动和技能有了历史的背景、广阔的视野和理智的观点。随着我们把自己的行动在时间和空间上联系起来的能力的增长，我们的行动获得了有意义的内容②。我们会逐渐发现，我们并不是平庸的城市公民，每一个人的行为背后都有丰富的、宏大的、深厚的地理和历史背景的支撑。而地理学习，则是通过对比较直接和个人的生活的接触，提供前后的联系、背景和观点，来丰富人们的生活经验③。

“地理学能让我们看清楚自己在地球上某个角落的位置以及生存的条件；看清楚人类所处的生存环境以及面临的主要问题；看清楚空间——自然、人文环境中的各种表情、行为和状态。这种能力可以使我们生活得很清醒、从容和充满智慧，使我们迷路时能够找到方向，游历时能更全面、深刻地感悟自然，自然灾难来临时能从容自信地面对或防范……”④ 人的发展是个体的内在因素与外部环境相互作用的结果。对于社会环境的认识，对于地理知识的学习、理解与运用，不仅能提升个体适应社会、参与社会的能力，还可以增进个体对于生活的理解与体悟，提升个体生命的重量与厚度。

《幼儿园教育指导纲要（试行）》中明确规定了幼儿需要成为“对周围的事物、现象感兴趣，有好奇心和求知欲；能运用各种感官，动手动脑，探究问题；能用适当的方式表达、交流探索的过程和结果；能从生活和游戏中感受事物的数量关系并体验到数学的重要和有趣；爱护动植物，关心周围环境，亲近大自然，珍惜自然资源，有初步的环保意识”的社会人。符合儿童发展的地理教育可以说深入贯彻了《幼儿园教育指导纲要（试行）》的精神。对于幼儿来说，地理是其生活的一部分，幼儿通过与环境互动，获得地理知识、技能与经验，并在认识、了解环境的基础上，建构自身与环境的关系。地理

---

① DE MELENDEZ W R，BECK V，FLETCHER M. Teaching social studies in early education. NY：Thomson Learning，2000：140.

② 杜威．民主主义与教育．北京：人民教育出版社，2001：225.

③ 同②227.

④ 张亚南．地理教育的价值．地理教育，2007（1）.

教育可以帮助幼儿了解大千世界的万千气象和形形色色的人群，引导幼儿欣赏世界上的不同国家和文化，从而养成开阔的视野与包容的心态。地理教育还可以引导幼儿形成探究精神，在可靠信息的基础上形成正确的认识，帮助幼儿明确自身所处的位置，从而做出明智的决策。而地理本身的冒险、旅行、探险等富于想象力和浪漫主义的精神恰恰与幼儿内在的好奇心与探索精神相吻合。幼儿天生富有好奇心，对于自然、环境、科学现象充满了浓厚的兴趣。正是在与环境的互动中，幼儿那富有吸收力的心智才逐渐养成。

幼儿社会教育是一门综合性课程，涉及经济学、地理学、历史学、法学、哲学、心理学、社会学等诸多学科，最终目标在于帮助幼儿形成对社会的初步理解力，具备初步的社会参与意识与能力，成为家庭、社区、国家乃至世界积极主动的成员。地理教育对于幼儿社会教育课程目标的实现具有非常重要的作用和意义，无论是在培养幼儿的社会适应能力方面，还是在培养幼儿的社会参与能力方面，都具有重要的价值。通过发展地理认知技能，幼儿不仅可以更深入地认识与了解自己所生活的世界，还能更有效地与环境互动，把自己看作积极的社会行动者，从而提升社会参与能力。

二、幼儿是小小地理学家

幼儿是小小地理学家，他们从出生就开始认识与探索周围的世界。他们趴在地上观察土壤与植被，收集所在小区的地理数据；他们提出问题（为什么会有白天和黑夜等），通过观察、询问与思考，得出自己的结论；他们也会绘制地图，画出从自己家到幼儿园需要经过的路口。就像每个地理学家一样，幼儿通过观察、询问、思考、借助工具来学习，逐渐了解他们所生活的世界。

事实上，幼儿可以发展出与成人不同的地理知识[①]。亚瑟·凯利（Arthur Kelly）研究了 3～6 岁幼儿对于地理的认识，结果发现，幼儿发展出与成人学科知识不同的地理概念，即便双方运用同样的词语，其含义也会不同。教师应当了解幼儿自身的地理经验以及地理认知技能。

皮亚杰是研究幼儿空间认知的杰出人物，他指出幼儿把大自然看作有目的的存在，采取一种人为取向的思考（thinking artificialism），幼儿会认为大自然的所有事物都是为了人们的使用才存在的，所有会动的事物都是有生命的。太阳公公与月亮婆婆装点了幼儿的童年生活。皮亚杰认为，幼儿人为取向的思考是成人过去从未考虑过的问题，它的产生或许与有权力的父母有关。对于幼儿而言，父母就像神一样高高在上，使幼儿相信父母是有权力的人，例如，认为“父母，就是制造地球的人”[②]。

地理学习的核心是对空间概念的理解，空间可以从不同层面——个人、当地、国家乃至全球——去探讨。幼儿从童年早期即开始通过自身经验、媒体来认识空间的特征，并呈现阶段性发展（见表 5-1）。

---

① KELLY A. Exploring children's geographies at key stage two. International research in geographical and environmental education，2005，14（4）.

② SEEFELDT C，CASTLE S. 幼儿社会教材教法. 台北：华腾文化股份有限公司，2010：8-6.

表 5-1 儿童空间感的发展

从出生到 1 岁（个体空间）	18 个月到 3 岁（个体空间、地方空间）	4～5 岁（个体空间、地方空间以及国家空间；对远方的初步认识）	小学阶段（个体空间、地方空间以及国家空间，远方及全球空间）
探索自我，获得对于自己身体的认识，逐渐熟悉诸如婴儿床、家、幼儿园等周边环境的特点，认识身边重要的人	进一步探索教室、操场、邻里、朋友或亲戚的家等即时环境，通过媒体、故事书等媒介获得对其他地方或者远方的认识	继续发展个体空间的观念；通过直接与环境和他人的接触获得当地空间的观念；建立对于地方空间的人和物的心理图像（邻居、卖场、娱乐场所）；通过家庭的日常活动感受空间，如走访亲友，开展基于空间关系的教室活动；通过媒体、音乐以及儿童文学作品（如关于雨林、动物生活、北极、海底的书籍）发展关于国家空间的概念	继续发展对个体空间的理解，通过媒体、学校、朋友和成人扩展关于地方空间、国家空间、全球空间的概念

资料来源：DE MELENDEZ W R，BECK V，FLETCHER M. Teaching social studies in early education. NY：Thomson Learning，2000：141.

幼儿早期地理学习应当建立在幼儿已有的经验和兴趣基础之上。教师在开展地理活动的过程中，要充分考虑幼儿地理认知技能的发展阶段及其特点，从幼儿现有的地理认知水平出发，利用人为取向的特点，组织符合幼儿生活经验与思维特点的地理认知活动，协助幼儿发展出更多正确的观点。

地理是幼儿感性生活的一部分，幼儿通过地理经验来建立自身的地方感（sense of place）。地方感是个体认知、社会性-情绪发展的核心部分，来自对某个特定区域的关联感——可以是身体的、情感的、精神的联系①。通过地理经验发展地方感可以帮助幼儿建立社会情感的基础。

事实上，幼儿在童年早期就开始发展地方感。有研究发现，所有年龄阶段的人都需要发展地方感，以理解他们在社会中的位置，并形成自我认同感②。即便在成人社会中，人们在相互攀谈时，也总是以“我是上海人”“我是山东人”等来介绍自己，并在内心深处形成“上海人”“山东人”等的自我认同。地方感的建立实际上既关系到个人归属感的建立，也关系到幼儿整体的社会情绪发展乃至入学准备③。因此，在地理认知活动中，教师可采取一系列支持幼儿发展地方感的活动，如帮助幼儿建立与社区的联系和对社区的认同，促进幼儿社会情感的发展。

三、发展幼儿的地理认知技能

在我国学前阶段的社会教育领域，地理知识与技能的学习并不受重视，即便有地理教育活动，也偏向传统的知识取向，忽视了地理教育背后的深刻价值。大多涉及地理教育的

①② TUAN Y F. Space and place：the perspective of experience. Leonardo，1978，68（3）.
③ EPSTEIN A S. Me，you，us：social：emotional learning in preschool. Ypsilanti，MI：HighScope，2009.

活动仅仅停留在“说一说回家的路线”等层面，教师并不了解不同年龄段幼儿应当掌握的地理认知技能，地理教育也未成为幼儿园社会领域课程中的有机组成部分。美国国家地理学科标准中的《生活化的地理学：国家地理课程标准》，详细地列出了幼儿园至小学低年级阶段的幼儿应该学习的五项地理技能①，对教师开展地理活动有一定的启发。

1. 能提出与地理有关的问题

幼儿可以做：

探究物体的方位，以及家、教室和学校的区域。

询问关于同学、亲友及自己家的方位问题。

询问关于故事中描述的地方的问题。

询问关于宠物和动物居住的地方的问题。

询问关于在媒体中看到的地方的问题。

表现出对于地形和水的形态的兴趣。

辨别故事中和新闻中出现的地方的地理特征。

探究距离以及不同的交通工具。

询问关于道路和路线的问题。

探究社区的土地利用。

2. 收集地理信息

幼儿可以做：

探究空间（家、教室、操场），以发现空间特征。

通过操作一定区域内的物体来获得信息。

通过走访来搜集信息（博物馆、动物园、农场等）。

通过观察图片和照片来收集某个地方的信息。

通过书籍来收集信息。

检查模型和简单的地图。

观察一段时间的变化并记录信息（天气、鸟儿来到喂食处）。

拍照记录去过的地方。

通过画画、录音、记日记等方式来记录信息。

3. 知道如何组织地理信息

幼儿可以做：

用积木或物体来描述或展示通过直接经验收集的信息。

通过绘画来表示观察到的现象。

通过剪报和其他方式来描述某个地方的信息。

记录每天天气的变化、建楼或筑路时景观的变化，根据天气增减衣物。

画简单的地图。

设计表格或者用图来表示信息。

---

① National Geographic Joint Committee. The five sets of geographic skills// BEDNARZ S W. Geography for life: the national geography standards. Washington, DC: Author, 1994: 46－49.

4. 分析地理信息

幼儿可以做：

旅游并能分享对所去的地方的印象。

能看懂故事和书中的图表。

观察照片或图片，能发现它们的特征和关系。

通过看学校的规划图能确定教室和其他区域的距离。

用地图能知道自己离故事中的主人翁有多远。

能从当地的地图上找出自己和朋友的住处。

能看懂图表。

通过看地球仪和地图来比较不同国家的大小、距离。

5. 解答地理问题

幼儿可以做：

用参照点来描述住在哪里。

与人分享新闻或媒体中看到的地方的信息。

能在图片或照片中认出熟悉的地方。

描述出人或物的具体位置。

用积木或其他物体制造模型来描述某个地方或物体。

画出去过的某个地方。

用简单的地图来找到路线。

通过仔细分析以上五项幼儿应当掌握的地理认知技能，可以发现，作为社会教育领域课程的地理教育，重视发展幼儿推理与质疑的能力，包括提出问题、收集信息、用探究方法解决问题等。其中，认识和使用地图的能力是幼儿地理认知技能的重要部分。

地图是一种重要的空间表征工具，承载着周围环境的信息，无论是地理专业工作者还是普通人，都经常用到地图。由于其符号表征的抽象特性，幼儿在认知地图的过程中存在一定的困难。幼儿对于符号意义的认知一般要到小学阶段才能发展。帕尔默（Palmer）认为，人的地图认知能力的发展需要经历三个阶段：

阶段一（学前期）：写实绘图（topological mapping）。幼儿在学前期会画实景图。他们可以通过绘画、图片、积木建构来表现某个地方。这些早期的实景图表现了幼儿对于他们周边环境的认识。幼儿的实景图通常是以自我为中心的，缺少诸如方向、透视等地图需要具备的元素①。在这个阶段，可以鼓励幼儿绘制自己家、幼儿园、社区的地图，帮助幼儿初步从地理学的角度认识周边环境。

阶段二（小学阶段）：半抽象绘图（semi-abstract mapping）。这个阶段幼儿的绘图有了更多的细节和象征性的符号。绘制的地图尽管并不完全准确，但已经包含了地图的核心要素，诸如透视、比例、方向等，显示了幼儿已经有了再现环境中的目标物及其相互关系的能力。

---

① DE MELENDEZ W R，BECK V，FLETCHER M. Teaching social studies in early education. NY：Thomson Learning，2000：160.

阶段三（初等教育阶段）：抽象绘图（abstract mapping）。初中阶段的孩子可以运用符号表征。孩子绘制的地图已经既能包含很多细节信息，也能包含地图的主要元素。

学前期的幼儿已经有了将真实物体与地图和图像中的符号联系起来的能力。有一些研究者进行过以学前期幼儿为研究对象的地图绘制实践研究，结果表明学前期幼儿已经具备了早期制图的能力。因此，在学前期的地理学习活动中，教师可以尝试引导幼儿发展最初的认识地图、绘制简单地图的能力，即前绘制地图技能（pre-mapping skills）。

学会认识和绘制地图对于幼儿来说是一个挑战，这实际上需要幼儿具有两项基本素质。其一，对周边环境的认知；其二，知道如何表征物体。这两项基本素质是理解地图和发展视觉认知技能的核心。在幼儿发展视觉认知技能之前，需要掌握前绘制地图技能。前绘制地图技能包括能够理解从简单到复杂的符号和表征。前绘制地图技能是发展视觉认知技能的最初阶段，可以帮助幼儿发展对于宏观环境的认知。前绘制地图技能包括以下几个技能：

（1）掌握有关环境物理特点的知识：认识自然物（如山脉、山谷、河流、运河等）、人工物（如农场、公园、道路、机场等）、物理实体（如建筑、桥梁、雕塑、学校、医院、教堂等）、人为要素（如人、居住社区等）。

（2）在幼儿的环境中发展运用表征和符号的能力：认识交通指示灯、交通标志、商标以及声音（如火警声音、警钟、警车声音等）等。

（3）掌握幼儿生活的场所中经常出现的环境要素：自然资源、建筑材料、农田、娱乐场所等。

（4）认识地球：形成对于地球及其资源（如风和水的力量）的最初认识；知道水和土构成了地球；了解天气和气候变化；知道阴影，知道白天和黑夜。

（5）学习关于其他地方的环境特点的知识：知道雨林、沙漠，了解附近或其他地方的植物，以及动物和人们的生活。

教师在组织活动时可侧重幼儿学前期绘制地图技能的培养，而该技能的培养最关键的是引导幼儿认识周围的环境。教师可引导幼儿观察自己的家、教室、操场、幼儿园及去幼儿园途中的环境，还可组织幼儿进行远足旅行，参观社区、博物馆、农场等公共场所，丰富幼儿对周围环境的感性经验。同时注意引导幼儿关注关键地理信息，如在观察前或观察中，教师可向幼儿提出相关问题：你要去哪里？你打算怎么去？给你印象最深的是什么？你能画出来吗？那里跟你住的地方有什么不一样的地方？那里的人们在做什么？樱桃班在哪里？此外，可引导幼儿关注日常生活中的标志，如交通标志、方向指示牌、商标、汽车标志、男女厕所标志等，引导幼儿初步认识符号表征的方法和意义。

第二节　了解我们所居住的地球

幼儿是积极主动的探索者和建构者，他们能够通过与外界环境的互动获取丰富的信息，实现自身的发展。地理教育有助于幼儿认识自身的生存环境，逐步理解人与环境的关系。在很大程度上，幼儿对社会环境的认知可通过地理教育得以实现。地理教育涵盖的内容非常广泛，而认识地球无疑是地理教育非常重要的一部分。关于地球的相关知识较为复杂，涉及地球的自转与公转、地形地貌、自然景观与气候变化等多方面的内容，幼儿可通过关注昼夜现象、陆地与水的组成、身边的动植物以及天气变化来初步了解我们所居住的地球。当下，地球所面临的环境问题已经非常严峻，人类不恰当的生产生活方式给我们赖以生存的环境带来了许多问题，如气候变化、空气与水污染、物种稀缺与灭绝，以及人类健康问题等。人们既应该意识到自身不当活动对环境产生的影响，也应有责任关心和爱护地球。但是，尽管我们最终都需要了解地球出现的问题，并努力解决问题，但幼儿时期并不是强调解决问题的适宜时期。因为对于幼儿来讲，直接向他们呈现上述诸多问题会造成他们心理上的恐慌与不安。因而，当指导幼儿认识我们居住的地球时，当前的目的并不是让他们认识到诸多复杂的环境问题，而是培养他们的主人翁意识、相互依存的意识，以及保护和关爱地球的愿望。另外，尽管对于幼儿来说，他们需要掌握一些关于地球的科学知识，但是基于幼儿的年龄特点和认知发展水平，掌握科学知识也并不是主要目的所在。对于幼儿地理教育中认识地球的这部分内容，教师应该多注重联系幼儿已有的生活经验，注重对周边事物的感知与探索，培养幼儿探索自然的乐趣。

一、认识白天与黑夜

虽然真正理解地球的自转现象对于幼儿来说难度很大，但是通过丰富的形式引导幼儿感知地球自转所带来的结果是一种可行的方式。我们都知道，昼夜现象是由地球自转造成的，因而我们可以从白天与黑夜入手，帮助幼儿初步理解地球的自转现象。关于白天与黑夜，每个幼儿都有着丰富的体验，和幼儿们一起聊聊白天与黑夜的事情，是引出这个话题的重要突破口。教师可以询问幼儿白天与黑夜分别是什么样的，白天与黑夜幼儿做的事情有什么不同，对于白天与黑夜，幼儿有哪些不一样的体验与感受。幼儿也许会谈道，白天整个地方都是明亮的、热闹的，而黑夜则是漆黑的、宁静的。他们白天可以在户外自由地玩耍，看到鲜艳的花儿、翠绿的树木等，而夜晚更多的时间他们在睡觉，睡觉时会做许多奇怪的梦。白天有明媚的阳光，而黑夜有月亮与星星相伴。

为了深入了解幼儿关于白天与黑夜的经验，教师可就幼儿在生活中看见的周围环境和幼儿自身丰富的体验进行更为细致的讨论。在此基础上，为幼儿提供具体的支架，以帮助他们获得更为直接的、正确的科学概念，帮助幼儿简单地理解地球的自转，以及这种自然规律对于人类的意义。教师在开展有关白天与黑夜的活动时，其领域应是广泛的——不仅仅局限在科学探究这一领域，语言、艺术、社会以及健康等领域皆可渗透，其形式应该是丰富的——可通过音乐、文学、美术、游戏等多种方式进行。例如，教师可以组织幼儿参与关于白天与黑夜的环境布置。让父母与幼儿共同搜集幼儿自己在白天与黑夜做不同事情的照片，教师可事先准备好两张大的 KT 板，分别涂上代表白天与黑夜的颜料，代表白天的那张 KT 板可以贴上太阳的标记，代表黑夜的那张 KT 板则可以贴上月亮与星星的标记。幼儿们可一起将自己的照片分类贴在两张 KT 板上，贴完后裱起来挂在教室的墙面上。另外，教师也可将白天与黑夜拟化，比如将它们分别称为白天精灵与黑夜精灵，鼓励幼儿们参与角色游戏，让他们以各种形式进行交流，分别聊聊白天精灵与黑夜精灵身边的事物与景象。

当幼儿对白天与黑夜有了深入了解后，教师可以引导幼儿认识地球的形状，并引入地球自转的概念。教师可借助地球仪来协助幼儿认识地球的形状与自转。在呈现地球仪之前，教师可以询问幼儿：你们知不知道我们的地球是什么形状的呢？有研究表明，3～5岁的幼儿对地球是有认识的，大多数幼儿能认识到地球是球体这一特征。幼儿对于地球概念的认知可能会涉及皮亚杰所描述的幼儿的“自我中心主义”现象。幼儿只根据他们自己的视角来解释现实。如果幼儿要认识到地球是宇宙空间的一个球体的话，唯一的方式就是幼儿能从外层空间眺望地球，亲眼看看它周围到底是什么样子①。因而，通过向幼儿呈现地球仪来帮助他们认识地球的形状是最直接的方式。在呈现地球仪时，教师可让幼儿自己摸一摸、转一转地球仪，明白地球是可以转动的。这时，教师可通过实验探究的方式将白天与黑夜同地球的自转联系起来。教师可将手电筒作为太阳光源，让一个幼儿站在离地球仪有一定距离的地方，转动地球仪，并告诉幼儿光照到的地方就是白天，照不到的地方就是黑夜，白天与黑夜的交替是地球自转造成的。当幼儿明白后，可让他们以小组的形式自行体验。

幼儿是天生的科学家，他们好奇、乐于探究，探究光与影的关系也是幼儿乐此不疲的活动。在幼儿阶段，探究光与影的关系主要通过影子游戏进行。影子游戏可以帮助幼儿了解地球自转。由于幼儿们发展的阶段性、不平衡性，以及后天与环境互动的方式不同，幼儿的认知水平与知识经验存在个体差异，每个幼儿在影子游戏中的理解与认知也会存在差异。一些幼儿也许能很快意识到影子是由于太阳光的照射而形成的，而且影子的位置、形状以及大小会因时间段的不同而发生变化；而一些幼儿却完全意识不到影子发生变化的原因，而只是停留在游戏的形式上。不论幼儿的发展水平如何，教师都应尽可能考虑到幼儿之间的差异性，尊重幼儿的发展，设计尽可能丰富的影子游戏来帮助幼儿探索影子。在设计影子游戏时，教师可借助其他形式（例如图书、音像资料等）共同支持幼儿关于影子的认知。以下活动案例可以为教师组织影子游戏提供一定的参考。

活动案例一

影子游戏

活动准备：

（1）选择天气晴朗的一天。

（2）雨伞、各种形状的剪纸、各式各样的玩具、课本等物品。

活动目标：

（1）初步明白太阳光能够让身边的物体产生影子。

（2）不同的物体由于形状不同在太阳光下的影子也是不同的。

（3）在影子游戏中体验探索影子带来的乐趣。

活动建议：

（1）将幼儿带到户外阳光充足的地方，引导幼儿观察自己与同伴的影子。

---

① 龙洁. 3～5岁儿童的“地球”概念及其学前教育意义研究. 成都：四川师范大学，2010.

(2) 教幼儿变换身体的动作，如摇摇手、抬抬脚，观察影子是否在发生变化。鼓励幼儿将各种物品（如雨伞、不同形状的剪纸、各种各样的玩具等）置于阳光下，观察阳光下各物品形成的影子。

(3) 组织幼儿讨论影子是怎么形成的，在没有光的地方会不会有影子。

活动案例二

画影子

活动准备：

(1) 选择晴天开展活动。

(2) 选择相对空旷的地方的一棵树、学校的旗杆或其他建筑物等。

(3) 各色粉笔，用于记录的纸笔、时钟等。

活动目标：

(1) 在探索影子的变化中体验游戏带来的乐趣。

(2) 培养幼儿对周边事物的观察能力与科学探究的热情。

(3) 初步练习在空地上勾画物体影子的形状。

活动建议：

(1) 教师可以和幼儿一起聊聊关于影子的事情，比如，你什么时候看见过影子？影子是怎么形成的？

(2) 选择学校的树、旗杆或其他建筑物，引导幼儿以组为单位用粉笔将户外这些物体的影子勾画下来。随后，在不同的时段，用不同颜色的粉笔，在同一个地方再去勾画这些物体的形状。在勾画完后，组织幼儿观察并讨论影子发生的变化。

(3) 引导幼儿将自己观察到的不同时段影子的变化用简单的符号记录下来。

活动案例三

踩影子游戏

活动准备：

(1) 选择阳光灿烂的一天。

(2) 选择安全宽敞的户外场地。

(3) 粉笔。

活动目标：

(1) 了解物体在阳光下会形成影子。

(2) 锻炼幼儿追跑与躲闪的能力，提高幼儿的身体灵活性与协调性。

(3) 体验在追逐中带来的乐趣。

活动建议：

(1) 组织幼儿到户外晒太阳，观察自己身体的影子。

（2）幼儿两两结对，玩“踩影子游戏”，一人跑一人追逐，当踩到影子后，两人交换角色；玩集体游戏时，教师可用粉笔划定范围，选出一名幼儿踩影子，另一名幼儿奔跑并注意躲闪，被踩到影子后稍做休息，选出另一名幼儿继续游戏。

（3）在踩影子游戏中应尽可能变换踩影子的幼儿，使所有幼儿都有体验的机会。

活动案例四

我和影子

活动准备：

（1）选择阳光明媚的一天。

（2）安全的户外场地。

（3）幼儿已有方位概念的认知。

活动目标：

（1）通过玩影子游戏，初步了解物体在阳光下会产生影子。

（2）在游戏中锻炼幼儿的反应能力，让幼儿探索影子变化的方位特点。

（3）培养幼儿积极探索、乐于表达的精神。

活动建议：

（1）教师可首先站在阳光下，不断改变方位，请幼儿一起说说教师的影子在前还是在后。教师示范：摸自己的影子、躲在自己的影子里，以及踩小朋友的影子等。

（2）5个幼儿为一组，按照教师说的话做动作（如，站在你的影子的后方），做错了的幼儿暂时站在旁边观看其他幼儿做动作。当幼儿们熟悉后，可让他们自己发布命令。

（3）引导幼儿相互交流在游戏中的体验。

二、认识陆地与水

我们每天在陆地上生活，水也是我们每日必不可缺的自然资源，对于幼儿来说，陆地与水都是熟悉的事物，幼儿也有比较丰富的与之相关的经验。幼儿逐渐对地球表面的不同地形地貌有感官上的认识，也逐渐理解这些不同的地形地貌影响着人们的居住环境和生活方式。在探索自然中陆地与水的组成时，我们并不期望教师费尽心思运用各种方式来帮助幼儿理解水的循环、水的蒸发、地貌的形成过程等抽象的科学概念与知识。尽管这些科学概念与知识对幼儿解决他们在探索过程中提出的一些问题会有帮助，但它们与幼儿的生活经验缺乏具体的联系。我们不妨从幼儿日常能够接触与体验的事物入手，为幼儿提供丰富的探索机会，帮助他们逐步认识地球上陆地与水的组成。

教师需要搜集丰富的图片、书籍，以及各种影像材料等资源，以帮助幼儿感知各种地形地貌。地球仪是支持幼儿地理学习的重要教学工具。在呈现地球仪时，教师可问幼儿：你们发现地球仪上都有哪些颜色？这些颜色都代表什么？教师可以告诉幼儿占大部分面积的蓝色部分是海洋，而绿色与偏黄的部分是陆地，陆地上覆盖着许多植被，等等。在幼儿对陆地与水的组成有了初步的认识后，教师可以为幼儿呈现海洋、河流、湖泊、瀑布等有关水的图片与影像资料，以及丘陵、山脉、山谷、侵蚀地貌、沙漠等有关陆地的图片与影像资料。另外，教师也可以借助百科全书、绘本及故事书，带领幼儿领略不同国家（地区）的生活环境及风土人情，开阔幼儿的视野。

探索水、沙、石子与泥土有助于幼儿认识地球表面的自然生态。幼儿需要充足的时间和空间来探索水、沙石子与泥土的本质。沙水游戏是幼儿非常喜欢的游戏，教师可在幼儿进行沙水游戏时开展一些主题探索活动，培养幼儿的科学意识。在幼儿玩沙水游戏时，教师可引导幼儿充分运用自己的感官去感受水、沙、石子与泥土的物质特性，引导幼儿观察水、沙、石子和泥土混在一起的状态。另外，由于沙水等物质的可塑性非常强，具有非常大的变化空间，教师可引导幼儿使用不同大小、不同形状的容器来装它们，使幼儿获得物质守恒的概念。教师也可以引导幼儿用沙子来塑造不同形状的物体，如把沙子堆成小山等。在幼儿进行这些活动时，教师可尽可能提供丰富的工具，如小管道、铲子、杯子、各类模具等供他们使用。

带领幼儿去校外走一走也是帮助他们感受陆地与水这一主题的可行途径。例如，带领幼儿去不同的地方走一走、看一看，他们会发现陆地表面的材质呈现出多样化的特点，这些地面既可能是坚硬的水泥地、柏油路面，也可能是柔软的草地、沙地。它们或坚硬，或柔软，或平坦，或高低不平，都能够为幼儿带来不同的感受。这时，可供幼儿们讨论的话题非常多，例如：为什么地面的材质不同？为什么有的地面可以骑车，而有的地面只能走路？为什么有些地面非常粗糙，有的则十分平坦？另外，可带领幼儿去郊外野游，爬爬山，坐坐船，这些活动都能十分有效地让幼儿体验陆地与水的组成。当幼儿感知到陆地与水的组成后，教师可以设计一些课堂活动进一步拓宽幼儿对陆地与水的认识，以下活动案例可以作为参考。

活动案例五

陆地与水

活动准备：2个纸盒，关于陆地与水的不同地貌的照片、记号笔等。

活动目标：

(1) 使幼儿认识到陆地与水上都能形成丰富的地形地貌，获得一种美感觉知。

(2) 帮助幼儿区分陆地与水上各种不同地貌。

(3) 在分类游戏中，体验游戏的快乐，带来身心的愉悦感。

活动建议：

(1) 纸盒用来对陆地和水上不同地貌的图片进行分类，可通过不同的颜色对这两个纸盒加以区分，如在装陆地上地貌的图片时可以选用与大地相近的颜色。

(2) 照片应尽可能丰富，陆地的图片可以有丘陵、山脉、山谷和沙漠等；水的图片可以有溪流、瀑布、湖泊和海洋等。

(3) 上述照片开始是混乱的，需要在游戏中由幼儿放入指定的盒子内。为了激发幼儿参与的热情，可通过比赛进行。

三、认识身边的动植物

引导幼儿认识身边常见的动植物，一方面能够丰富他们的生活认知；另一方面，也更为重要的是，能协助他们理解生命体间相互依存的关系。我们都知道，人类是有生命的，且在生物链中处于最高层。但是，这并不意味着人类可以肆无忌惮地破坏这个生态环境，因为生态环境的破坏直接威胁到人类未来的命运。通过帮助幼儿认识周边的动植物，有助于他们认识到人与环境的密切关系，懂得关爱生命、敬畏自然。

《3～6 岁儿童学习与发展指南》对儿童认识身边的动植物有明确的建议：

> 支持幼儿在接触自然、生活事物和现象中积累有益的直接经验和感性认识。如：(1) 和幼儿一起通过户外活动、参观考察、种植和饲养活动，感知生物的多样性和独特性，以及生长发育、繁殖和死亡的过程。(2) 引导幼儿在探究中思考，尝试进行简单的推理和分析，发现事物之间明显的关联。如：引导 5 岁以上幼儿关注和思考动植物的外部特征、习性与生活环境对动植物生存的意义。如兔子的长耳朵具有自我保护的作用、植物种子的形状有助于其传播等。(3) 引导幼儿关注和了解自然、科技产品与人们生活的密切关系，逐渐懂得热爱、尊重、保护自然。如：结合幼儿的生活需要，引导他们体会人与自然、动植物的依赖关系。如动植物、季节变化与人们生活的关系、常见灾害性天气给人们生产和生活带来的影响等。①

地球上的生物具有多样性，物种资源尤为丰富，动植物的种类非常多，因而引导幼儿认识动植物应从身边常见的动植物开始。食物对于人类生存而言必不可少，而且所有的食物都来自动植物，因而将认识食物作为幼儿认识身边动植物的切入点是可行的。教师需要引导幼儿充分意识到食物来源于动植物，而植物的生存需要肥沃的土壤、充足的阳光、水分和营养。幼儿对于这种关系的认识，需要教师通过游戏、图书、绘画或者带领幼儿参观农场等方式得以实现。带领幼儿参与园艺活动、种植活动、饲养活动，指导幼儿观察记录动植物的生长也是不错的方法。

教师需引导幼儿观察生活在不同环境中的不同种类的动植物，让幼儿了解一些动植物的基本特征（外形、高矮等）、生活习性（生活环境、食物来源等）以及基本构造（植物的根茎叶、动物的头足等）。引导幼儿在对动植物的观察中对它们进行分类，如动物可以被分为地上走的畜禽、水里游的鱼类、空中飞的鸟类。对于动植物进行分类能够加深幼儿对这些动植物的认识，培养幼儿基本的归类与预测能力。教师可带领幼儿去户外观察，参观果园农场、动物园、海洋馆等，指导幼儿观察这些动植物的关键特征，使幼儿能够说出常见的动植物的名称。在课堂上，教师也可通过图片、视频展示及讲解，进一步强化幼儿对于动植物的认识。

---

① 中华人民共和国教育部．3～6 岁儿童学习与发展指南．北京：首都师范大学出版社，2012．

教师也可通过生命链的相关游戏来帮助幼儿获得对生命体间相互依存的关系的直接体验。例如，教师可组织幼儿玩“生命金字塔”① 的游戏。该游戏至少要有 6 位幼儿参加。教师可给每个幼儿发一张白纸，每个幼儿写一种当地的动物或植物，不能让其他幼儿知道，当所有幼儿上交白纸后告诉他们要做的事情。由于地球的能量从太阳中获得，而植物首先使用太阳的能量，因而植物放在最底下。直接以植物为食的食草动物放在植物的上方，间接食草的食肉动物放在食草动物的上方。往往在上方的食肉动物会比较多，因为幼儿们往往认为做只熊总比做草强。由于整个结构头重脚轻，因此不能建立起一个稳固的金字塔，高高在上的食肉动物必然会失去立足点。此时，可鼓励幼儿接受重新建立一个能够支撑所有人的金字塔。可以让大一点的幼儿充当植物，在食物链中的位置越高则动物越少。把金字塔下层的植物拉出一个，金字塔就会失去平衡，这可充分说明植物的重要性。幼儿能够在这种直接体验中感受到自然平衡的重要性。要帮助幼儿更进一步地认识身边的动植物，理解人与环境的关系，可参考以下活动。

活动案例六

参观农场

活动准备：

(1) 选择一个适合参观的私人农场。

(2) 邀请父母与幼儿共同参与到参观农场的活动中来。

(3) 携带充足的食物与水等。

活动目标：

(1) 通过参观农场，体验生活，融入自然，初步了解食物的来源以及人与环境相互依存的关系。

(2) 激发幼儿热爱大自然、热爱环境的情感。

活动建议：

(1) 在农场里漫步，引导幼儿观察各种农作物，并隔段时间就问问幼儿看到了什么。在参观的过程中，尽量为幼儿进行引导与讲解，使幼儿明白农作物的生长需要各种营养成分，如充足的阳光、水源以及肥沃的土壤等。

(2) 在参观农场时，可让父母多与幼儿交流，并适当地进行提问，例如：旁边小溪中的水是用来做什么的？养殖的动物为什么需要篱笆护着？

(3) 在幼儿进餐或吃食物时，教师或父母可向幼儿传达这些农作物、养殖的动物与他们正在吃的食物有何关系，使幼儿明白自己与大自然是相互依存的。当农场参观结束后，也可组织“编织生命网”的相关游戏，让幼儿在游戏中体验大自然中各成员之间的相互依存关系。

① 克奈尔. 与孩子共享自然. 北京：九州出版社，2014：44-47.

活动案例七

参观自然保护区

活动准备：

(1) 在组织幼儿参观自然保护区前，先准备好PPT课件，向幼儿简单介绍该自然保护区的基本情况，以及提醒幼儿需要注意的事项。

(2) 卡片、纸笔。

活动目标：

(1) 帮助幼儿了解当地植物、野生动物以及自然景观的变化；

(2) 激发幼儿对自己家乡的热爱，使幼儿能够树立初步的环保意识；

(3) 使幼儿能够完整地分享自己的所见所闻所想。

活动建议：

(1) 参观自然保护区前应该给幼儿布置任务，如每人至少认识一种自己喜欢的植物或野生动物，并在参观结束后与同伴分享。

(2) 当参观结束后，鼓励幼儿将自己的所见所闻分享给其他小伙伴。

(3) 在参观的过程中，教师可在卡片上记录各种植物以及动物的名称。卡片可用于参观结束后组织“生命金字塔”游戏，该游戏的目的在于使幼儿在游戏中理解自然生态平衡，树立环保意识。

四、认识气候变化

我们不得不承认，人们生产生活方式的变化导致了温室气体排量大大增加，而这正是全球变暖的重要原因。气候变化为我们赖以生存的地球带来一系列问题，如极地地区冰川融化、海平面上升以及物种灭绝等。尽管如此，在幼儿早期教育领域关注气候变化的目的并不在于将这些至今人类仍感到棘手的问题抛给幼儿，因为这势必会给幼儿带来极大的不适感和焦虑感。在幼儿早期教育中引导幼儿关注气候，认真观察并记录气候，为的是让幼儿能够了解到气候的变化，认识到气候对于人类活动的影响。关注气候也是帮助幼儿了解地球公转的重要途径。

谈到气候变化，我们必须明白，天气与气候是不同的概念。天气是指某个地区距地表较近的大气层在短时间内的各种气象状况，如风、云、雨、雪、气温、湿度等。气候与天气不同，它是大气物理特征的长期平均状态，具有稳定性。时间跨度可以为月、季、年、数年甚至上百年。那么在幼儿教育中引入气候的概念是不是不切实际呢？虽然气候不同于天气，但它们之间还是密切相关的，因而教师可以从天气入手，引导幼儿关注冷暖干湿。利用天气的变化帮助幼儿理解气候也是很好的方式。

教师可组织丰富的户外活动帮助幼儿体验天气的变化。春雨绵绵之际，可组织幼儿在丝丝细雨中漫步，用脸颊感受细雨的滋润，并观察地面是如何慢慢变湿的。夏季凉风习习的时候，可组织幼儿在户外逆风而行、吹泡泡或放风筝，探索风的性质。秋季时，可带幼儿感受变化多端的云彩，并预测天气的变化。冬季下雪时，帮幼儿穿上厚实的外套，戴上帽子，裹上围巾，用深色的纸接住雪花，用小手捏小雪团，进行打雪仗、堆雪人的活动。户外的直接体验不仅为幼儿亲近自然、感受气候变化提供了很好的机会，也能够使幼儿了解到四季更替和天气变化对人们生产生活的影响。

在课堂活动中，教师可组织幼儿讨论天气，例如：在不同的天气我们的穿着有什么不同？在夏季为什么只需要穿短袖，而在冬季却需要穿上厚厚的衣服，戴上手套和围巾？教师可以告诉幼儿这是因为温度发生了变化。教师也可以将天气融入美术、故事和戏剧活动中。另外，引导幼儿观察、记录与测量天气，能够帮助他们了解某个时间跨度内天气的变化，从而使他们理解气候的变化。教师可以指导幼儿使用简单的符号记录方法。值得关注的一点是，在特定的时间段（例如，冰雪融化、春暖花开，荷花满塘、蛙鸣不息，秋实累累、落叶缤纷，动物冬眠、迁徙等）组织幼儿观察自然事件，也会帮助幼儿理解气候及相关自然现象。关于气候变化的活动案例可做以下参考。

活动案例八

变化多端的云

活动准备：

（1）收集各种云彩的图片。

（2）选择秋季多云的天气。

（3）铅笔、蓝色的画纸、白色的水彩颜料、水和装水的容器。

活动目标：

（1）通过观察云彩，体验秋季云彩变化多端的景象，感受大自然的美感。

（2）能够用简单的艺术创作方式表现各种形态的云彩，并能完整地描述云彩的形状，表达自己的情感。

活动建议：

（1）收集的关于云彩的图片既可用于幼儿感知丰富多样的云彩，激起幼儿去户外观察云彩的兴趣，也可以作为幼儿进行艺术创作的原型。

（2）在户外观察云彩时，引导幼儿注意云彩的形状、形态、颜色以及变化移动过程，并能够运用生动的语言向大家分享自己观察到的云彩。观察云彩的时间可以选择一天中的不同时间段。

（3）指导幼儿亲身体验创作各种形态的云彩的过程，鼓励幼儿思考云彩变化的原因。

活动案例九

认识风

活动准备：

（1）选择风较大的一天。

（2）小红旗、吹泡泡的玩具、气球、纸、小扇子等。

活动目标：

（1）引导幼儿在风中感受风的存在，体验风力的大小，探究风的方向。

（2）尝试探究风产生的原因，了解风对周边事物、人类生活的影响。

活动建议：

（1）在户外感受风时，教师可以询问幼儿：你们为什么觉得风是存在的？可以引导幼儿用耳朵听风声，用眼睛观察小红旗的飘动、小花小草的摇动，用触觉感知风吹在身体上的感觉。教师既可以请幼儿分享自己的感受，也可拍下相关照片，如树叶飘落、红旗飘扬等画面。

（2）引导幼儿在户外进行吹泡泡的游戏，或在风中拿着小红旗和气球，探究关于风的大小与方向的主题。在课堂上，可通过扇扇子、吹动水面等小活动探究风形成的原因。

（3）引导幼儿讨论风对周边事物及人类生活的影响，可从利弊两方面进行讨论。例如：可以使我们感到凉爽，可以吹干衣服；能吹折树枝；等等。

第三节 认识方向与方位

一、认识方位

在幼儿空间观念发展的过程中，对方向和方位的感知，是幼儿必须发展的能力。空间是客观世界运动着的物质存在的基本形式，任何事物都存在于一定的空间之中，并同周围的其他物体存在着空间上的相互位置关系，也就是物体的空间方位关系。一般来讲，空间方位用上下、前后、左右来表示。方向是以身体为中心，在空间中投射的知觉。当幼儿将身体投射在空间时，便是在建构上下、前后和左右的坐标，通过身体的移动，幼儿便建立起了感知方向与定位的能力。

星期六，妈妈带着4岁的萌萌去游乐场玩，一路上萌萌兴奋地重复着公交车里报站员的话："请从前门上车……下一站……，即将下车的乘客请从后门下车，开门请当心，下车请走好。"在走地下通道的时候，萌萌也重复着妈妈以前总是告诉他的话："我往上走靠右边，下来的行人在我左边；我往下走也靠右边，上来的行人在我左边。"妈妈不禁笑着看着4岁的小萌萌，他真的理解了左边和右边吗？

关于幼儿方位概念的发展，很多研究者进行过研究。幼儿方位知觉的发展顺序是：先上下，次前后，再左右。幼儿3岁时就能辨别上下，4岁时能辨别前后，5岁时能以自身为中心辨别左右，7～8岁时能以客体为中心辨别左右①。皮亚杰认为儿童抽象的"左""右"概念的发展需要经历三个阶段：第一，5～7岁未分化阶段，幼儿能判断自己的左右方位；第二，7～8岁具体分化阶段，幼儿能认识到对面人的左右方位与自己的不同；第

① 方富熹，方格，林佩芬. 幼儿认知发展与教育. 北京：北京师范大学出版社，2003：136-142.

三，10～11 岁充分分化阶段，幼儿能完全掌握左右概念的相对性①。我国著名心理学家朱智贤也指出：5～7 岁幼儿比较固定化地辨别自己的左右方位；7～9 岁幼儿初步地、具体地掌握左右方位的相对性；9～11 岁幼儿比较概括地灵活掌握左右概念②。因此，五六岁的幼儿，由于他们的思维是具体形象思维——其特点是直观性和不灵活性，因此他们只能辨别自己的左右方位而不能辨别对面人的左右方位。7～11 岁的幼儿，他们的思维正从具体形象思维向初步逻辑抽象思维过渡，思维的抽象性和灵活性逐渐增加，所以他们能更加灵活地掌握左右的相对性。因此，幼儿方位知觉发展的规律为：对方位辨别从以自身为中心到以事物为中心；不同方位的辨别难易不同，“左右”比“上下”“前后”更难辨认。

然而，幼儿在空间方位方面的发展仍然是困难的。原因有三：首先，物体的空间方位具有相对性，如“书在我前面，椅子在我后面”，但当幼儿身体向后转时，就变成“椅子在我前面，书在我后面”了；其次，空间方位有两个不同的参照物，一是有机体自身，二是客观事物，因此幼儿要做出物体方位知觉判断，就要决定以什么为参照物。幼儿在判断自身对面物体的左右关系时，需要站在对方的角度去思考左右，而幼儿的思维是自我中心的，因此这对于他们而言十分困难。最后，幼儿要理解掌握表示空间方位关系的词，如成人在生活中经常会用到左、右、上、下、前、后等，这些词对幼儿来说是很抽象的，成人只有通过与具体事物的结合，才能使幼儿真正理解和掌握③。

教师可以如何做，来帮助幼儿辨别空间方位呢？首先，教师在日常生活教育中，应多使用方位词，让幼儿对方位词有初步的了解，例如：“请把手放在腿上”，“请你站在他的右边”，等等；其次，教师可以带幼儿在幼儿园附近的社区进行旅行教育，并且让幼儿特别注意路上的路标，目的是促进幼儿感知方向，使幼儿的头脑中有初步的方向感。最后，教师可以在游戏或角色扮演中促进幼儿方位知觉的发展，例如：针对中大班的幼儿，教师可以通过“反着来”的游戏（若教师说“左眼”，幼儿把手指向“右眼”，诸如此类）来促进幼儿对方位词的理解。

幼儿在辨别空间方位时，首先从自身开始并以自身为坐标来辨别周围客体的方位。因此，位置在某种程度上也带有方位的意涵，因为能在空间中找到自己的位置，意味着知道自己在空间中的方位。随着年龄的增长，尤其是对于空间方位的相对性、连续性关系的逐渐认识与理解，幼儿开始慢慢意识到并且能够辨别出离自身较远的上下、前后或左右的空间方位，同时对位于主体斜前方（斜后方）或偏左（偏右）的客体位置也有了正确的定向④。这表现在两个方面：一方面，对前后方位的辨别区域范围有所扩大，能够对离自身稍远的或倾斜于自身前后位置的客体方位有较正确的判定；另一方面，能把每一个空间位置理解成两个有连续性的区域，如前面可以分成前左和前右两个区域。对于已经具有初步方位感的幼儿来说，促进他们对方位词的准确表达就显得尤为重要，因为说出方位词其实

① PIAGET J，INHELDER B. The child's conception of space. London：Routledge and Kegan Paul，1956：125-136.

② 朱智贤，陈帼眉，吴凤岗. 儿童左右概念发展的实验研究. 心理学报，1964（3）.

③ 东方之星思维训练馆. 幼儿方位知觉的发展. 2006-11-29. http://blog.sina.com.cn/s/blog_48dd36ef010006yq.html.

④ 张勍. 儿童语言中方位情貌的发展. 芜湖：安徽师范大学，2011.

是对头脑中的方位进行再加工，这有助于幼儿逻辑思维和表达能力的发展。

幼儿对于物体间的空间关系已有所认识，在幼儿堆积木、玩沙水或建构其他物体时，便可看出幼儿是否认识物体间的空间关系。通过幼儿园与小学阶段在邻近地区或社区进行直接探索，幼儿的空间概念得以持续发展，且越来越清楚。

二、距离和测量

测量是幼儿早期认知能力的重要维度。测量活动可以使幼儿的数、量、空间等概念得到独立并有联系地发展，这是促进数学认知能力发展的重要基础①。《3～6 岁儿童学习与发展指南》对有关测量的内容做了如下规定：3～4 岁幼儿能感知和区分物体的大小、多少、高矮、长短等量方面的特点，并能用相应的词表示；4～5 岁幼儿能感知和区分物体的粗细、厚薄、轻重等量方面的特点，并能用相应的词语描述②。这些体现了测量对幼儿感受物体量的作用和意义。同样，在地理教育中，距离和测量的概念对幼儿是十分重要的。幼儿早期的测量活动以非标准测量为主，也就是利用非标准的自然物作为量度进行测量。例如，幼儿在游戏时，经常会使用他们的手、脚或身边的棍子来测量距离以确定边界。

幼儿最早开始理解的是一维空间。在皮亚杰的实验中，有两排长度相同的火柴棒，而两排火柴棒的长短并不同，数量也不同，结果幼儿认为，数量多的那排更长一些③。也有研究表明，3～6 岁儿童在一维空间测量中，能够从两个端点和端点之间的连续空间提取信息，进行量的判断，当从端点和端点之间的连续空间提取的线索不一致时，多数幼儿不能对线索进行整合④。如当比较两端对齐的一根直线和一根折线的长度时，相当一部分幼儿认为二者一样长，这就是因为幼儿不能把从端点和端点之间的连续空间提取的线索整合起来⑤。在幼儿早期不能形成正确、稳定的二维和三维空间概念。相当一部分 3～6 岁幼儿认识的二维和三维空间是一维的，有研究者表示，幼儿二维和三维空间概念的形成要经历三个阶段：第一阶段，幼儿对二维或三维空间概念不理解，仅把二维或三维空间看作线性的而不是平面的或立体的，此时其对二维、三维空间的测量服从一维规则。第二阶段，幼儿把二维空间看作平面的，把三维空间看作立体的，但此时幼儿的二维和三维空间概念相当不稳定，在测量过程中很容易退回到一维的状态。由于这个阶段幼儿还只是把二维或三维空间看作一个混沌的整体，不能把长、宽、高这些维度从中抽象出来，用于表征二维和三维空间，因此对它们的测量需要用二维或三维的实物单位来进行，此时，幼儿用尺子测量二维或三维空间的大小非常困难。第三阶段，不必依赖具体的实物单位，仅用各维度的具体数值表征其大小。

教师可以设计各种游戏活动，在游戏过程中为幼儿提供适宜的材料以及适当的指导。同时，强调一日生活各环节的渗透教育，以促进幼儿空间测量能力的发展。首先，教师在日常生活中可以多使用一些距离词，如“离窗户更近”“这条河又宽又深”等。其次，当

---

① 查尔斯沃斯. 3～8 岁儿童的数学经验：第 5 版. 北京：人民教育出版社，2007.
② 中华人民共和国教育部. 3～6 岁儿童学习与发展指南. 北京：首都师范大学出版社，2012.
③ 李敏. 3～6 岁儿童空间测量学习路径及其对教学活动组织的启示. 幼儿教育（科学教育），2016（7，8）.
④ 史亚娟，庞丽娟，张华，等. 3～6 岁儿童空间非标准测量认知加工线索研究. 心理科学，2007（30）.
⑤ 史亚娟. 儿童早期空间测量学习中的核心概念与能力. 学前教育研究，2011（4）.

幼儿在探索距离概念时，教师要支持幼儿自主建构，提供适宜的操作材料，让幼儿使用不同材料大量尝试、探索、体验，在必要时，教师可以进行引导（案例展示），在幼儿活动完之后，教师可以鼓励幼儿讲出测量过程和结果，这既能促进幼儿的思维能力发展，又能加深幼儿对距离和测量的理解。最后，教师可以给予幼儿针对性的指导，因为幼儿是具有个体差异性的，有些幼儿可能理解了某个词，但有些幼儿可能理解不了，因此教师可以在这些幼儿进行有关测量的活动时进行个性化的指导，或在一日生活中进行非正式的随机教育。

青青和朋朋想比一比谁的手臂更长，于是他们到活动室去寻找材料进行测量。他们想到用铅笔、绳子、丝带进行测量，在用绳子、丝带测量完之后，他们又想用铅笔来量一量，可是铅笔太短了，不过在讨论后，他们想到用多根铅笔拼起来进行测量，于是两个人用透明胶带把铅笔与铅笔粘了起来，最后比一比哪个人的铅笔更长。可是，老师又给他们抛出了一个新的问题：他们的手臂与别的物品相比，究竟是长还是短呢？他们把绳子、丝带、粘起来的铅笔在桌脚、门框、钢琴脚、拖把柄处比一比，然后惊呼："哈哈，原来我的手臂这么长啊！"

幼儿可以使用任何方式进行测量，如用手、脚、长绳、丝带或标准测量工具来测量教室的长度、桌子的四周长度或书柜的高度。幼儿可以在长木桌上，模仿木匠使用尺或卷尺进行测量，但在一般生活中，不需要幼儿使用那些量尺来作为真正的测量工具。

教师还可以通过设计与生活场景相结合的活动来促进幼儿距离概念中的"远近"概念的发展，提高幼儿的认知能力和生活能力。

距离和测量的概念在幼儿地理学习中是十分重要的，当幼儿明白什么是远、什么是近，什么是高、什么是低，什么是深、什么是浅，什么是长、什么是短时，他们在心中就能有一个大致定位，而这个定位既能为日后更深层次的学习打下基础，又能在生活中避免一些危险。

三、地图与地球仪

杜威曾在《儿童与课程》一书中提道："地图把个人的经验加以整理，并把它们相互联系起来，地图并不是什么别的东西，它不是个人经验的替代品，也不能代替实际的旅行，地图是一个总结，一个对以往经验有准备、有顺序的观察，是用来作为对将来经验的向导。它指出了方向，便于控制；它节省人力，防止无益的彷徨不前，并指出最迅速的和最可靠的达到预期效果的途径。"[①] 地图是幼儿获取空间知识的重要媒介和源泉，是培养幼儿空间想象力、抽象能力、逻辑思维能力和认知能力的有力工具。

幼儿理解和使用地图经历了一个渐进的发展过程。研究表明，学前幼儿已经具备了基本的表征能力，能够理解地点表征物的符号象征内涵。幼儿对地图表征特质的理解在两个不同水平上发生：一是整体水平（holistic level）上对表征关系的认知，即一张地图代表一个特定的空间；二是部分水平（componential level）上对表征水平的认知，即地图上某

① 孙慧妍. 学前儿童理解和使用地图能力的发展及教育思考. 上海：华东师范大学，2009.

一符号与真实空间中某一物体相对应，如地图上的一道线表示真实环境中的一条道路或一棵树①。在整体水平上，研究表明，3 岁幼儿开始理解基本的代表关系，已经对具体类似物的地图表征有所了解，并初步理解一个模型或地图表征可以代表一个真实的、熟悉的环境②。学前幼儿在部分水平上的表征理解发展稍慢于整体水平，有时学前幼儿会把地图纸面上的符号特征（颜色或形状）与表征物进行错误关联，如：他们会认为用红色线段表示的道路也应该是红色的；面对黑白航拍照片，他们有时会拒绝承认某一区域表示“草地”，因为“草地应该是绿色的”③。对地图符号的理解只是对地图理解的一个方面，要全面、准确地理解地图，还需理解地图所蕴含的空间信息。表征的方位、比例以及观察角度是研究幼儿理解地图空间特质的主要维度。研究发现，当地图或者地图类似物与它们代表的环境、地点之间有一个旋转的角度差时，4 岁以下幼儿存在理解困难，5 岁幼儿的成绩没有明显差异④。当环境与表征之间的比例接近 1∶1 时，幼儿识别出环境与表征之间的某些关系的可能性就越大；当比例超过 1:16 时，5 岁以下幼儿对地图表征的理解就会出现显著差异⑤。

学前幼儿对地图概念的理解是学前幼儿地图能力研究的重要组成部分。随着年龄的增长、活动范围的扩大，幼儿会获得一些接触地图的机会，地图对曾接触过它的幼儿来说并不陌生，当问及幼儿“什么是地图”时，他们会说，“地图会告诉你，你在哪里”，“地图会告诉你，你该往哪里走才不会迷路”等。地图可以帮助人们找到自己的位置。让幼儿接触地图，对他们识图能力和空间认知能力的发展具有启蒙作用，因此，对幼儿早期的地图教育显得尤为重要。图 5－1 是大班幼儿绘制的从家到学校的地图。

图 5－1　大班幼儿绘图：从家到学校

资料来源：上海东方锦绣幼儿园吴文菁供图。

幼儿地图认知能力是对空间感、方向感的综合运用。教师当准备教导地图与读图概念

① DOWNS R M，LIBEN L S. Understanding of maps as symbols：the development of map concepts in children. Advances in child development and behavior，1989（22）.

② DELOACHE M. Transfer in young children's understanding of spatial representations. Child development，1994（65）.

③ DOWNS R M，LIBEN L S. Developing an understanding of graphic representations in children and adults：the case of GEO-Graphics. Cognitive development，1992（7）；DOWNS R M，LIBEN L S. Through a map darkly：understanding maps as representations. Genetic epistemologist，1988（16）.

④ 田学红，方格. 国外有关儿童对地图表征的认知发展研究. 心理学动态，2000，8（2）.

⑤ DELOACHE J S，KOLSTAD V. Physical similarity and young children's understanding of scale models. Child development，1991（62）.

时，首先要了解幼儿认知的现有水平，其次所教内容都应与幼儿的生活经验相联系。教师该如何了解幼儿认知的现有水平呢？可以与幼儿讨论“什么是地图”“地图的用途”“地图上不同线代表的不同含义”等，通过讨论，教师可以大致了解幼儿的识图水平，以便设计符合幼儿发展水平的活动。此外，教师要教导幼儿认识地图。幼儿的实际经验很重要，教师可以带领幼儿拜访附近的社区，到周围的敬老院、广场活动，这些都能增加幼儿查阅地图的机会；3～4 岁的幼儿会在娃娃家或扮演区，将小型地图当作玩具进行玩耍；5 岁的幼儿已经能将地图与自己的经验相互联结，他们能运用自己已有的知识，根据地图上的指示，在游戏场进行寻宝游戏，找出宝藏所藏之处；5 岁以上的幼儿既能参考地图来建构积木，也能制作出学校及教室的地图①。

教师所选的内容要促进幼儿对地图与地球仪的了解和使用，因此，教师在活动中要引导幼儿：（1）学会提出地理问题，如故事的发生地、亲朋好友的居住地等。（2）获得地理信息，如通过参观实地或观看图片、照片的方式获得一些信息。（3）学会分析地理信息，如在地图上寻找位置，在地球仪上定位各大洲的相对位置。（4）回答地理问题，如能在地图、图片上认出地点，能用积木、绘画等形式表现某地方，等等。

当教师设计了一系列活动来促进幼儿识图能力的发展时，对幼儿制作与阅读地图能力的评估，及对幼儿绘制与使用地图技能的个别化评估也是不可缺少的。表 5－2 为我们评估幼儿制作与阅读地图能力提供了清晰的方法，表 5－3 则可用来评估不同幼儿绘制与使用地图的技能。

小贴士

当有机会自己动手设计地图时，幼儿通常会想要画一些树、建筑、路标等。教师在幼儿初次体验绘制地图时，可教导幼儿以图例的方式来进行绘制，待幼儿对符号有更进一步的理解后，可教导幼儿更多的抽象符号。

表 5－2　幼儿制作与阅读地图能力评估

幼儿使用地图的场所	日期	日期	日期
• 娃娃家			
• 积木区			
• 建构区			
• 其他			
幼儿使用地图的频率	日期		
• 校外教学时是否会查阅地图？			
• 会谈论地图上的相关概念或问题吗？			
• 当建构积木或画画时，会参考地图吗？			
• 会在地图上找出某个地方吗？			
• 会使用比例尺（如：这个小多了）吗？			
• 会谈论透视的概念（如：就像鸟往下看一样吗？）			
• 会描画或创作地图吗？			

① SEEFELDT C，CASTLE S. 幼儿社会教材教法. 台北：华腾文化股份有限公司，2010：8-33.

续表

使用地图的幼儿有哪些？	姓名
哪些幼儿从未使用过地图？	姓名

资料来源：SEEFELDT C，CASTLE S. 幼儿社会教材教法. 台北：华腾文化股份有限公司，2010：8-39.

表 5-3　幼儿绘制与使用地图技能的个别化评估

姓名：	日期：	
请事先准备一张小型地图、纸、彩色笔或蜡笔		
请幼儿看着地图，并问幼儿：		
这是什么？	正确	不正确
有什么用途？		
指着地图上各种符号，问幼儿：		
这些线条的意义是什么？（街道、公路）		
蓝色指的是什么意思？（河川、湖泊、海洋）		
“学”的意思是什么？（学校）		
为什么这张地图这么小？		
给幼儿一张纸和彩色笔，请幼儿画出从家里到学校的路线图。		
用以下标准评定幼儿所画的地图：		
	有	无
具有比例尺的概念		
具有透视的概念		
会使用符号		
具有地区知识		

资料来源：SEEFELDT C，CASTLE S. 幼儿社会教材教法. 台北：华腾文化股份有限公司，2010：8-39.

在幼儿园利用地图开展实践活动时，应以游戏的形式，注重幼儿的自我体验与认识①，在充分利用幼儿园自身条件的同时，要充分调动社区资源加强学前幼儿对社区的认识，为终身地理教育与发展打好基础。

第四节　人与环境的关系

人类发展的历史是不断认识、调整与环境之间的关系的历史。越来越多的人意识到，关心人类生存的环境就是关心人类自身的未来。作为富有社会责任的积极社会成员，每个个体都应当认识到人与自然相互依存的关系，承担起关爱和保护环境的责任。对于 3～6 岁的幼儿来说，他们对于世界的理解仍然具有较强的自我中心取向，他们倾向于完全沉浸

① 王秀琴. 中班幼儿地理教育的实践研究：以社区地图描绘活动为例. 上海：上海师范大学，2017.

在周围环境之中，很难用抽象的方式进行思考，对那些与自身经验无关的事情很难理解。因此，引导幼儿认识人类与环境的关系的最好方式，往往并不是给幼儿播放濒危的北极熊、冰川融化、雨林消失的视频，这些内容与幼儿的直接生活经验相去甚远，而是从幼儿的直接经验出发，引导幼儿在认识家、幼儿园、社区等环境的基础上，萌发对人与环境关系的思考。正如建构主义理论所认为的，幼儿通过自身经验以及与周围世界的互动来构建知识。幼儿从周围世界中获得他们对环境的经验与认识，而这些经验与认识正是他们不断增长的知识的基础。苏霍姆林斯基曾经说过："人曾是而且永远是大自然之子，因此应当把他同大自然的血肉联系利用来向他介绍精神文化财富。"幼儿周围的世界，首先就是那包含无穷现象和无限美的大自然世界。这个大自然世界是儿童理性的永恒源泉①。教育者要引导幼儿观察与发现环境之美，萌发相互依存的意识，产生保护环境的愿望与行为。

一、观察与发现环境之美

幼儿环境教育主张，关爱地球的思想不应该是被传授或者灌输出来的，而应该是从热爱和关心地球的态度中自然地流淌出来的，因为保护所知晓、喜欢和重视的东西是人类的本能②。大量证据表明，环境保护的责任意识、情结、行为与户外活动的时间具有关联性。只有当幼儿学会欣赏生活周遭的美丽事物时，他们才会开始察觉到生物关联的存在，才能萌发热爱大自然的情感，也才会开始关心环境保护的议题。因此，教师要为幼儿创造机会，鼓励幼儿运用所有的感官来观察与发现环境之美，让幼儿在自然中体验神奇、温暖和爱。

幼儿天生喜欢观察，经常能注意到成人的眼睛和耳朵容易忽视的细节。教师可以采用很多方式鼓励幼儿发展和锻炼观察能力。教师可以引导幼儿观察周围的环境，如教室的布置，娃娃家增添了哪些新玩具，图书角多了哪些绘本。在教室或走廊设置植物角是很多幼儿园的常规做法，教师可以引导幼儿观察植物的成长变化。如分别在土壤和水中栽培一棵吊兰，由幼儿观察两种不同栽培方式下吊兰的成长变化。大班的幼儿还可以采用记录的方式记下吊兰的成长变化。教师也可以引导幼儿观察自然现象，如刮风、下雨、晴天、阴天等天气的变化。在幼儿观察时，教师要注意调动幼儿用多种感官进行观察，如在吃水果时，可以让幼儿看看外形特征和颜色，用手摸摸表面是光滑的还是粗糙的，是软的还是硬的，是温的还是凉的，用鼻子闻一闻，用嘴尝一尝。在幼儿园或者社区散步时，可以让幼儿仔细聆听周围的声音，识别不同的声音，并辨别哪些是自然的声音，哪些是人为的声音。在天气暖和的午后，可以让幼儿躺在草坪上，观察天空中的云彩或婆娑的枝叶，给幼儿充分的时间和空间去享受这份宁静与悠然。

在多种感官观察的基础上，教师要鼓励幼儿用丰富的语言描述自己所观察到的细节，善于分享自己的发现。这首先要求教师经常采用清楚、明确、丰富的语言来描述观察到的事物的特质，如露珠是圆滚滚的、晶莹剔透的、闪着光的、滑溜溜的、湿润的。

① 苏霍姆林斯基．把整个心灵献给孩子．天津：天津人民出版社，1981：12.

② 塞利．儿童自然体验活动指南．北京：教育科学出版社，2017：2-3.

告诉幼儿这些描述性的词语有助于激发幼儿的创造性思维，并能扩展幼儿对事物观察的深度和广度。也可以和幼儿一起玩“摸一摸、猜一猜”的游戏，把某个物体放在袋子里，让幼儿仔细摸一摸，然后用尽可能多的语言来描述这个物体，直到其他幼儿能够猜出。这个游戏既能促进幼儿对细节的观察能力，也能促进幼儿词汇的发展。通过一系列的观察活动，教师逐步引导幼儿关注事物的颜色、形状、大小等细节特征。

在培养幼儿的观察技巧的同时，要注意引导幼儿欣赏周围环境的美，只有幼儿感受到环境，特别是大自然的魅力，他们才能从内心深处萌发热爱环境、保护环境的愿望。日常生活中的一切都可以用来进行美感教育：干净漂亮的衣着、整洁有序的教室、别出心裁的环境布置、画面美丽的绘本、优雅悦耳的音乐、像棉花糖一样的软软的白云、散发出沁人心脾的清香的绿地、挂着闪闪露珠的花朵……在观察与发现环境中的美的过程中，教师要引导幼儿调动多种感官，发现物体的形状、色彩、气味、质地及常人容易忽视的细节，并用丰富适宜的语言进行描述，鼓励幼儿乐于和伙伴分享发现的乐趣。

活动案例十

摸一摸、猜一猜

活动准备：

苹果、梨、橘子、西红柿、黄瓜、树叶、石头、橡皮泥、毛绒玩具、酸奶、热水袋、糖果、饼干、毛巾、遥控器等物体。

活动目标：

（1）引导幼儿关注事物的细节特征，如颜色、大小、软硬、冷热、表面的质感。

（2）体验触摸游戏带来的快乐。

（3）能够用丰富的语言描述触摸各种物体的不同感受。

活动建议：

（1）触摸的物体材料的选择应尽可能丰富多样，这能使游戏的难度增加，激发幼儿参与游戏的兴趣。

（2）尽可能让每个幼儿都有触摸物体的机会，当幼儿猜不出时，其他的幼儿需要运用有效的语言描述物体的特征。把所有的物体装进一个封闭的箱子，参与触摸的幼儿需要蒙上眼睛。

（3）当幼儿触摸结束后，可请他们讲讲自己触摸物体时是什么感觉。

二、萌发相互依存的意识

人类与环境是相互依存的关系。人类通过生产劳动影响、改变环境，环境反过来也会制约人的活动与发展。虽然人与环境相互依存的关系对于幼儿来说比较抽象，但是我们可以从幼儿的日常生活出发，教导幼儿认识到人类可以改变环境，环境也可以影响人类。具体来说，可以引导幼儿认识日常环境中哪些是人们可以控制的，哪些是人们不能掌控的。

如可以由幼儿列出清单（见表 5－4），讨论在幼儿园中，他可以控制什么（如搬动椅子、改变图书角图书的摆放顺序、关上水龙头等等），不可以控制什么（如改变教室的大小、改变窗户的位置等等）。

表 5－4 “控制”清单

在幼儿园中	
我可以控制（改变）	我不可以控制（改变）

教师可以引导幼儿注意到其他生物与自己的密切关系，为了维持生命，个体必须依赖空气、太阳、土壤、水、各种动植物和资源。教师也可引导幼儿关注自己日常生活用品的来源，这些用品实际上涉及一系列原材料和社会劳动。

劳动是人与环境之间关系的中介，教师可以引导幼儿感受劳动的乐趣，帮助幼儿意识到劳动可以使环境变得更美好。如打扫卫生可以使教室变得更加整洁有序，浇水施肥可以使种植区的植物长得更茂盛。借助《锄禾》的古诗词，帮助幼儿体会米饭的来之不易。通过对劳动的认识，可以帮助幼儿更深刻地认识人与环境之间的关系。

三、产生保护环境的愿望与行为

随着空气和水污染、全球变暖、物种灭绝、健康威胁等全球环境问题的凸显，作为富有社会责任的积极行动者，每个个体都应当肩负起保护环境的责任。联合国教科文组织在1975 年颁布了《贝尔格莱德宪章：环境教育的全球框架》（*The Belgrade Charter*：*A Global Framework for Enviromental Education*），并确立其目标为“促进全世界的人们去了解并关心环境及其相关问题，增进其无论是独立还是合作解决当前问题及预防新问题时所需要的知识、技能、态度、动机和使命感”。环境教育应当渗透在幼儿早期的生活与学习中。

教师应当培养幼儿低碳环保的社会意识。即使是幼儿，也可以做到日常生活中的低碳行为。如引导幼儿少用纸巾，改用手帕；节约用水，及时关掉水龙头；养成随手关灯的习惯；尽量不用一次性塑料袋、一次性筷子、一次性水杯。教师也可以帮助幼儿建立《我的低碳足迹》手册，记录幼儿的每一次低碳行为，让幼儿看到自己实实在在的行动成果，激发其成就感。

活动案例十一

节约用水

活动准备：

(1) 幼儿和家人共同收集室内室外有关水的用途（洗漱、做饭、植物生长等）的照片。

(2) 地球仪若干个。

活动目标：

(1) 理解水在生活中的重要性。

(2) 初步了解淡水资源的珍贵，并树立爱惜水资源的社会意识。

(3) 初步知道一些节约用水的途径，在日常生活中养成良好的生活习惯。

活动建议：

(1) 展示大量有关水的用途的照片，引导幼儿参与关于“水都可以用来做什么”的话题讨论。帮助幼儿理解水的用途的多样性，明白水在生活中是不可或缺的。

(2) 引导幼儿观察地球仪，帮助幼儿初步了解水资源分布的现状及淡水资源的珍贵。

(3) 组织幼儿讨论怎样从我做起，节约用水。（如，洗手的时候可以将水龙头关小一些。）

教师也可以在教室中设置资源回收站或资源回收箱，引导幼儿回收盒子、玻璃瓶、纸箱、包装纸等各类物品，并引导幼儿进行分类。在幼儿随父母逛超市时，可鼓励幼儿建议父母购买用可再生材料制作的物品。教师可引导幼儿在幼儿园中开展可回收物品大搜查活动，区分哪些是真正的垃圾、哪些是可以回收的资源、哪些可以重新再利用。教师也可组织幼儿在小区中搜寻有无电池回收点，如果没有，可组织大班幼儿向社区委员会提交建立电池回收点的建议。

教师应当教导幼儿尽量重复使用各类物品，帮幼儿形成资源再利用的意识。幼儿应该了解玩具坏了之后经过修理可以再使用，塑料袋也可以留下来再利用，单面使用过的打印纸的反面可以再利用，丢弃不用的泡沫盒可以用来种植植物。教师可以请幼儿思考各种类型的包装纸、包装罐的再利用方法，也可以举办回收再利用的创意活动。通过种种活动，把幼儿培养成一个环境保护者。

第五节　不同空间的互动

幼儿是生活在此时此地的个体，对身边的环境最感兴趣，对于遥远地方的事物也会产生好奇。现代技术的进步缩短了人与人之间的距离，使得个体能够超越自身所处的地域与远方的人或事物建立联系。教师可以引导幼儿关注自身在不同空间中的移动，以及不同空间里的人如何进行互动。

一、探索自己所在的空间

教师可以鼓励幼儿多进行各种户外活动，如荡秋千、玩滑梯、攀登、爬行等，引导幼儿探究自己在地面上的移动方式，体验在各种空间里运动的感觉。教师也可引导幼儿考虑自己的家与幼儿园有何不同、自己在家与在幼儿园的行为差异，体会家与幼儿园两种空间的差别及对自身行为的影响。

二、感受互联网中不同空间人们的互动

互联网改变了人们的生活。手机、电脑、电视、iPad 等，使外面的世界方便地呈现在人们眼前。教师可借助多媒体让幼儿发现不同空间的人与物。通过微信视频，不同空间的人可以进行即时互动。父母出差或在外地时，可通过微信视频与幼儿聊天，告诉幼儿自己身在何处，也可让幼儿通过视频观察父母所在的环境，初步使幼儿认识到人在空间中的移动。

现代交通工具使人们的空间移动更为便捷。教师和父母可为幼儿提供搭乘不同交通工具（如汽车、公交车、地铁、轮船、火车、高铁、飞机等）去旅行的机会，让幼儿亲身体会在不同空间中的移动；在搭乘公交车或地铁时，可引导幼儿熟悉线路图；陪幼儿在游乐园游玩时，可引导幼儿看游乐园导游图；在搭乘火车时，可引导幼儿观察是哪一辆车在移动；等等。教师也可引导幼儿关注日常用品到达自己的手里之前经过了怎样的辗转历程。

三、旅游带来的空间转换

除了实地体验，教师也可以借助观赏旅游性质的视频、绘本引导幼儿关注不同空间的互动。《环游世界做苹果派》是一本极具想象力与创造力的绘本，非常适合用来对幼儿进行地理教育。故事的主人公一个女孩想吃苹果派，由于商店关门，便决定自己环游世界收集做苹果派的原料。女孩从出发到回家一共用了 6 种交通工具，去了 6 个国家，最终带回了做苹果派需要的原料。《环游世界做苹果派》既可以引导幼儿关注我们日常生活中的食物、用品的来源，得出生活无一不需要依赖他人他处的道理，还可以引导幼儿关注不同地域的风土人情，以及个体在不同空间中的移动方式。

第六节　地域

地域通常是指一定的地域空间，是自然要素与人文因素作用形成的综合体。了解地域的概念，既可以帮助幼儿进一步了解自身身处何种环境、文化中，也可使幼儿看到自身所处的地域是如何影响自己的生活的，以便幼儿更好地把握自己与周围环境的关系。俗话说，“一方水土养一方人”，我国地域辽阔，不同的自然地理环境、风土人情、政治经济情况，孕育了各具特色的地域文化。对地域的探讨可以从自然景观与地域文化两方面展开。幼儿可在教师的指导下了解本土环境，感受丰富多彩的地域文化，这样幼儿不仅可以萌发对我国壮丽山河的向往与自豪感，也可以培养尊重文化多样性的意识与平等博大的视野。

一、地域的自然景观

对于幼儿来说，自然景观是幼儿可以直接感受到的地域特点。我国地域辽阔，南北方差异很大，而南北方的地域差异为幼儿了解地域的概念提供了很好的切入口。每个幼儿都

生活在南方或者北方。教师可从幼儿的本土环境入手，带着班上幼儿观察幼儿园、小区、城市或村庄中的环境，关注不同季节植物的变化、气候的变化，观察本地的土壤颜色、地形、不同季节的时令蔬果、特产、自然景点。北方的教师可以引导幼儿关注一年四季树叶的变化、冬天飘落的雪花等，南方的教师可以引导幼儿关注梅雨季节、长青的绿树等。

活动案例十二

我们祖国的植物种类真多

活动准备：

(1) 父母通过网上搜索或实地观察带幼儿认识生长在我国的一种植物，并制作小卡片，小卡片上包含植物的图片、名称、所处的自然带（亚热带或温带等）、种类（针叶或阔叶等）等。

(2) 教师准备一张中国地图，并搜集一些植物的图片，将其贴到中国地图内植物所属的区域；教师制作关于介绍不同植物的PPT；教师为幼儿准备一张用马克笔勾勒了各省份轮廓的中国地图。

活动目标：

(1) 引导幼儿认识不同植物，并知道适合其生长的气候类型。

(2) 引导幼儿探究不同植物的生长环境及气候类型，热爱自己的祖国。

活动建议：

(1) 教师可以让幼儿分享自己了解的一种植物，在分享完之后，教师展示中国地图上不同植物所在的地区，之后用PPT介绍不同的植物，让幼儿知道我们的祖国幅员辽阔、地大物博。

(2) 教师为幼儿准备一张用马克笔勾勒了各省份轮廓的中国地图。然后，让幼儿合作用剪纸的方式剪出一些植物（如一组幼儿剪东北地区的植物，一组幼儿剪西北地区的植物，一组幼儿剪南方地区的植物，等等），并把这些植物贴在地图相应的区域。完成之后，每组派1～2名代表说一说本组剪的植物名称，以及植物所属区域和适应的气候类型等，让幼儿进一步了解我国不同区域的植物。最后，把共同制作的地图贴在相应的主题墙上。

在关注本地地域特点的同时，也可以以实物、视频、图片等方式引导幼儿关注遥远的南方或北方的自然环境。如北方的教师可引导幼儿关注南飞的候鸟，带着“候鸟为什么往南飞”的问题，展开对温暖的南方的探究。南方的教师可引导幼儿关注苹果等北方水果产自哪里，通过视频观看冬日飞雪引发幼儿对北方的向往与探究。

教师也可借助诗歌、绘本让幼儿了解南方与北方的差异。如诗歌《我们的祖国真大》，以自然流畅的语言形象生动地阐释了我国不同地区的地域特点。通过诗歌，教师可以让幼儿关注什么地方十月就飘起了大雪花，什么地方一年四季都盛开着鲜花，让幼儿了解同一时间的人们有可能过着不同的生活。教师可借助中国地图和幼儿一起欣赏这首诗歌。教师还可以将我国的东西南北中各地区用不同的颜色标注出来，引导幼儿查阅资料，请幼儿把不同地区的特产、气候标志、植物代表等卡片贴在相应区域。

我们的祖国真大

我们的祖国真大。
北方，有冬爷爷的家，十月就飘大雪花。
我们的祖国真大。
南方，有春姑娘的家，一年四季开鲜花。
啊！伟大的祖国妈妈，
东西南北中的孩子，
在同一个时候，
有的滑雪，有的游泳，有的围着火炉吃西瓜。

活动案例十三

南北方差异真大

活动准备：

(1) 教师可以让幼儿关注南北方差异的小故事，让他们对南北方差异有所了解。

(2) 教师准备介绍我国南北方差异的视频，以及一张用马克笔勾勒了各省份轮廓的中国地图。教师为幼儿准备一些卡纸和水彩笔。

活动目标：

(1) 引导幼儿感知祖国南北方差异，并能理解这些差异的存在。

(2) 引导幼儿喜欢探究南北方的差异，并喜爱自己的祖国。

活动建议：

(1) 教师通过简短对话，让幼儿说一说自己所知道的南北方差异，之后展示视频，让幼儿直观形象地了解我国的南北方差异。教师展示一张用马克笔勾勒了各省份轮廓的中国地图，先让幼儿区分哪边是南方、哪边是北方，随后给幼儿卡纸，让幼儿画一画南方和北方有哪些不同（主食：米饭和面食；身材：瘦小和高大；交通工具：水陆交通和陆路交通；等等），并用剪刀把图片剪成小块状，粘贴至相应的位置。

(2) 当南北方差异的地图完成后，可以让幼儿说一说南北方有哪些差异，自己是喜欢南方还是北方，自己能否接受南方或北方的生活习惯。最后，教师要进行总结，不论南北方都属于同一个国家，正因为幅员辽阔才能感受差异的存在，要热爱自己的国家。

对地理教育敏感的教师也可借助突发新闻事件来引导幼儿关注遥远的南方或北方。如当南方发生雪灾时，可引导北方的幼儿时刻关注新闻，了解南方的气候特点；当北方发生旱灾时，可引导南方的幼儿关注北方的情况。假期结束新学期伊始，教师可请本班幼儿说说自己在假期都去哪里旅行了，看到了什么新鲜事，并将幼儿的足迹在教室的地图上标注出来。如果此项活动能够持续进行，那么也许等到幼儿毕业的时候会发现，班级幼儿的足迹已经遍布我国的大江南北。对于班级里的幼儿来说，这也是一件值得骄傲与自豪的事情。

在外来人口比较多的大型城市中，幼儿园教师可事先调查本班幼儿的家乡。教师可开展“我的家乡”活动，请幼儿在查阅资料、询问父母的基础上分别介绍自己的家乡，并在地图上将家乡标注出来。这一方面可以帮助幼儿以更直观的方式了解更多的地区；另一方面，可以帮助幼儿了解到，虽然本班同学来自不同的地方，但大家是可以一起生活的好朋友。

二、地域文化

地域文化，是指一个地区由于自然地理条件和人们共同形成的思维方式、风俗习惯等人文因素而形成的带有地域特征的文化形态①。世界上每个地区——小至区乡县市，大至省区国家，甚至跨省区跨国界——都会形成具有许多概括性特点的地域文化②。相比有形的自然景观，无形的地域文化对于幼儿来说更难把握。

引导幼儿感受不同地域的文化对于教师来说也更具挑战性。然而，每个幼儿园都处在特定的地域文化中，每个幼儿的日常生活也渗透着地域文化的元素。对地域文化的探索可以从本土文化入手，进而拓展到其他地域的不同文化。

目前我国幼儿园对本土资源的开发与利用推进得比较深入，一般而言，将本土文化融入幼儿园课程建设主要有以下三种方式。

（一）将本土文化融入环境创设中

将本土文化融入幼儿园的环境创设，本身就是一种对本土文化的肯定、接受与弘扬。幼儿园可以将本土文化融入开放的走廊、大厅、楼道、户外等公共区域，创设具有地域特点的幼儿园环境氛围。班级环境创设也可渗透本土文化，在班级的主题墙、区角都可放置彰显本土文化特色的物品，如极具陕西地方特色的皮影、剪纸、木版年画等。材料的选择与投放要契合幼儿的兴趣与年龄特点，如可以引导幼儿用木版年画来创作贺卡或明信片等作品。

（二）开展以本土文化为主题的活动

幼儿园主题活动是基于幼儿的生活和经验，围绕一个主题而展开的系列探究学习活动，其特点是将各领域和各目标有机渗透和整合起来，以更好地促进幼儿健康和谐成长③。挖掘具有本土特色的主题活动是一项长期系统的工作，一方面要梳理整合适合引入幼儿园的蕴含教育价值的本土文化资源，另一方面要与幼儿的生活经验相关联。同时，还要注意充分利用父母和社区资源。如可以开展“我是小导游”活动，鼓励父母利用周末带幼儿游览本地特色风景区、地方博物馆等，并对标志性建筑或材料进行拍照。教师和幼儿可以一起设计一日游旅游路线图，幼儿可以把自己的作品或者熟悉的图片在旅游路线上展示并标示出来。旅游路线图既可以张贴在教室的墙壁上，也可张贴在走廊的墙壁上。也可以让幼儿设计某地区的景观规划图，可以充分利用当地的本土材料进行建构。幼儿也可以访谈父母或者爷爷奶奶，了解自己所在城市的变化，了解哪些景点或建筑物是新增加的，并可在旅游路线图上用不同的颜色标注出来。这个活动不仅可以引导幼儿熟悉并了解自己生活的家乡，萌发热爱家乡的情感，而且可以培养幼儿绘制地图的地理技能，引导幼儿关

① 夏志芳．地域文化·课程开发．合肥：安徽教育出版社，2008：5．

② 包晓玲．论沈从文与湘西地域文化．西南民族大学学报（人文社科版），2006（2）．

③ 陈大琴．基于本土资源的园本课程开发．学前教育研究，2016（8）．

注历史的变化。

小贴士

以全新的视角思考幼儿园所在的区域，整理挖掘本土文化资源。可思考以下问题：幼儿园所处的区域有哪些资源？找出标志性的文化古迹、自然风景、建筑物、非物质文化遗产、传统地方游戏、童谣、顺口溜、地方小吃、特产等。这些资源有什么教育价值？哪些是幼儿能理解、可接受、感兴趣的？可以开展哪些活动实现幼儿与资源的亲密对话？如何将这些资源融入幼儿园课程之中？

（三）建构乡土特色游戏

具有浓厚生活气息和地方特色的传统游戏是很多人童年美好的回忆。改造当地的传统游戏也是当下幼儿园挖掘本土文化的尝试。如何改造传统游戏是重点，并非所有的传统游戏都适合被引入幼儿园中，有些传统游戏对空间、时间、材料有较高的要求，有些传统游戏并不适合幼儿的年龄特点，还有些传统游戏存在价值导向的问题。这些都是教师需要面对的问题。教师可以根据幼儿的年龄特点和兴趣，适当改编传统游戏的规则和材料。如“猜拳”游戏原本是酒桌上的游戏，教师可对“猜拳”游戏的规则进行改编，在玩的过程中能够锻炼幼儿的数学思维。教师还要根据幼儿的年龄特点，选择不同的传统游戏。教师可以将传统游戏进行分类整合，以适应不同年龄段的幼儿（见表5-5）。小班幼儿处于独自游戏阶段，因此教师应当给小班幼儿提供单独的游戏（如抽陀螺、滚铁环等），或简单的合作游戏（如捉迷藏）。中班幼儿处于合作游戏阶段，教师可以引入合作性质的游戏，如抬花轿游戏。大班幼儿喜欢竞技性游戏，教师则可引入跳房子、跳皮筋等游戏。

表5-5　传统游戏归类表

传统游戏类型	独自游戏	合作游戏	竞技性游戏

虽然不同的地域文化对于幼儿来说有些遥远，但只要基于幼儿的日常生活经验，教师仍然可以引导幼儿感受不同的地域文化。《3～6岁儿童学习与发展指南》建议：“和幼儿一起外出游玩，一起看有关的电视节目或画报等；和他们一起收集有关家乡、祖国各地的风景名胜、著名建筑、独特物产的图片等，在观看和欣赏的过程中激发幼儿的自豪感和热爱之情。”① 当假期结束时，教师可在班级中举行摄影展活动。请幼儿将在假期中游览过

① 中华人民共和国教育部. 3～6岁儿童学习与发展指南. 北京：首都师范大学出版社，2012.

的地方的照片在区角中展示出来，也可将其贴在教室的地图中（强烈建议幼儿园尤其是大班教室内有一张简化的大型中国地图），并请幼儿讲述令他印象深刻的地方小吃、风景、语言、人们的服饰及行为方式。

活动案例十四

有趣的方言

活动准备：

（1）教师提前准备不同方言的音频以及中国地图。

（2）父母可以教幼儿说一句简单的家乡方言。

活动目标：

（1）让幼儿感知方言南腔北调的趣味性，知道学说普通话的重要性。

（2）引导幼儿喜欢方言，对所在地区的文化有认同感。

活动建议：

（1）教师用方言向幼儿提问，引出主题，然后让幼儿上台讲一句方言，并告诉大家这是哪里的方言，让大家猜猜这句方言是什么意思。教师出示中国地图，标示幼儿们展示方言的所属地区，并用音频播放不同地区（上海、北京、吉林、四川、香港、湖南、江西等）的方言。

（2）教师随后可将不同方言与历史相结合，进行知识拓展延伸，也可将方言与普通话进行对比，告诉幼儿为什么要提倡讲好普通话。有条件的幼儿园可以带领幼儿去当地的博物馆进行实地教学。

地域本身是一个比较性、对照性的概念。任何地域都应有可资比较的参照物，然后才能彰显地域文化之特点。这一参照物既可能是现存的、可见的，也可能是深层的、不可见的①。教师依然可以将我国南方与北方的不同作为引导幼儿关注地域文化的切入口。小班的教师可以引导幼儿关注南方与北方主食的不同——南方吃米，北方吃面——并可根据实际情况让幼儿动手做一做。中班的幼儿可以关注南方与北方房子的不同构造，并思考原因，也可以在建构区建造一座南方的房子或北方的房子。可以引导大班的幼儿关注南方人与北方人的外貌差异与性格差异，比如，北方人体格高大，南方人比较娇小；北方人性格比较豪爽，南方人性格比较细腻温柔。如果班级中既有来自南方的幼儿，也有来自北方的幼儿，那么可以引导幼儿观察来自不同地方的幼儿有无差异。引导幼儿了解不同地方的方言文化、饮食文化，学唱不同地方的童谣也是帮助幼儿了解地域文化的有效方法。

相关资源推荐

地图：百度地图网站能够帮助幼儿认识方位，并能看到实景地图，促进幼儿对地图与

① 夏志芳．地域文化·课程开发．合肥：安徽教育出版社，2008：7.

实景之间的转换；网址：https://map.baidu.com/#

绘本：

1.《看地图》

作者：吉村证子；译者：张心然；出版社：北京科学技术出版社；出版年份：2016 年

2.《地图（人文版）》

作者：亚历山德拉·米热林斯卡，丹尼尔·米热林斯基；出版社：贵州人民出版社；出版年份：2014 年

3.《世界地图（百科知识版）》

作者：文/尼克·柯雷恩，图/大卫·迪恩；译者：孙玉浩；出版社：成都地图出版社；出版年份：2015 年

4.《手绘中国地理地图·中国》

作者：洋洋兔；出版社：北京理工大学出版社；出版年份：2016 年

5.《揭秘世界》

作者：文/埃米莉·伯恩等，图/贝娜蒂塔·焦弗雷特等；译者：董丽楠；出版社：未来出版社；出版年份：2016 年

6.《环球旅行》

作者：文/费朗索瓦·迈克尔，图/菲利浦·米格尔；译者：荣信文化；出版社：未来出版社；出版年份：2007 年

7.《别老跟着我们》

作者：文/崔银圭，图/安恩真；译者：李民，王健；出版社：复旦大学出版社；出版年份：2014 年

8.《爸爸，我要月亮》

作者：卡尔；译者：林良；出版社：明天出版社；出版年份：2011 年

9.《猜猜我有多爱你》

作者：麦克·山姆布雷尼；译者：梅子涵；出版社：明天出版社；出版年份：2013 年

10.《迷路之后找回家》

作者：著/朱莉·迪勒缪斯，绘/劳拉·伍德；译者：王玮；出版社：化学工业出版社；出版年份：2016 年

11.《我们是三角形、圆形、正方形》

作者：菲丽采塔丝·莎菲尔，约翰莱斯·福格；译者：种子；出版社：知识出版社；出版年份：2013 年

12.《开车出发系列（七册）》

作者：间濑直方；译者：彭懿，周龙梅；出版社：二十一世纪出版社；出版年份：2017 年

13.《环游世界做苹果派》

作者：玛尤莉·普莱斯曼；译者：林永怡；出版社：河北教育出版社；出版年份：2009 年

本章参考文献

[1] 杜威. 民主主义与教育. 北京：人民教育出版社，2001.

[2] SEEFELDT C，CASTLE S. 幼儿社会教材教法. 台北：华腾文化股份有限公司，2010.

[3] 克奈尔. 与孩子共享自然. 北京：九州出版社，2014.

[4] 方富熹，方格，林佩芬. 幼儿认知发展与教育. 北京：北京师范大学出版社，2003.

[5] 查尔斯沃斯. 3～8 岁儿童的数学经验：第 5 版. 北京：人民教育出版社，2007.

[6] 中华人民共和国教育部. 3～6 岁儿童学习与发展指南. 北京：首都师范大学出版社，2012.

[7] 苏霍姆林斯基. 把整个心灵献给孩子. 天津：天津人民出版社，1981.

[8] 塞利. 儿童自然体验活动指南. 北京：教育科学出版社，2017.

[9] 夏志芳. 地域文化·课程开发，合肥：安徽教育出版社，2008.

[10] 张亚南. 地理教育的价值. 地理教育，2007 (1).

[11] 朱智贤，陈帼眉，吴凤岗. 儿童左右概念发展的实验研究. 心理学报，1964 (3).

[12] 李敏. 3～6 岁儿童空间测量学习路径及其对教学活动组织的启示. 幼儿教育（科学教育），2016 (7，8).

[13] 史亚娟，庞丽娟，张华，等. 3～6 岁儿童空间非标准测量认知加工线索研究. 心理科学，2007 (30).

[14] 史亚娟. 儿童早期空间测量学习中的核心概念与能力. 学前教育研究，2011 (4).

[15] 包晓玲. 论沈从文与湘西地域文化. 西南民族大学学报（人文社科版），2006 (2).

[16] 陈大琴. 基于本土资源的园本课程开发. 学前教育研究，2016 (8).

[17] 龙洁. 3～5 岁儿童的“地球”概念及其学前教育意义研究. 成都：四川师范大学，2010.

[18] 张勍. 儿童语言中方位情貌的发展. 芜湖：安徽师范大学，2011.

[19] 孙慧妍. 学前儿童理解和使用地图能力的发展及教育思考. 上海：华东师范大学，2009.

[20] 田学红，方格. 国外有关儿童对地图表征的认知发展研究. 心理学动态，2000，8 (2).

[21] 王秀琴. 中班幼儿地理教育的实践研究：以社区地图描绘活动为例. 上海：上海师范大学，2017.

[22] DELOACHE J S，KOLSTAD V. Physical similarity and young children's understanding of scale models. Child development，1991 (62).

[23] DOWNS R M，LIBEN L S. Understanding of maps as symbols：the develop-

ment of map concepts in children. Advances in child development and behavior, 1989 (22).

[24] DOWNS R M, LIBEN L S. Developing an understanding of graphic representations in children and adults: the case of GEO-graphics. Cognitive development, 1992 (7).

[25] DOWNS R M, LIBEN L S. Through a map darkly: understanding maps as representations. Genetic epistemologist, 1988 (16).

[26] MARZOLF, DELOACHE. Transfer in young children's understanding of spatial representations. Child development, 1994 (65).

[27] PIAGET J, INHELDER B. The child's conception of space. London: Routledge and Kegan Paul, 1956.

[28] DE MELENDEZ W R, BECH V, FLETCHER M. Teaching social studies in early education. NY: Thomson Learning, 2000.

第六章

社会文化：历史、多元文化与价值观教育

在“我爱我家”这个主题下，我们进行了一项有趣的活动，让幼儿们把自己家人的照片带到幼儿园里，跟大家聊一聊自己的家人。每一个幼儿都迫不及待地想要介绍自己的家人。突然，教师听到手工区传来哭泣的声音。当教师走近在手工区的三个幼儿时，听到皓皓喊道“这照片是假的”，接着又看到辰辰在抹眼泪，而遥遥拍了皓皓一下，并说道：“他爸爸不是个小孩，我认识他爸爸，他很大！”皓皓困惑地看着遥遥说：“那辰辰怎么说这是他爸爸？这是张小宝宝的照片。”皓皓继续不服气地说道：“我有个小妹妹，她现在就这么大。”辰辰拼命解释：“我家里还有一张我姥姥还是小孩时的照片，高老师有一张骑着自行车像我现在这样大的照片。”但是皓皓争论道：“如果你像我这么小，你不可能当爸爸。”遥遥辩论道：“你也可以，我就有两个孩子，我是她们的妈妈，下个星期霖霖和我要结婚呢！”“你不能结婚，”辰辰抗议道，“只有大人才能结婚。”接着皓皓得意地说道：“我就说吧，这张照片不可能是你爸爸，这是一个小宝宝。”

你肯定也花时间看过旧照片。“这真的是我吗？”“他们穿的是什么？”“那是谁？”“她们在做什么？”这些是追忆过去的问题。回忆过去让我们可以审视现在并加深对我们是谁、我们在做什么以及我们为什么会这样做的了解。因为我们每个人都会回忆过去各种各样的事情，所以我们也在参与历史。历史研究人们过去做了什么以及为什么要这样做。历史不仅帮助我们理解我们现在的行为和做的决定，也帮助我们了解自己的根源和起源，了解其他亲近的人或遥远的人，甚至改变我们的生活行为。

历史是社会文化的一部分。本章我们将关注历史教育、多元文化教育、价值观教育。而所有这些方面都可归入文化的概念范畴。文化是我们所习得的以及在社会上传播的习俗、知识、有形物质以及行为模式的总称，它包括一群人的思想、价值观和人工制品①。文化在一定程度上决定了每个人的思考、感觉和行为方式。德国社会学家、哲学家马克斯·韦伯（Max Weber）说：“人是悬挂在自己编织的意义之网上的动物。”而这“意义之

① 谢弗. 社会学与生活. 北京：世界图书出版公司，2009：75.

网”首先就是文化之网。幼儿是未成熟的个体，他们正是通过社会文化的形塑才逐渐习得特定的文化知识与技能、价值观，并以自己的方式参与社会文化的建构。

文化具有相似性和差异性。当一群人共同生活在同一个区域，面对同样的环境，遵循同样的社会规范与价值观，共享同样的社会资源时，这群人就会形成共同的文化。而此区域外的人们则会形成其他文化。不同群体的文化既有相似性也有差异性。我们可以称相似的文化为普世文化，比如对于生命的尊重，对于食物、住所、衣物的基本需求，对于公平与正义的追求，等等。每一个国家都重视对下一代进行价值观教育。幼儿需要通过日常互动来认识周围的世界，学习特定的文化知识，掌握基本的行为规范，习得特定的价值观念，感受本民族的共同文化，并形成对于本民族的认同感与归属感。

当下色彩缤纷的文化世界恰恰是文化差异性的表现。不同的民族有其独特的民族性格与文化。以游牧的形式逐水草而居的游牧民族，他们的生活方式与价值取向与生活在土壤肥沃的平原上的定居者有着很大差异。文化既将人们结合在一起，也将人们区隔开来。随着社会的变迁，世界在趋同的同时也展现出更多的差异与不同，越早了解并接受文化之间的相似性和差异性越好。多元文化教育则旨在引导幼儿学会理解与欣赏别样的文化，尊重与自己不同的人及其行为方式，形成开放的意识和悦纳他人的胸怀。

文化并非一成不变，而在持续发生改变。生活在此时此刻的幼儿借由与环境的互动拓展自身的经验，而幼儿所面临的环境（包括物质环境与文化环境）一方面是世代积累传承下来的，另一方面也在发生变化。历史观念的引入将赋予幼儿更开阔的视野，为自己的行动提供前后的联系和宏大的背景支撑。对时间、改变以及人类生命延续性的认识则是对幼儿进行历史教育的切入点。

第一节 历史教育

历史教育是社会教育的重要方面。历史教育是对过去的学习，目的是帮助人们理解过去由个体或团体所做的事情、行为以及决定。历史教育也能促进个体对生活的理解，帮助个体从当下的生活中抽离出来，以更开阔的视野、更长远的眼光重新看待自身、他人以及当下和未来的生活。

帕克指出，对幼儿进行历史教育有以下五个方面的理由①：

（1）促进判断力的发展。历史教育有助于个体形成更好的判断力，通过对过去历史事件、人物传记的学习，个体能够获得丰富的知识与信息，促进明辨是非能力的发展。

（2）促进同情心与自我认知的发展。进行历史教育的第二个理由是历史学习能让幼儿了解世界各民族，理解它们进行的斗争并欣赏它们的选择。通过学习不同社会的历史，幼儿认识到许多其他民族的人和自己的生活方式不同，同时他们也会更加了解自己。

（3）促进想象力的发展。历史教育可以刺激幼儿的想象力，给予他们未曾有过的体验。历史教育可以使幼儿接近遥远的地方和远古时代，了解伟大的事件和平凡的生活，从

① 帕克．美国小学社会与公民教育．南京：江苏教育出版社，2006：97-100.

而拓展幼儿的视野和时空体验。

（4）感受到个体的主观能动性。历史教育可以让幼儿明白，人类为自身所处的环境所塑造；同时，人类也会以自己的力量来影响、改变历史进程。

（5）发展个体的远见。徜徉在历史长河中，从最早的农耕社会到工业革命，再到全球化的今天，对上下几千年历史的学习与感悟，可以帮助个体形成长远的思考，促进个体判断力的发展。

对于尚在幼儿园的幼儿来说，初步的历史教育是可行的。学前幼儿已经对人们的生活方式、吃穿住行、历史故事、身边事物的变化等产生了浓厚的兴趣，而发展这些兴趣，正是幼儿历史教育的起点与目的所在。

美国国家历史标准 K-4 历史（History for Grades K-4）指出，当历史被以合适的发展方式呈现给幼儿时，幼儿可获得以下发展：

（1）获得历史研究的关键概念。

（2）学习区别现在、过去及远古。

（3）发现当以自己的生活、家庭及社区为中心时，历史是有趣及有意义的。

（4）当历史与神话、故事、传说及传记交织时，能珍惜这些历史。

（5）运用过去的记录、工艺品、信件、家庭记录及相册等窥见远古人类生活。

（6）开始使用历史学者的方法，学习质疑、研究并得出结论。

那么，幼儿的历史教育应当教些什么？我国的幼儿教育尚待就此问题进行系统思考。美国国家社会科协会将 K-12 的历史学习进行了具体划分。针对幼儿的年龄特点，下面将从幼儿的经验出发，主要围绕时间、改变、持续性等主题展开讨论。

一、时间

（一）幼儿时间概念的发展

作为历史教育中的核心要素之一，时间概念对幼儿来说是很难理解的，与成人不同，幼儿用自己的方式理解时间，他们用自己的参照物来定义时间的流逝。例如：在教室里，当教师开始播放整理玩具的歌曲时，幼儿们就知道要收玩具了，这就体现了幼儿们对时间的理解。有时候，幼儿们也会用时间词语来讨论他们自己的生活（“昨天晚上我去辰辰家玩了……”），当升到大班甚至小学时，他们会通过看自己的手表或墙上的挂表来判断是否到了可以出去玩的时间。有时，甚至幼儿们的情绪反应或是对过去一天的态度都会反映出他们对时间的理解①。

理解时间需要建立在对更多更高级的概念的理解之上，这也解释了为什么对幼儿来说，掌握时间概念是有困难的。就像《3～6 岁儿童学习与发展指南》指出的那样，时间概念的学习需要以数概念的学习为基础。“和幼儿一起寻找发现生活中用数字作标识的事物，如电话号码、时钟、日历和商品的价签等。引导幼儿了解和感受数用在不同的地方，

① DE MELENDEZ W R，BECK V，FLETCHER M. Teaching social studies in early education. NY：Thomson Learning，2000：140.

表示的意义是不一样的。如：天气预报中表示气温的数代表冷热状况，钟表上的数表明时间的早晚等。鼓励幼儿尝试使用数的信息进行一些简单的推理。如知道今天是星期五，能推断明天是星期六，爸爸妈妈休息。”① 幼儿对时间概念的理解是随着他们认知水平的发展而发展的（见表 6-1）②。

表 6-1　幼儿时间概念的发展

感知运动期 （0～2 岁）	前运算期 （2～6 岁、7 岁）	具体运算期 （7～10 岁）
观察遵守日常生活规律 2 岁时能知道白天/黑夜，注意周围环境	时间观念是个人及主观的，以任意单位来测量时间 5 岁左右能部分了解时间单元，如一天 5 岁左右能将一天的事件加以排序并使用时间字眼	能使用时钟、手表来报时，已准备好接受时间概念教学 直到 12 岁时的形式运算时期才发展约定概念

由于受时间延续、持久知觉以及排序、组织日常经验能力的限制，幼儿对于时间的直觉概念是主观的，这种主观性会导致错误的时间概念。虽然 5 岁幼儿知道等待 10 分钟比等待 5 分钟更困难，但是他们也认为轮子快速旋转 5 分钟花的时间比水龙头慢慢滴水 5 分钟花的时间要少③。教师需要在一日生活中观察了解幼儿对时间的看法，根据幼儿的年龄特点来引导他们发展正确的时间概念。

刚进入幼儿园的幼儿也能够使用时间词语，如“5 分钟”等，虽然他们还没有将小时、分钟等具有时间间隔意义的概念内化，但是他们已经意识到了这些词语确实有一定的意义。在教师的引导下，幼儿会将这些时间词语与幼儿园一日活动中各个环节发生的顺序规律加以联系，随着幼儿认知水平的发展和经验的丰富，小时、半小时及 5 分钟的概念便在他们脑中发展起来了。

4～6 岁的幼儿能通过排序知道事件发生的顺序，且能将一天中循环发生、有既定规律的日常事件排序④。当 5 岁时，幼儿能判断日常事件的倒向顺序，且能以多元参考点来判断事件的顺向顺序，甚至还能判断日常事件的间隔长度，如有的幼儿会告诉教师他觉得下午的自由活动时间比上午的自由活动时间要长许多。直到 7 岁左右，幼儿才能够以多元参考点来判断事件的倒向顺序。

5 岁的幼儿开始能够理解时间单位，如一天、日期及日历时间。理解日历时间的能力包含辨认首先、最后、接下来、后来、快一点、之前及之后等时间概念的能力。5 岁左右的幼儿能区分今天是星期几，且在能用今天、之前或几天之内等词语之前，他们能运用大的时间范围的词语，例如“冬季”“今年”等。

幼儿学习时间排序概念——前与后、明天与昨天，或其他需要幼儿标识时间上的两个

① 中华人民共和国教育部. 3～6 岁儿童学习与发展指南. 北京：首都师范大学出版社，2012.

② SEEFELDT C，CASTLE S. 幼儿社会教材教法. 台北：华腾文化股份有限公司，2010：6-8.

③ DE MELENDEZ W R，BECK V，FLETCHER M. Teaching social studies in early education. NY：Thomson Learning，2000：131.

④ 同②.

点的活动等——比学习量化时间关系更容易。为了了解量化关系，幼儿必须明白，在时间上，一点钟和两点钟之间的间隔与两点钟和三点钟之间的间隔是一样的。只理解顺序的幼儿也许并没有完全察觉到时间间隔是一样的。

（二）在具体经验基础上感知时间

根据前面讲的幼儿时间概念的发展，我们了解到幼儿关于时间的各种想法都与他们生活中发生的具体事件相联系，时间的流逝通过它带来的变化为幼儿所理解。查尔斯沃思（Charlesworth）和林德（Lind）认为幼儿更容易将三种建立在时间上的经验联系在一起：个人经验、社会生活以及传统时间①。

1. 个人经验

个人经验包括那些幼儿认为与他们相关的而且有他们回忆的事情。例如，当认为自己现在变大了（以前认为自己是孩子）时，幼儿会表明对事情的个人感受②。当描述自己家里发生的变化（我们现在有只小狗），或者是对周围变化的感知（这条路变宽了）时，幼儿也会表现出对时间的理解。

理论应用于实际　　**与幼儿一起讨论时间的概念**

教育者和发展学家认为时间对幼儿来说是很难理解的概念。虽然他们同意幼儿有时间感，但他们认为幼儿对时间的把握并不像成人那样好。为了了解幼儿怎样感知时间，我们采访了不同年龄段的幼儿（学步儿、幼儿园孩子、小学生）。以下建议的问题将会帮助你发现幼儿关于时间的想法。你可以增加其他关于时间的问题，并可以在班级中与幼儿分享你的发现。

（1）你的生日是什么时候？

（2）你多大了？

（3）距离你上次庆祝生日有多久了？

（4）你是家里最大的吗？如果不是，那么谁是？

（5）距离夜晚来临还有很长时间吗？

（6）我们什么时候说“早上好”或“晚上好”？为什么？

（7）你昨天在学校做了什么？你明天将会做什么？

（8）从你家去学校要多长时间？

（9）告诉我你在学校会干什么？第一件事情是什么？在午餐后你会干什么？

---

2. 社会生活

社会生活指幼儿在家或学校参与的有规律的一日活动，如一日生活中代表各种各样的预测性的有影响的事件，这些事件有时发生在家里，有时发生在学校里。例如，幼儿园中班的教师注意到有的幼儿知道快要到午饭时间了，会提前跟教师说要去小便以及洗手，以避免和其他幼儿一同进入盥洗室所产生的无聊的等待。利用幼儿的这种意识，教师可以告

①② CHARLESWORTH R，LIND K E. Math and science for young children. Albany，NY：Delmar，1999.

诉幼儿午饭时间对应的挂钟上的位置，这样到学期末的时候，幼儿就会知道午饭时间到的时候时针会指向哪里了。在幼儿园的一日生活中，利用好教育契机以及有用的资源及时帮助幼儿理解时间概念。

理论应用于实际　　利用自然角了解时间

当幼儿观察到生活的变化时往往会产生对时间的感知。利用班级里的自然角来组织实践活动，例如种植物，这样的实践活动不仅能够增加幼儿的动手操作能力，同时还能够让幼儿更直观地了解时间与改变之间的关系。以下是一些可以在课堂中复制的种植活动。

植物发芽：豆芽是生长最快的植物，它可以在短期内为幼儿提供观察植物生命周期的机会。选择红豆、黄豆等，让幼儿观察种子，然后鼓励他们讨论他们看到的和感受到的东西。引导幼儿将他们选择的种子放进干净的容器内，把水倒进容器（水淹没种子即可），让种子在没有阳光的条件下浸泡一晚上。第二天，帮助幼儿将种子分散放在湿润的棉花上，或者将种子放置在塑料托盘或牛奶纸板箱中。提醒幼儿必须喷湿种子并确保种子在任何时候都是湿润的。2～10 天内种子将会发芽，具体哪一天，取决于种子的情况。在豆芽成熟后，可以和幼儿一起做豆芽沙拉，并和幼儿讨论豆芽生长和变化的过程。

种植花种子：幼儿园的花园也是观察植物生长周期的好地方。适合种植的花有长寿花、百日草、太阳花等。在花园内选择一块地方，为幼儿准备土壤。（如果室外空间不可利用，那么在花盆里种植植物并将它们放在充满阳光的窗台上）。讨论种子种类并种植。如果种了不止一种种子，那么将每一种分给不同组的幼儿，并确保每一组负责为这些种子贴上标签，照顾它们并记录它们生长的过程。在此过程中，和幼儿循序渐进地讨论他们观察到的事情。

摘花：观察并讨论花被摘下来之后能保持多长时间，是另一种发展时间感和了解改变的方法。任何种类的切花都可以用（记住：先要讨论安全措施，因为有些花会引起过敏）。花摘下来后要每天观察花的变化，并让幼儿做好记录。鼓励幼儿用画画或图表的方式来追踪记录花在多久后会枯萎。一旦花枯萎了，也可以讨论保存干花的方法。

3. 传统时间

传统时间被描述为由“表和日历决定的时间”①。幼儿园的中班、大班一般会布置有关日历时间的环境，来帮助幼儿认识日历，以及使用时间用语（年、月、日，昨天、今天、明天等）。

理论应用于实际　　帮助幼儿建立时间观念——使用时间用语

一般用语：时间、年龄、纪元等。

特殊用语：早上、中午、晚上、夜里、白天、午间、午夜。

相关词语：一会儿、明天、昨天、早时、晚时、现在、当、有时候、那时、以前、当

① CHARLESWORTH R, LIND K E. Math and science for young children. Albany, NY: Delmar, 1999.

前、当……时、从不、一次、下一次、经常、快、慢、速度、第一、第二、第三。

特定的持续性词语：时间和表（秒、分钟、小时）、日历（日期、星期的叫法，月的叫法，年、世纪、千禧年等）。

特殊的日子：生日、假期（元宵节、端午节、劳动节、儿童节、中秋节等）、婚礼、上学日、周末。

（三）时间的测量与流逝

我们对事件的了解是在我们直接经历了一些事情并赋予它们意义时发生的，幼儿对时间的学习也是如此。当具体的物体和有意义的经验与学习联系在一起时，幼儿就开始学习时间了。对幼儿园的幼儿来说，测量时间是很难的，他们在学习时间时面临的最困难的问题之一就是常常不能理解“时间的流逝”。

虽然我们不要求学前阶段的幼儿用时钟来测量时间，但是，为他们提供各种活动，丰富他们有关测量时间的知识，可以帮助他们更好地理解抽象的时间概念。

理论应用于实际　　**帮助幼儿体验时间的测量**

教师在各种活动中提供沙漏，让幼儿体验时间的测量，如幼儿能否在沙子漏完之前收拾好玩具。

教师可以在户外运动如跳绳、单脚跳、跑步、悬挂等活动中帮助幼儿记录时间。

4 岁幼儿其实很喜欢玩手表，教师可以提供手表作为幼儿游戏的道具。

提供旧闹钟让幼儿摆弄，引导他们转动指针或设定时间。

当一件事情发生时，可以被认为是在两个不同的时间水平——最近的过去和遥远的过去——上发生的。最近的过去包括发生在像一节课那样短的时间之前的事情。遥远的过去包括发生在一年或好多年前的事情，或者在幼儿出生之前发生的事情。对幼儿而言，没有任何事情比他们自己的生活更有趣，教师可以利用这种自我中心主义来协助幼儿了解时间的流逝。学习时间的关键是发展改变的概念。

理论应用于实际　　**时间的流逝**

利用日常生活中发生的事情引导幼儿进行讨论，运用幼儿的实际经验，协助幼儿发展时间的消逝感。教师可以在一日活动的谈话环节引导幼儿就以下问题进行讨论，问题可根据班级幼儿的实际经验增加。

（1）从熙熙的生日到现在过了几天了？

（2）昨天午餐我们吃了什么？

（3）上星期我们做了什么？

（4）对于这个星期幼儿园的活动，你最喜欢什么？

在童年早期，学习怎样从历史的观点进行思考，需要意识到“时间的流逝”和它的影响。在一日活动中，幼儿会逐步了解搭建积木塔的步骤或者复述前天讲的故事，这样可以引导幼儿发展时间和改变的概念，以及引导幼儿按照时间先后顺序思考问题。当幼儿按时间先后顺序进行思考时，他们就可以区分过去、现在和未来的事情，这样，时间就与历史联系在了一起。

活动案例一

我们的教室

活动准备：

幼儿园本班幼儿一日不同环节活动的照片（一天的时间变化）；本班每个月、每个学期的照片（每月的时间变化）；幼儿园过去与现在，或者不同季节的照片（年、季节的时间变化）。

活动目标：

利用具体形象的图片，帮助幼儿理解时间的变化，从近到远、循序渐进地帮助幼儿了解过去与现在的不同，了解变化带来的影响。

活动建议：

(1) 按照时间顺序排列这些照片，上面标上大大的时间标志，如上个月、这个月、去年、今年等。

(2) 根据一日不同环节活动的照片，幼儿可以制作《班级一日活动时间表》，如根据各个环节的先后时间顺序对其进行排序等。

(3) 指导幼儿讲一讲自己发现的在不同时间教室、幼儿园甚至社区、街道的变化，以及这些变化带来的影响。

二、改变

在生命历程中，我们总是面临改变。不管你愿不愿意，改变都会到来。如果你提前准备，那么你会主动改变，如果你不准备，那么你会被迫改变。随着社会的进步和技术更新速度的加快，当今世界瞬息万变，改变成为人们生活中重要的部分。在这个充满不确定性的时代，接受以及适应改变的能力将成为个体必须具备的能力之一。与其恐惧改变，不如掌握面对不确定性的能力，积极地认识改变，学会接受改变，适应那些不可避免的改变。

对不断成长的幼儿来说，改变也在随时发生。我们需要提供相应的条件，让幼儿的周遭环境充满可体验改变的机会。对于幼儿来说，认识改变可从以下四个地方着手：幼儿园、邻近地区、大自然以及幼儿自身。幼儿通过对自身所处环境以及自身经验的认识，学习采用一些简单的方式记录这些改变，这样既能够体会改变的多样性，又能够理解改变的永恒和持续性，从而体会和铭记改变的意义。

（一）幼儿园

3～6 岁的幼儿大多时间待在幼儿园，教师、保育人员以及幼儿园的物质环境都会对幼儿产生潜移默化的教育影响。不论是托幼中心还是幼儿园，又或是短短的一节课，都时刻伴随着事物的持续改变。例如，班级为了排练六一儿童节的节目，把桌椅都叠起来摆放，这是对教室空间的改变。在幼儿园，针对不同的主题（如民族、文化等）、不同的节日（如春节、端午节等），教师需要与幼儿共同进行奇思妙想，变换教室和主题墙的装饰，让幼儿真切地感受到主题活动或节日的氛围。大多数幼儿园甚至每个幼儿班级门口都会有自己的植物角，这些给幼儿提供了随时随地观察变化的机会。

幼儿园的建筑物（如校舍、桌椅、环境设施等）随着时间的推移也发生着改变。对比幼儿园的新旧照片，不难发现它的改变。另外，幼儿园教职工的年龄、教龄都可以作为研究幼儿园改变的主题。

（二）邻近地区

幼儿生活的家庭周边即邻近地区，蕴含着很多帮助幼儿认识环境改变的教育契机。附近新建的房屋、即将拆除的建筑物、正在修建的地铁站、刚刚整修过的公园等，都可以被用来引导幼儿观察周围环境的改变，以及改变对幼儿自身生活及他人生活所带来的影响。教师可以通过引导幼儿关注幼儿园邻近地区的改变来提升幼儿对改变的认识。

教师可引导幼儿观看所在社区不同时期的照片，并请他们尝试思考。教师可以提一些有助于幼儿思考的问题："很久以前这里有什么?""哪些看起来比较新?""为什么?"另外，幼儿可以在成人的帮助下采取访谈附近居民、访问街道办事处、参观地方历史博物馆、查询资料等方式了解所在社区的变化，并尝试理解这种变化给人们的生活带来的积极意义和问题。

教师也可以借助绘本帮助幼儿体会环境的变化及其背后所蕴含的意义。绘本可以将宏大的时代变迁以生动的故事展现在幼儿面前。如维吉尼亚·李·伯顿（Virginia Lee Burton）的经典绘本《小房子》，讲述了小房子历经四季变化、时光更迭的动人故事，可以引导幼儿体会哪些东西随着时间的推移注定要发生变化，哪些东西能沉淀下来并发挥持久的影响。

（三）大自然

大自然的四季交替是引导幼儿认识改变的最好素材。对于每个季节，儿童都可能会提出关于改变的有趣的问题，而这些问题大部分与季节造成的周围环境的改变密切相关。比如树木的四季变化。春天，幼儿可以观察树木的嫩芽与表皮，感受万物复苏的春意；夏天，树木长出茂密的树叶，幼儿既可体会蓬勃向上、欣欣向荣的生机，也可根据树叶的不同形状练习分类；秋天，幼儿可以感受树叶飘落、果实累累的绚烂色彩；冬天，树木萧瑟会引发幼儿对生命轮回的思考。除了植物外，教师还可引导幼儿观察不同季节动物行为的改变，如春天的布谷鸟、夏天的蚊虫、秋天南飞的大雁、冬天沉睡的蛇等等。

（四）幼儿自身

对于幼儿来说，最直观、最容易发现的改变恰恰发生在幼儿自己身上，如幼儿自身的身高、年龄、体重等各方面的改变。这些改变既包括外貌（如身高、体重、牙齿、头发、着装等），也包括心理上的成熟（如慢慢地懂事了、学习到了新的知识和技能等）。常见的让幼儿感受自身变化的活动有庆祝生日、称重、对比自己小时候与现在的照片、制作一张幼儿生活的时间线（在纸上画出一条竖线，从上到下标注出每个时间点对应发生的活动或者事件，形成幼儿生活的时间线）等。

在平时的阅读中，教师可以多选用一些有关年龄对比的绘本，比如《我当大姐姐了》系列绘本，在幼儿读完后问问他们：你们也有弟弟妹妹吗？他们是什么样子的？引导幼儿回想对比自己小时候与现在的不同之处。幼儿的改变一直在进行着，年龄稍长的幼儿可能会对自己未来年老时的样子产生好奇，对自己未来会从事的职业抱有强烈的好奇心，有的幼儿可能会说自己想要成为科学家、军人等。这时候，教师就可以抓住幼儿的好奇心，紧紧围绕幼儿感兴趣的点展开，引导幼儿根据周围的成人的职业，主动建立现在与未来关系的时间线。

无论是幼儿园的改变、邻近地区的改变还是幼儿自身的改变，很大程度上都依靠人类自身的努力。教师可以尝试引导幼儿关注人类个体在改变环境、生活以及自身方面的能动性。教室的墙面环境在幼儿和教师的共同努力下焕然一新，在幼儿家附近的路口，在工人叔叔的劳动下建成了一个新的地铁站，幼儿经过无数次练习终于学会了用筷子吃饭……所有这些或大或小的改变都依靠人类的努力。教师需要以合适的方式引导幼儿意识到人类自身的力量。

三、持续性

虽然我们的生活处在不断改变的过程中，但是人类的经验与文化也有其持续性。在历史教育中，一方面需要让幼儿感受到在人为因素和非人为因素的影响下改变无处不在；另一方面也需要引发幼儿思考哪些东西能够传承下来，丰富人类的生命与生活。

（一）家庭

对于幼儿来说，最先学习的历史首先是家庭的历史。每个家庭从过去到现在都拥有一些特殊的事物、故事乃至精神可提供给子女。教师可以邀请父母与幼儿一起讨论自己的家庭故事与家庭传统。

大班幼儿可以调查其家庭。他们可以询问父母关于过去的事情，如父母的祖籍在哪里，以前做过什么事情，现在在做什么事情。父母可以提供有关过去的照片、文件、物品等材料，帮助幼儿理解过去发生的事情对今天的影响。

班级可以开展“传家之宝”的活动，邀请父母讲述对自己家庭意义重大的物品，着重强调此物品历经世代而留存的无形价值，而并非此物品的珍稀属性和经济价值。班级也可以开展“我家的传统”活动，诸如特殊的节日及节日庆祝方式、独特的娱乐方式（如读书、看展览、听音乐会、集体做运动等积极的活动）、特定的家训等等。有的家庭会存有家谱，这是极好的引导幼儿感受生命与文化传承的载体。教师可以协助父母在教室中介绍自己家的家谱，引发幼儿思考。

小贴士

时间包装中心/神秘中心：有一本“神秘的书”和不寻常的东西（如一个旧的手工搅拌器、闹钟或电话）来让幼儿探索，激起幼儿对过去事情的兴趣。

视觉资源：贴画和旧照片是通往过去的视觉桥梁。展览并讨论幼儿的家庭照片往往是令人兴奋的。写着“过去”和“现在”的标志会帮助幼儿建立关于过去和现在的感觉。

形象有趣的书：给幼儿提供一些有图片、人们的照片以及过去的活动的书籍，通过书中的内容，幼儿可以了解过去与现在的不同。

（二）世代接触

教育最初的形态即由年长者向年轻一代传授生活与生产的经验。这一经验的传承为历史文化的发展奠定了基础。当今社会，由于双职工父母的存在，扩大家庭是普遍现象，一家三代共同生活并不鲜见，这就为幼儿获得持续性的经验提供了良好的机会。

教师可引导幼儿思考祖父母、父母和自己之间的相似性和差异性，感受生命延续的神奇。教师也可以邀请祖父母到教室中为幼儿讲述过去的故事，唱传统歌谣，制作传统食品或物品。幼儿跟老人的接触既有助于帮助幼儿正确认识人的成长与老去，感受与老人互相陪伴的温情脉脉，也使老人享受天伦之乐。

教师要格外注意在幼儿教育问题上祖辈与父辈的矛盾与冲突，这将给幼儿带来困惑与不适。教师可有针对性地为两代父母开展相关讲座，促进两代父母的沟通与合作。

理论应用于实际　　**从过去到现在**

主题：

人们过去有什么家庭活动项目？我们的父亲和祖父母有同样的家庭项目吗？

探索问题：

人们在过去怎样熨衣服？

（1）他们有熨斗吗？熨斗看起来像什么？他们还使用其他的工具吗？这些工具是用什么制成的？熨一件衣服需要多长时间？我们可以不用熨斗熨衣服吗？如果可以不用，那么怎样熨？

人们在过去怎样洗衣服？

（1）人们过去洗衣服吗？怎样洗衣服？早期的洗衣机像我们现在的吗？所有的家庭都有洗衣机吗？过去的洗衣机看起来像什么？

（2）有哪些不同的地方可以洗衣服？古时候衣服要在哪里洗？自助洗衣店是什么？它们怎样洗衣服？

（三）庆祝节日

庆祝节日不仅可以引导幼儿感受大自然与生命的节律，还可以引导幼儿感受文化的传承与发展。如在华德福教育体系中，庆祝节日就被看作课程的一部分。传统节日代表了古人的工作和生活节奏，人们庆祝传统节日在某种意义上也突显出时间的神秘性，并且人们庆祝传统节日的方式深深地打上了文化的烙印。

春季的清明节、夏季的端午节、秋季的中秋节、冬季的春节无一不体现着大自然与生命的节律，无一不承载着中国传统文化的精神。对于幼儿来说，庆祝节日是将自身生活与大自然、文化传承进行联结的有效方式。需要注意的是，幼儿园的节日庆祝往往容易流于形式，在热闹喧嚣的各色活动过后，只剩下身心俱疲的幼儿。因此，教师应当从幼儿的已有经验和兴趣出发，选择适合幼儿的节日庆祝方式，让幼儿在节日的活动和氛围中体会节日背后的意义。

理论应用于实际　　**了解不同节日背后的故事**

教师在每学期出现的节日中选取幼儿较感兴趣的节日。

给幼儿讲一讲节日的来源、节日中的英雄人物、节日背后的故事。

请幼儿自己动手画一画，自编故事书。

开小故事会，请幼儿讲一讲自己知道的节日小故事。

第二节　多元文化教育

随着全球化进程的推进，世界的联系日趋加强，不同文化之间的交流也越来越频繁。人们越来越频繁地接触到异文化，感受到文化之间的矛盾、冲突与融合。文化的多元化逐渐成为当今世界发展的主要特点。多元文化主义的核心在于，每一种文化都是值得尊重的①。正如文化相对论代表人物赫斯科维茨所言，每一种文化都有其独特的内涵和审美价值，都是为自己的群体服务的，不同文化之间应相互尊重，要强调多种而不是一种生活方式的价值②。面对相异于自己的文化，人们看到的更多是缺陷，并多采取批判、排斥、反对甚至打压的态度。每一种文化都不是完美的文化，每一种文化都为它的群体提供安身立命的价值体系、归属感与家园感。因此，各个国家、各个民族的文化都应该得到尊重与理解。在多元文化主义受到世界各国认同后，多元文化教育也在各国兴起。

倡导多元文化教育的学者班克斯（J. A. Banks）提出，多元文化教育的目标主要有以下几个方面：培养学生所需的知识、态度和技能，使他们能够参与民主自由的社会；帮助学生获得跨越族群文化界限所需要的能力，使他们能够参与其他文化团体的活动；能够使来自不同人种、民族、社会集团的学生都能享受教育平等和学术均等，提高所有学生的成绩③。

我国学者徐秋霞认为，幼儿园多元文化教育的核心价值体现在以下四个方面：对人的尊严和权利的尊重、对世界团体的责任以及开阔的国际视野、接受和欣赏文化差异、提供多种不同视角思考等④。多元文化教育旨在培养幼儿以平等开放的态度了解多元文化，形成尊重文化多样性的理念，不把自己的文化当作理所当然的唯一正确的文化，学会从不同的视角思考问题，从而更深入地理解本土文化，形成对于本土文化的认同感与归属感，在尊重、欣赏他文化的基础上掌握跨文化交流的能力。

中国是一个统一的多民族国家，对于中国的文化结构，费孝通先生曾将其总结为“多元一体，和而不同”，多元民族文化是中国人的认同源泉和中国的立国之本⑤。中国是一个多元文化的国家，拥有不同的文化群体，有着丰富多彩的文化类型。多元文化教育应该在幼儿期便开展，这样，可以为个体学习本国文化，理解和尊重其他国家和民族文化奠定基础。《幼儿园教育指导纲要（试行）》也提出：“充分利用社会资源，引导幼儿实际感受祖国文化的丰富与优秀，感受家乡的变化和发展，激发幼儿爱家乡、爱祖国的情感。适当

---

① 李丽红．多元文化主义．杭州：浙江大学出版社，2011：12.

② 冯增俊．教育人类学．南京：江苏教育出版社，2001：238.

③ BANKS J A. Multicultural education transformative knowledge & action historical and contemporary perspective. NY：Teachers College Press of Columbia University，1996.

④ 徐秋霞．浅谈幼儿园的多元文化教育．课程教材教学研究（幼教研究），2007（1）.

⑤ 张海洋．中国的多元文化与中国人的认同．北京：民族出版社，2006：2.

向幼儿介绍我国各民族和世界其他国家、民族的文化，使其感知人类文化的多样性和差异性，培养理解、尊重、平等的态度。”

一、教师要引导幼儿尊重与欣赏多元文化

引导幼儿尊重与欣赏多元文化，首先要从教师做起。要将这种对于多元文化的认同、理解与欣赏转化到教育实践中去。班克斯写道：“教师也是人，他们将自身的文化视野、价值观、期望和梦想带到教室。他们也带来自己的偏见、成见和错觉。教师的价值观和视角与他们所教的内容相调解并相互作用，影响学生信息交流和思考的方式。当学生学习欧洲人的美洲探险史时，一个相信克里斯托弗·哥伦布（Cristoforo Colombo）‘发现’美洲的教师与另一个相信哥伦布来到美洲时美洲正处于丰富、多元文化时期的教师将向学生传递不同的信息。”①

上文中所提及的文化视野、价值观、期望和梦想，以及社会经济地位等被佩吉·麦金托什（Peggy McIntosh）称为“文化背包”。包括教师在内的每一个人都有一个文化背包，因为每个人都生长在某个文化群体或几个群体的结合体中。教师首先要做的是重新检视自己的文化背包中有哪些东西，以及这些东西对其自己看待问题产生了哪些影响。教师可思考以下问题：

（1）我属于哪个民族？我的民族文化对于我的价值观与行为方式会产生什么影响？

（2）我属于哪个社会阶层？我的社会经济地位是怎样的？我的家庭背景是怎样的？我的社会文化背景对我看待孩子、看待教育会产生哪些可能的影响？

（3）我所表达的观点是否充满偏见？我是否可以将自己的信念先搁置一旁，认真地思考他人的想法？

教师也可以反省自己对其他国家、其他民族的态度与价值观。在教授幼儿其他国家的相关知识与文化之前，反问自己是否真正了解该国家或该民族，是否喜欢该国家或该民族。教师可以尝试问问自己：

（1）我有无去过该国家或该民族？如果有，那么我的体验是怎样的？

（2）我有无看过该国家或该民族的相关文献？这些文献的可靠性如何？

（3）我有无看过该国家或该民族的电影或者艺术作品？我对其文化了解吗？

（4）我对该国家的政治制度、经济制度、文化形态了解吗？我的相关知识是否是最新的？

（5）我对该国家或该民族的了解有多少？了解是深入的还是仅仅流于表面？

教师要对自身所携带的文化背包保持敏感和反思的态度，对他国或他族文化秉承尊重与开放的态度，同时不断拓宽自身的视野，不断加深对他国或他族文化的了解。

二、了解幼儿如何理解其他文化

在检视自己的态度与价值观后，教师需要了解幼儿是如何理解其他文化与其他人的。众

① 帕克. 美国小学社会与公民教育. 南京：江苏教育出版社，2006：34.

所周知，幼儿喜欢亲近熟悉的人。当面对不熟悉或有差异的人和事物时，幼儿更多地表现出诧异、害怕，而非平和与安静。2 岁半的幼儿当面对身体与自己有所不同的人时，便会感到不安，这是一种类似偏见的表现。幼儿处于自我中心的思考模式，他们只能以自身的视角看世界，因此，在心理上，他们对种族或民族上的差异会产生害怕而非欣赏①。

幼儿对不同于自己的族群具有特殊的敏感性，有研究发现，在美国，幼儿似乎有全国性的共同倾向，即使是 6 岁的幼儿，也会自发性地发现那些与自己极为相似的族群看起来还是与自己有所不同②。

也有人认为，幼儿早期对他人所产生的负面想法，大部分源自家庭或者受到文化的影响。参照群体理论能很好地解释这一现象。参照群体理论认为，个体的社会心理、态度和行为受到其从属或追求的群体的影响。家庭是幼儿的首属群体，家庭成员尤其是父母对他人或者异文化的态度直接影响幼儿的态度。作为次属群体的幼儿园、社区等环境中的成员的态度也会对幼儿产生影响。因此，教师除了要检视自身是否有文化偏见外，还要促进父母对多元文化的理解。

对于父母而言，在有条件的情况下，在幼儿还未形成对于其他族群的固定认知之前，带幼儿到不同国家、不同民族地区游览与生活，不失为一个培养幼儿多元文化观念以及跨文化适应能力的好途径。在与不同人群相处的过程中，幼儿能够快速形成对不同人群、不同文化的理解与接纳。

三、在课程中渗透多元文化教育

为了能够让幼儿以彼此尊重的心态欣赏和接受不同文化之间的相似性与差异性，幼儿教育工作者应该尽量确保课程能够反映多元文化的要求。“好的课程不仅要寻找族群间的文化差异，而且不能陷入单一的文化视野，课程应描绘多种文化经验，让每一个小孩都有机会去接触感受。”③ 因此，幼儿教育课程不仅要反映主流文化意识形态，也要渗透地方、民族乃至世界各国文化特色，更要考虑农村文化、不同社会阶层的文化。

那么，如何选择多元文化教育内容？首先，教师应当充分了解不同年龄段幼儿、本班幼儿对于多元文化的已有经验，了解幼儿有待发展的多元文化核心经验。目前，我国关于幼儿多元文化体验的相关理论研究有所欠缺，因此需要教师从观察本班幼儿的经验入手。其次，教师所选择的多元文化教育内容应当生根于幼儿的已有经验，以幼儿可观察、触摸、感受、操作的方式呈现。如教师可借助饮食、服装、建筑、游戏、绘本故事、艺术作品等多种途径和形式引导幼儿感受中国文化的博大精深，体会不同国家、不同民族文化的魅力。以饮食文化为例，在全球化的今天，特别是在城市地区，本国各地美食乃至异国饮食已经走入寻常百姓家，成为人们日常生活的一部分。教师可根据不同年龄段幼儿的认知特点，围绕饮食习惯、食物种类、食物制作、餐桌礼仪等方面开展不同的活动。无论是中餐、西餐还是日料，无论是各大菜系还是地方特色小吃，都有其特

①② SEEFELDT C，CASTLE S. 幼儿社会教材教法. 台北：华腾文化股份有限公司，2010.

③ 陈美如. 多元文化课程的理念与实践. 台北：台北师大书苑，2000：149.

殊的文化。教师可结合节日活动或其他主题活动向幼儿展示不同种类食物的制作方法、历史渊源与就餐习惯，让幼儿感受不同的饮食及其背后的文化信念，让幼儿认识到不同的饮食文化是一种自然的存在，每个人对饮食都有自己特殊的选择和偏好，这一特殊的选择和偏好既是个人主动选择的结果，也是社会文化塑造的结果。虽然这一点对于学前阶段的幼儿来说比较难理解，但仍应当引导幼儿认识到不同文化背景中的个体有着不同的饮食习惯，并应当尊重他人的饮食习惯。最后，在选择多元文化教育内容时，教师要时刻保持警惕，避免文化的刻板印象与文化偏见。如在展现少数民族文化时不要选择单一、呆板的特点，而应该呈现地域文化的多面性，使幼儿从多个侧面了解某一民族的文化特点。多元文化教育内容不仅要呈现城市的文化，也要呈现农村地区的文化，在描述人群时注意民族、阶层、性别的多样性。如在讲述英雄故事时，英雄既可以是汉族，也可以是少数民族；既可以出身上层社会，也可以出身底层；既可以是男性，也可以是女性。

四、创设多元文化环境

环境是隐性的课程。通过创设多元文化环境，有助于培养幼儿的多元文化意识与视野。幼儿园在墙面设计时可以考虑引入多元文化要素，如世界地图、世界各国的时钟、不同国家和民族的艺术作品等。教室的环境创设中也可融入多元文化要素，如：可将其他国家的报纸、杂志放在语言区，让幼儿看到不同国家的纸媒，感受不同的语言与符号；可将不同国家、民族风格的服饰、头饰等材料投放到表演区，将东西方的不同乐器放入音乐区；可根据幼儿年龄特点及活动主题将当地特色的艺术品、其他国家（地区）的作品或相关图片放入区角；在假期结束归来后，可请幼儿将自己走访过的国家（地区）的照片贴在教室相应的墙面上，展示不同的自然风光与风土人情。通过多元文化课程，幼儿可以在潜移默化中感知不同文化的特点与魅力，保有对于异文化的好奇与尊重之心。

活动案例二

世界那么大，我要去看看

活动目标：

幼儿初步了解世界地图；认识中国是世界的一部分，体验地理位置的不同带来的多元文化。

活动准备：

世界地图、地球仪、在七大洲生活的人种及其典型服饰的图片。

活动建议：

（1）引导幼儿认识世界七大洲的地理分布以及每个洲生活的人种、相应的典型服饰，并指出中国所在的位置。

（2）随机指出一个洲的地理位置，请幼儿找出相应的人种及其典型服饰。

（3）多次做合作连一连的配对游戏。

(4) 将这些材料放在区角让幼儿随时自主游戏，并且让其成为环境布置的一部分。

五、利用节日活动开展多元文化教育

民族节日是民族文化的载体，能够集中体现不同民族、不同文化的内涵与精神。大多数节日活动的形式生动活泼，与幼儿爱玩的天性相契合，这也是幼儿喜欢过节的原因之一。因此，通过开展不同国家、不同文化的节日活动来增进幼儿对于不同文化的认识与了解是一个有效的途径。幼儿从小接受不同的节日文化，对开阔幼儿视野、形成尊重不同文化的开放心态至关重要。

教师可根据幼儿的兴趣与经验水平，以时间为线索，开展丰富多彩的节日活动。充分挖掘中国传统节日（如春节、清明节、端午节、中秋节、重阳节等）的文化内涵，以幼儿喜欢的方式开展节日活动，既可以是主题活动、亲子活动，也可以是区角游戏。需要注意的是，中国的传统节日由于受到成人本位文化的影响，大多从成人视角出发，强调尊老尚古的价值取向，如清明节强调祭祖、怀念先人，端午节怀念民族英雄，中秋节强调家庭团圆，重阳节强调尊重老人，等等。因此，如何挖掘出适合幼儿发展的教育内容与活动内容是教师需要思考的问题。

第三节　价值观教育

自出生伊始，个体就开始学习什么是是非对错，学习如何成为一个合格的社会成员，并持续一生。当前我们的社会教育虽然强调幼儿社会性的发展与教育，却忽视了幼儿对于社会的理解与认识，并鲜少谈及价值观教育。事实上，任何教育都包含价值引导，没有哪个国家的教育没有价值引导。尽管当前的价值观教育主要集中于中小学和大学教育阶段，但这并不意味着幼儿阶段不需要价值观教育。究其原因，很多人认为价值观教育太过抽象、深奥，不适合在幼儿阶段开展。恰恰相反，幼儿阶段是个体价值观形成的重要时期。幼儿教育的价值观引导不可缺位①。价值观教育并非单纯地灌输概念，而是在幼儿的日常生活中发掘教育契机，以幼儿可以接受的方式进行渗透与教育，引导幼儿形成特定取向的思考方式与生活方式。

每一个社会都有价值观，它们与文化密切相连，并通过人们在社会群体中的交往与参与进行传播。随着社会的转型与迅速发展，社会文化日趋多元，人们的价值观也日趋多样化，21 世纪的幼儿将面临更多的社会、道德、伦理难题。培育幼儿的核心价值观，让幼儿学习以积极有效的方式应对越来越复杂的价值难题是幼儿教师不应回避的责任。特别是在当前我国全社会培育和践行社会主义核心价值观的时代背景下，幼儿教师应当思考如何

① 李季湄. 做有使命感的教师，办不负时代的高质量幼儿教育. 2018－06－12. http://www.sohu.com/a/235209954_164221.

在幼儿阶段进行价值观教育，幼儿价值观教育的内容包括哪些方面，以及以何种方式开展适合幼儿发展的价值观教育，才能发展与培育幼儿对于社会的理解力和参与能力。

联合国《儿童权利公约》详细阐述了教育儿童的目标，其中三条涉及价值观教育：

培养对人权和基本自由以及《联合国宪章》所载各项原则的尊重；

培养对儿童的父母、儿童自身的文化认同、语言和价值观，儿童所居住国家的民族价值观，其原籍国以及不同于其本国的文明的尊重；

培养儿童本着各国人民、族裔、民族和宗教群体以及原为土著居民的人之间谅解、和平、宽容、男女平等和友好的精神，在自由社会过有责任感的生活。①

对于人权、基本自由的尊重，对于自身文化认同、民族价值观、其他文明的尊重，以及在自由社会里过有责任感的生活，以上种种教育目标的实现无一不需要从幼儿阶段即开始发展。本节将讨论如何对幼儿开展价值观教育。

一、幼儿价值观教育的目的与内容

幼儿价值观教育的根本目的在于引导幼儿接受人类的普遍价值观及本民族核心价值观的熏陶，使幼儿形成积极、正面的价值观，更好地促进幼儿在社会、情感、认知和精神方面的发展，为幼儿成长为一个具有独立精神的个体及合格的公民打下基础。

当前，世界各国均重视价值观教育。联合国教科文组织于 2000 年发布《达喀尔行动纲领》，该行动纲领认为幼儿价值观教育应围绕以下几个主题：尊重自己和他人，培养幼儿合作和解决冲突的能力；欣赏多样性、树立全球意识和进行多种文化教育；切实执行《儿童权利公约》，把它视为实现幼儿潜能必不可少的一套价值观念；注意文化暴力的影响，热爱并尊重大自然；通过多种活动激发幼儿的想象力；制定包含多种文化的计划，帮助幼儿消除语言和文化的经验隔阂。可以看出，联合国教科文组织重视幼儿从普遍的价值观来看待世界，包括尊重自己及他人、热爱自然及本土文化、尊重多元文化等方面。

美国要求幼儿学习的基本的民主与社会价值观主要有以下几个方面：自由，爱国，公正，忠诚，友好，诚实，同情，宽容，平等与机会，尊重生命、自然、他人，表达、选择、信仰的自由，私有财产的拥有权，拥有不同想法的权利，参与权，过幸福生活的权利②。澳大利亚学校价值观教育以《21 世纪澳大利亚学校教育的国家目标》（*Australia's National Goals for Schooling in the 21 Century*）为中心，形成了九大价值观教育内容：关心与同情、做到最好、公平与公正、自由、诚实与可信、正直、尊重、责任、理解与宽容。

我们可以看到，不同国家既有其特殊的价值观导向，也有大家普遍认同的价值观。幼儿价值观教育，事实上应当包括两个方面：其一为体现普遍的价值观的内容，如自由、友

---

① https://www.un.org/zh/documents/treaty/files/A-RES-44-25.shtml.

② DE MELENDEZ W R, BECK V, FLETCHER M. Teaching social studies in early education. NY: Thomson Learning, 2000: 179.

好、同情、公平与公正、尊重、诚实等；其二为体现本国及本民族核心价值观的内容，如中国的社会主义核心价值观，体现了我们特殊的民族精神与民族文化。

当前我国积极倡导培育和践行社会主义核心价值观。党的十八大提出的"倡导富强、民主、文明、和谐，倡导自由、平等、公正、法治，倡导爱国、敬业、诚信、友善"社会主义核心价值观体现了我国在新时代背景下对于价值观培育的新要求。对于处于学前期的幼儿来说，如果脱离了幼儿的生活经验与发展水平，那么这些抽象的概念与词语是没有生命力的，是没有办法在幼儿心中生根发芽的。因此，如何将社会主义核心价值观教育融入幼儿的生活与学习中，是对教师的挑战。

我们提出价值观教育并非要增加新的教育内容，而是在现有的教育实践中充分挖掘价值观教育的契机，提升对幼儿进行价值观教育的意识。《3～6岁儿童学习与发展指南》中关于社会领域的学习目标虽然没有明确提及价值观教育，但也体现了价值观教育的部分内容。如与同伴友好相处，具有自尊、自信、自主的表现，关心、尊重他人，诚实守信，积极参与集体活动，萌发集体意识，爱家乡、爱祖国等等，这些均为幼儿价值观教育的内容。但仅仅有这些还不够，以上教育目标是从促进幼儿个体的社会性发展及社会适应能力的角度出发的，而我们应当从对幼儿进行价值引导、精神培育的高度来重新思考幼儿社会教育的定位。

除此之外，教幼儿学会做出选择，学会做出负责任的、明智的决定，初步理解公平与公正的含义，初步建立对于个人及集体的责任感，理解言论与情感表达的自由等方面也是幼儿价值观教育可以考虑的内容。

二、幼儿价值观教育的方法与途径

进入幼儿园的每一位幼儿本身已经拥有了在日常生活中形成的自身价值观，教师的作用即帮助幼儿理解、澄清、改善、加强自身的价值观，促进幼儿价值观的发展。幼儿价值观的发展依赖多种因素，包括幼儿的认知水平、道德发展水平、社会情绪技能、个人生活经验与社会互动等方面。因此，传统的说教、灌输等教育方式对于促进幼儿价值观的发展并不适用，而促进幼儿认知水平与道德发展水平的发展，提升幼儿的社会情绪调控技能，为幼儿提供适宜的学习经验与互动环境，才是促进幼儿价值观发展的可行之路。

根据维果斯基（LevVygotsky）的观点，幼儿价值观的内化发生在与其他社会性发展水平更高的幼儿的互动过程中。在与别人的交往中，幼儿逐渐理解了别人的立场与看法，习得行为的限度，明了什么是可接受的、什么是不可接受的，特别是同伴的榜样作用在促进幼儿价值观内化的过程中起到重要作用。因此，教师可充分利用榜样在幼儿价值观发展中的作用。

理论应用于实际

本周小明星

在教室中，幼儿会自发地习得同伴的行为，而教师的鼓励和赞扬是幼儿保持某种行为的最大动力，因此，一面"小小明星墙"就应运而生了。

这是一面引导幼儿做出具体正确的行为、逐渐形成正确价值观的墙。

教师可抓拍幼儿帮助同伴、为班级做贡献、正确解决问题的情景照片，并在“一日谈话”活动中根据照片讲述发生的事情，请幼儿在讨论时说一说自己对事情的看法，并倾听别人的看法，向做出正确行为的同伴学习。

同时，与周围成人的互动同样重要。通过与周围成人特别是幼儿心中的权威人物（如教师）的互动，幼儿在模仿成人行为的同时，也在内化成人所拥有的价值观。教师不仅为幼儿提供行为的榜样，还促进幼儿价值观的内化。因此，教师要重新审视自身所持有的价值观，反思其是否与社会主义核心价值观相一致。

社会戏剧或角色扮演也是促进幼儿价值观学习的重要方式。在社会戏剧或角色扮演的过程中，幼儿需要重新加工他们对于社会现实、社会价值观的认识。除了幼儿自发的角色扮演外，教师也可提供符合幼儿经验的戏剧主题，让幼儿在社会戏剧活动中加深对社会价值观的认识。另外，教师也可根据幼儿日常生活中经常发生的价值难题进行情景模拟，帮助幼儿更好地体验与思考。同时，教师要灵活地根据角色扮演或社会戏剧内容给予幼儿反馈。

实践活动：童话剧创演

深受幼儿喜欢的童话故事中往往蕴含着各种社会价值观，这些价值观需要教师去挖掘，并引导幼儿体验和思考。

利用幼儿熟知的童话故事，开辟一处表演角，让幼儿表演童话故事。教师要将需要价值判断的点用创作的方式进行改编，引起幼儿的关注，并在表演与讨论中引发幼儿对相关价值观的思考。

例如，在《灰姑娘》的故事中，教师通过挖掘故事中的细节，引导幼儿做守时、衣着整洁、广交朋友的人。

价值观教育蕴含在幼儿一日生活中，既可以采取正式教育的形式，也可以采取非正式教育的形式。如前所述，价值观教育并非要增加新的教育内容，而是需要教师在观察幼儿日常经验的基础上把握教育契机，将价值引导渗透到日常教学当中。因为价值观教育的来源恰恰是幼儿偶然发生的事件、遭遇的困惑与日常经验。

星期四早上，乐乐在动植物区看水缸里的小金鱼。“不好了，你们快来看呀，这条小金鱼不动了，是不是死了呀？”其他小朋友听见乐乐的呼喊，立刻跑了过来。“真的一动不动，可能真的死了吧。”“怪不得我前几天觉得它游得比其他小金鱼慢。”“可是它为什么会死呢？”“可能东西不够吃吧。”……大家你一言我一语讨论得十分热烈，关于金鱼之死的话题引发了幼儿的浓厚兴趣。应该如何解决幼儿的疑惑？应如何激发幼儿的积极情感？能不能将它转变为新的活动主题，让幼儿自己去揭秘？教师认为这是个很好的探索契机。

观察案例：利用教育契机——“助人为乐”的皓皓

幼儿在教室里经常会发生这样或那样的事情，这些事情里有很多可利用的教育契机，教师通过这些事情可以帮助幼儿厘清事情的前因后果，引导幼儿思考解决方法，进行价值判断。

在自由游戏时，皓皓、遥遥和辰辰在玩积木，皓皓在搭建一座高楼，辰辰在搭建一个停车场，遥遥正在摆弄积木，思考应该搭建什么。

辰辰的积木不够用了，四处张望，并说：“我的积木不够了。”皓皓看遥遥也没搭建什么，就伸手把遥遥的积木抓了几块给了皓皓。遥遥委屈地向教师告状，但皓皓并没觉得自己做错了什么，还觉得自己帮助了好朋友。

讨论：

（1）发生了什么事情？

（2）你觉得皓皓错了吗？为什么？

（3）遇到这样的事情应该怎么办？

通过这样的讨论，幼儿能够学会倾听他人的想法，了解他人与自己的不同，并形成自己关于事件的正确判断。

关于价值观的正式教育，这里介绍两种普遍的方法，其一为价值澄清法，其二为两难故事法。

（一）价值澄清法

价值澄清法，源自美国的价值澄清理论，该理论由路易斯·拉思斯（Louis Raths）等人提出。价值澄清理论认为，个体价值观的形成不是灌输教育的结果，而是自身选择的产物。价值澄清教育的主要任务不是灌输和传授“某种确定的”价值观，而是帮助个体通过各种选择进行理智的思考，从而确立自己的价值观，澄清自己的价值行为。价值澄清理论认为，学会“如何获得价值观”比“获得什么样的价值观”更加重要。

根据价值澄清理论，价值澄清必须经历“三个阶段”“七个步骤”。其中第一阶段为选择阶段，包括自由地选择、从各种可能的选择中进行选择、对每一种可能的选择后果进行审慎思考后做出选择三个步骤。第二阶段为珍视阶段，包括珍爱并对选择感到满意、愿意向别人确认自己的选择两个步骤。第三阶段为行动阶段，包括根据选择行动、以某种生活方式不断重复两个步骤。拉思斯提出的三个阶段、七个步骤旨在鼓励教师在课堂教学中形成一种非权威的评判气氛，避免对学生进行机械的道德灌输，使学生通过自己的价值选择，最终形成自己的价值观，同时也帮助学生学会如何进行价值澄清。

价值澄清理论特别强调以生活为中心，要求人们把注意力集中在自己生活中的某些方面，而这些方面恰恰暗示着他们所珍视的东西①。对于学前幼儿来说，价值澄清法的运用一定要从幼儿已有的生活经验、关心的话题或者困扰出发，才能激发幼儿对于价值问题的兴趣与关怀。

① 刘燕．价值澄清理论述评．哈尔滨学院学报，2005（4）．

相关研究者开发了很多种价值澄清的方法，对于学前幼儿来说，以下三种方法比较常用。

1. 价值应答法

价值应答法是指教师通过与幼儿交谈引起幼儿的思考，在相互交流中不知不觉地让幼儿进行内省与价值评价的一种方法，是价值澄清法中最基本、最灵活的方法。教师要尽量保持价值中立的立场，不要盲目把正确的价值观直接灌输给幼儿，对于幼儿的价值选择和判断不要轻易表示赞成或反对，而是鼓励幼儿在原有基础上进一步思考，提升幼儿自身对于价值选择的认识。

有效的澄清反应需要具备以下几个要素：避免批评、说教、评价幼儿的观点；是对幼儿个体进行澄清反应，而不是对幼儿群体进行整体的回应；鼓励幼儿仔细分析教师的回答与反应；使幼儿对自己的回答负责任；教师头脑中不应当有预先的固定答案；避免通过身体语言与语调向幼儿传达矛盾的观念；教师的澄清反应不能使得讨论扩大，关键是让幼儿进行独立思考，而不必试图向成人证明自己的思想是正当、合理的；教师最好在进行两三个回合的对话后便以合适的方式终止讨论，不要进行明确表态。

小贴士　价值应答法的提问

价值应答法有一些常用的提问方式：

当那事发生时，你是怎么想的？
还有其他的办法吗？
你能说得更清楚一点吗？
我怎样才能帮助你？
这件事对你很重要吗？为什么？
如果你这样做的话，会发生什么？

观察案例

山山、贝儿和可可正在玩水枪，开始大家拿着水枪往对方身上喷射，突然山山拿起水枪对着贝儿和可可的面部进行喷射，贝儿和可可躲着他，他就追着喷射，直到她们跑去找老师告状。老师听闻后把山山拉到一边，并没有训斥他，而是和他展开谈话：

“你能告诉我刚才发生了什么吗？”
“刚才我和贝儿、可可在玩水枪。”
“为什么贝儿和可可会不开心呢？”
“嗯，可能因为我拿水枪喷她们的脸吧！”
“水喷在脸上舒服吗？”
“不舒服，可这样好玩，她们就不能喷我了。”
“那如果有个小朋友一直追着你，用水枪喷你的脸，你会怎么想呢？”

“我肯定觉得他很讨厌!”

“那你觉得这个小朋友做得对吗?”

“不对!”

“为什么?”

“因为他弄得我不舒服、不开心，我不想再和他一起玩。”

“你现在就是那个小朋友，一直对着贝儿和可可的脸喷水，你觉得她们会有什么感受?”

“她们也会不开心，不想再和我一起玩。”

“嗯，玩水枪的时候不能喷小伙伴的脸，那你现在该做什么?”

“去向她们道歉。”

“好，那你能想到其他好玩的玩法吗?”

“能，我们可以……”

2. 价值表决法

价值表决法是指教师事先拟定一系列幼儿关心的价值问题，让全体幼儿一起来表达自己意见的一种方法。价值表决的目的在于给幼儿公开自己价值观的机会。

小贴士　可讨论的问题

我想扮演的角色被别的小朋友扮演了，怎么办?

别的小朋友正在玩我想玩的玩具，怎么办?

我正在搭建的积木不小心被碰倒了，怎么办?

我上课想回答问题，可是老师没有提问我怎么办?

我也想加入他们的游戏，可人数满了怎么办?

我不是故意的，别的小朋友误会我，怎么办?

3. 价值排队法

价值排队法是指让幼儿以三四种事物为对象，按自己认为重要的程度为它们排名次并说明理由的一种方法。这种方法可以为幼儿提供选择的机会，训练幼儿对价值进行分析、比较、筛选的能力，帮助幼儿进一步了解各种事物的价值，从而公开自己的选择①。

理论应用于实际

幼儿在一日活动中常会遇到需要进行价值判断的事情，例如：

● 哪一种情况你最不喜欢?

A. 没有玩具玩　　B. 没有同伴一起玩　　C. 把玩具抢过来但会被批评

① 张明红. 学前儿童社会教育. 上海：华东师范大学出版社，2007：6.

● 在选择阅读的图书时，你和别的小朋友同时拿到了一本书，你们都想看，谁也不想放手，这时你怎么办？

A. 把书夺过来　　B. 先看别的书　　C. 不再看书

● 放学时你想排在队伍的最前面，但是别的小朋友抢先一步排在了你的前面，这时候你该怎么办？

A. 排在别人的后面　　B. 不和同伴一起走　　C. 再排到别人的前面

● 下面三种事物你最喜欢哪一种？

A. 同伴　　B. 玩具　　C. 美食

（二）两难故事法

两难故事法来源于科尔伯格（Kohlberg）的道德发展阶段理论。为了促进幼儿道德推理能力的提升，科尔伯格向幼儿发出了适合其年龄阶段的道德两难问题，让幼儿进行判断。在幼儿就两难问题进行讨论和分析，特别是与比自己发展水平更高的幼儿一起讨论和分析时，幼儿的道德判断能力会得到提升。

两难故事的选择首先来源于幼儿的日常生活，特别是幼儿经常面临的价值选择的困境。因此，教师要善于捕捉幼儿日常生活中发生的相关事件。通过口头讲述两难故事，效果可能不尽如人意，教师可以以角色扮演的方式展现两难故事，引导全班幼儿进行讨论。教师也可借助木偶或者布娃娃来展开讨论。如教师可在班级中增加两位木偶成员，可以由幼儿自己为木偶成员取名字。两位木偶成员有自己的个性和特点，如其中一位比较调皮、霸道，另外一位比较喜欢哭鼻子，等等。将两位木偶成员之间发生的故事，以木偶剧的形式展示出来，引导幼儿站在两个木偶成员的角度去思考问题，促进幼儿价值判断的发展。

活动案例三

我该怎么办

活动目标：

通过木偶表演再现情景故事，引导幼儿思考道德两难问题，交流不同的看法。

活动内容：

你的好朋友不小心把别人拿来的玩具弄坏了，他让你替他保密，不然他就会被教师批评，但是另一个小朋友很伤心，自己最心爱的玩具被弄坏了，你该怎么办？

一位叔叔在路上遇到了一个受伤很严重的小朋友，便赶快把他送到医院救治。这位叔叔飞快地开车，闯了好几次红灯，终于把受伤的小朋友送到了医院救治，可是这位叔叔闯红灯确实违规了。如果你是交通警察，你该怎么办？

活动建议：

（1）在交流时，请幼儿各抒己见，教师不做对错的判断。

（2）请幼儿尽量说出做出选择的原因。

教师也可借助经典的绘本故事展开讨论，特别是当绘本故事中有价值冲突的情境时，可以让幼儿进行集体讨论。绘本故事中主人公所遭遇的困难处境能够激起幼儿的同情心，教师可引导幼儿就价值冲突问题进行讨论。在讨论时，教师可从以下几个问题入手：

（1）你能告诉我这个故事讲了什么吗?

（2）故事的主人公做了什么?

（3）你赞同他的做法吗？为什么?

（4）你认为故事中的主人公有什么感受?

（5）如果你是故事中的主人公，你会怎么做？为什么?

需要注意的是，两难故事中同样没有确定的最好答案，教师的任务就在于根据幼儿的回答，了解幼儿现有的价值判断发展水平，通过提问、讨论，为幼儿提供更高一级的思考方式，引发幼儿进一步反思自己现有的价值推断问题，从而对自己的价值判断做出更审慎的思考与认识。

二、价值观教育的方法与途径

教育作为有计划、有目的地培养人的活动，从来都不是价值无涉的，教育的一项重要目标和功能就是导向价值的认识、培育和提升①。因此，价值观教育贯穿教育活动的始终，而培育良好的、积极的、负责任的公民是价值教育追求的最重要的目的②。

正如杜威所讲，学校是雏形的社会，他希望幼儿在学校就已经经历了萌芽的社会，当儿童在这里遇到其他的文化、世界观、种族、政治和宗教时，他们能够看到当地和全球政治、文化和经济领域的影响，幼儿可以从这些经验和见解中受益匪浅③。

教育的目的是让孩子们为他人及社区发生的关系做好准备④。具体来说，包括培养孩子的主体意识、权利意识、责任意识，使得个体能够维护个人正当权利的同时，履行义务，关心他人、自己所在的社区和国家的福祉，并能以自己的方式积极进行社会参与。

公民教育从学龄前期就应当开始进行。尽管在竞争日益激烈的当下，大家主要关注孩子的学习成绩与社会交往技能，忽视了公民教育的重要性，然而，成为一个合格的公民是孩子成人的基础。教师本人应当审视自身是否是一名积极的社会公民，是否具备公民素养、关心社区及国家的福祉，并能积极贡献自己的力量。同时，从培养社会公民的角度重新思考自己日常的教育活动。

---

① 杨超. 当代西方价值教育思潮的复兴及其原因. 外国教育研究，2011（4）.

② 许丽艳. 价值教育旨在培育优秀公民：北京师范大学石中英教授谈“价值教育与公民形成”. 中小学管理，2012（2）.

③ GÜNEL E. The challenges of global citizenship for worldview education//The perspective of social sustainability. Journal of teacher education for sustainability，2015（2）：44-52.

④ 帕克. 美国小学社会与公民教育. 南京：江苏教育出版社，2006：61.

公民教育的实施要求教师为幼儿创造自由、尊重、民主、平等的氛围，让教室成为孩子自由生活的地方。让幼儿在教室中拥有选择的权利、表达的自由、交往的欲望、学习的热情。接下来我们将从三个方面讨论幼儿公民教育的内容与方法。

（一）培育孩子的公民意识

如前所述，培育孩子的公民意识包括培养孩子作为社会公民的主体意识、权利意识、责任意识。公民意识的培育要从幼儿的游戏与日常生活着手。孩子主体意识与权利意识的形成建立在自我认同的基础上，教师要充分尊重孩子的想法与选择，包括对孩子所有物的尊重，为孩子主体意识与权利意识的滋长建立保护性、支持性的空间。

当你指使一个三四岁的孩子去做某件他不愿意做的事情，他反问："你的事情我都没有替你决定，为什么你要决定我的事情？这不公平。"

跟其他小朋友玩耍，一个孩子被扣了"帽子"，别人说他是小气鬼，他平静地小声嘀咕："无论你说多少遍小气鬼，我都知道我不是。"

一个孩子独自一人用磁力片搭了一个冰激凌，别的小朋友说："冰激凌不是这样搭的！"她轻轻地回答："我的冰激凌就是这样的，每个人都有自己的想法。"①

以上案例中的孩子不仅具有积极的自我认同，也建立了基本的主体意识与权利意识。这些孩子出自一所坚持尊重儿童、珍视儿童的自由权利的幼儿园。给予孩子尊重的、支持性的空间，孩子才能形成自我认同与主体意识。

给学前幼儿办理身份证不失为一个帮助他们建立主体意识与权利意识的好方法。拥有属于自己的独一无二的身份证意味着孩子已经成为社会的成员，成为一名社会公民，这对于孩子来说意义重大。教师可以以"认识身份证"为主题开展一系列社会活动。与此相应地，带领幼儿到银行办理独立账户、去图书馆办理借书证等一系列活动可以帮助孩子更好地意识到自己的权利。通过一系列活动使幼儿意识到自己是所在社区的一员，同时也是社会的成员、国家的公民，应当承担起自己的责任与义务。

孩子责任意识的培养也应当在幼儿的日常生活中进行。如自己的事情自己做、爱护环境、为他人服务意识的培养应当渗透在一日生活的点滴环节中。同时还需要教师用心观察幼儿发生的具有教育意义的偶然事件，从中生发出责任意识的讨论。以幼儿午睡为例，有些孩子不愿意午睡是个人的行为与权利，但如果不午睡的孩子大声喧哗，影响了午睡的孩子，这就成为公共话题。教师可以和孩子一起讨论，我有不午睡的自由，但我没有大声喧哗的自由，因为这会侵犯他人的利益。如果我的利益不想被侵犯，那么，我也不应当侵犯其他人的利益。教师应当使孩子意识到公民不仅仅只愿意考虑自己的个人兴趣和个人事务，还须考虑公共利益。

培养幼儿的公民意识，教师还可以这样做：

➢ 培养幼儿的责任意识，开展"我是环保小卫士""我是低碳小达人""我是公园的小主人"等主题活动。

➢ 帮助幼儿树立团体意识。教师可通过开展"我们是一家人""大家一起来帮忙"

① 这所上海闹市的幼儿园，孩子每天开会，自己决定学什么. 外滩教育，2016-08-12. http://www.sohu.com/a/110191403_155881.

等团队合作和分享的综合活动，培养幼儿的合作和分享意识，帮助幼儿树立团队意识。

营造安全而自由的心理氛围。教师应该是幼儿的观察者、研究者和引导者，不应成为幼儿园的权威人物，同时也不能为幼儿树立用语言或者行动威胁他人的榜样，杜绝幼儿出现胁迫他人的语言和行为。

➢ 尊重幼儿发展的特殊性和独特性。教师可以通过语言和行动让幼儿感受到他们是有用的，是受到重视和尊重的个体。

（二）增进孩子的公民知识

幼儿阶段也可接触公民知识的学习，当然这并不是说让孩子死记硬背一些相关的概念与规则，而应当让孩子在游戏、活动等实践过程中学习相关的公民知识。《3～6 岁儿童学习与发展指南》也指出，应当培养幼儿的初步归属感，让幼儿认识国旗，知道国歌，知道自己是中国人，知道自己的民族，了解我国拥有不同的民族，了解我国的名胜古迹、重大历史成就等。学前阶段的幼儿应当了解的公民知识可包括两个方面：一是对于公平、正义、权威等概念的内涵有初步的理解，二是要让幼儿了解政府和国家的象征符号、基本责任，了解和喜爱国家领导人，知道国家的陆海空范围、知道国家的重大成就，学会识别各国国旗等。

即便是幼儿园阶段的孩子也有自己对于公平、正义的看法，尽管他们的看法还未发展成熟，但这不妨碍幼儿有对公平与正义的切身体会。如有的孩子坐的位置最靠近门口，每次都能第一个冲出教室，孩子们会觉得不公平。同样的行为得到教师不同的反馈，孩子也会觉得不公平。教师要善于观察幼儿每一个“愤愤不平”的瞬间，将这些瞬间记录下来，仔细分析孩子对于公平的理解及其发展水平。教师应在合适的时机和孩子们讨论公平问题，推进孩子对于公平的进一步理解。幼儿园的孩子处于科尔伯格道德发展阶段的“好孩子定向”阶段，因此，格外迷信来自教师、来自书本的权威。教师在教导孩子遵守必须遵守的规则的基础上，要培养孩子对规则、权威的质疑态度，明白并非所有的规则与权威都不可挑战。

观察案例

教室里的建构区内只能容纳四五个孩子，老师为了孩子们的安全考虑，和孩子们一起约定建构区内每次只能有 3 个孩子玩。有一天他们在玩旋转滚珠的游戏，3 个人试了很多次也没能把木架子搭好，轩轩在一旁看了很长时间也很想玩，但是规定的人数已经够了，他正在犹豫不决。当他看到小伙伴们怎么都搭建不成功时，鼓起了勇气帮其他 3 个小朋友一起搭建起了滚珠架。他们玩得很开心，在自由活动时间，他们怀着忐忑的心情一起到老师面前商量，能不能在建构区多加一个人玩。面对孩子们对规则的合理质疑，老师接受了孩子们的建议。

让幼儿了解政府和国家的象征符号是公民知识的重要组成部分。除了认识国旗，老师也可将不同面额的人民币（包括纸币和硬币）引入课堂，在整合经济教育的基础上，引导孩子观察人民币上的图案，分析该图案代表的符号意义。因为，人民币上的图案往往代表着国家的价值观。

（三）提升孩子的社会参与能力

对于学前幼儿来说，公民技能最核心的是社会参与能力。社会参与能力包括一系列能力，如协商、沟通、质疑、批判、倾听他人观点、做出决策、参与行动的能力等。

协商是一种公民实践，当孩子面临与其他孩子的冲突时，他们通过解释、倾听、质疑、批判、讨论、协商、妥协或者坚持来解决彼此的分歧时，他们在实践社会参与能力的同时，也在进行公民实践。

儿童会议是培养孩子协商、决策、提升孩子社会参与能力的有效途径。会议的议题可以由孩子提出，一般是涉及孩子利益或兴趣的争议问题。会议由教师和孩子共同参与。教师要相信孩子可以自由、自主地为关涉自身的问题做出选择与决断。也许远离成人的过多干涉，儿童就能够尽其所能地充分发挥自己的潜能。教师可以采取儿童会议的形式来解决幼儿之间的冲突与争端。

会议主题：要不要多买几个汪汪？①

议题背景：汪汪是童园的吉祥物，是一只毛绒小狗，每天点唱《汪汪歌》，最后点中的小朋友带汪汪回家。有一个小朋友提出来，为什么不多买几个汪汪，这样就不用等太久才能轮到自己。

参加会议人员：两位教师、19 名小朋友

会议过程如下：

赖老师：今天我们一起讨论昨天没说完的提议，你们觉得小 M 的提议怎么样呀？给童园多买几个汪汪，你是同意呢？还是有不同的看法？来，我们按顺序一个接一个地讲。

X：我觉得应该有很多很多的汪汪！

赖老师：为什么你觉得要很多很多的汪汪？

X：这样大家就不用等很久，每个人每天都能把汪汪带回家了！

Y：但是太多汪汪的话，幼儿园也放不下，到时候就乱套啦！

D：我也是这么想。

赖老师：D，你的看法是什么？

D：我不同意，因为这样每个小朋友的汪汪都一样，那弄混了怎么办呀？

Y：太多汪汪的话，大家会抢的！

D：我觉得大家都有汪汪了，天天都带回家了，时间久了就腻了！

（此时，有一个小朋友要求 D 坐下说，D 马上回答，我就想站着说嘛！）

Y：如果有很多汪汪的话，教室里会非常的乱。不仅会抢来抢去，而且每天都带汪汪回家会腻。

① 这所上海闸市的幼儿园，孩子每天开会，自己决定学什么. 外滩教育，2016-08-12. http://www.sohu.com/a/110191403_155881.

赖老师：嗯，有可能。

园长：我的想法和 Y 一样，大家只有一个汪汪，所以都会很珍惜他，因为他很珍贵；但多了汪汪会怎么样呢？会不会觉得不珍贵了呀！

孩子们：会……会……会！

园长：所以，我也不同意小 M 的提议。

赖老师：那小 M 你提出这样的想法，是不是因为童园的小朋友越来越多，要等汪汪等得太久？但我觉得 Y 说得挺对，如果每个人都有一个汪汪，都能带回家的话，就会腻。那可不可以中间……

此时赖老师的话被一个孩子打断：腻是什么呀？

Y（立马站起）：腻就是，比方说你每天吃一种东西，会不会吃到最后就不爱吃了，这就叫腻。

赖老师：嗯，所以我的意见是，综合这两者考虑，除了汪汪，我们可不可以再多买一个小玩具，不叫他汪汪，取另外一个名字，每天可以轮到两个小朋友。

孩子们：我同意……我也同意！

赖老师：那接下来开始投票的就不是小 M 的提议了，是我刚才的提议了，那同意再买一个宠物玩具的请举手。1、2、3……17，17 票！好，17 票同意，我再数一下。我们今天在场的总共有 19 个人，还有 2 个人没有举手。T，你的看法是什么？是不同意呢？还是？

T：你同意我们再买一个玩具作为童园的宠物吗？（小小 D 才 2 岁，T 给他解释，小小 D 还太小，没有给出应答。）

赖老师：根据投票结果，现在绝大多数人都同意这个提议，那我们就请园长下周给我们买一个新玩具好吗？

园长：好，那下周我会再给大家买一个新的毛绒宠物，然后我们再一起给他取个新名字。

会议主题是教师无法预知的，完全取决于当天孩子会提出什么样的问题，在会议时直接发起讨论。

通过儿童会议的形式，孩子意识到自己有表达自身意愿与观点的权利，别人也有同样的权利，解决问题冲突并非只有争抢与武力，协商、讨论是一种更有效的方式。同时在协商的过程中，孩子不仅能倾听、尊重别人的观点，也可以质疑与批判，在这个过程中孩子能感受到自己的观点对于他人的影响力，感受到自身在解决问题中所贡献的力量，从而真正培养孩子社会参与的能力。

在这个过程中，教师要注意培养幼儿做选择、做决定的意识和能力。教师可以试着在集体教学或者区角活动中不做过于严格的计划和预设，更多的是让幼儿进行自主选择和确定接下来的活动。除此之外，提升孩子的社会参与能力可以通过协商订立教室班规、参与班级选举、为班级管理服务、服务社区计划等多种方式进行。

孩子的生活经验是价值观教育和公民教育的基础，价值观教育和公民教育的主题和内容产生于孩子的生活经验中，这就需要教师善于观察孩子、理解孩子，把握教室中发生的教育时刻。

相关资源推荐

纪录片：

1.《中国史话》纪录片，从河姆渡社会、良渚社会讲到民国肇造。

2.《幼童》纪录片，讲述了中国历史上最早的官派学生远赴重洋，见证中国近代史变迁的故事，以及他们现今的生活。

3.《甲午》纪录片，以甲午战争为切入口，视野扩展至战争以外的政治、经济、外交、教育等领域，力图还原中日两国在近代化道路上的竞逐历程，从而对历史做出中肯思考。

4.《地球最壮观的景色》纪录片，锁定了地球上三个季节性变化最大的景观，展示了它们每年惊人和独特的转变过程。

5.《地球的力量》纪录片，重点描述了构成地球历史的几个重大事件，揭示了不同的、对地球演化起到关键影响的作用力，包括火山、海洋、大气层以及冰层。

6.《海洋》纪录片，一部以环保为主题，令人心旷神怡的生态学纪录片，海底世界动物们旺盛的生命力让人赞叹。

7.《微观小世界》纪录片，主人公是小昆虫和小动物，画面虚实结合。全片没有语言对白，留给幼儿无限遐想空间，让幼儿体验不同生命的精彩。

绘本：

1.《中国历史地图》

作者：洋洋兔；出版社：北京理工大学出版社；出版年份：2013 年

2.《中国国家博物馆儿童历史百科绘本》

作者：中国国家博物馆；出版社：人民邮电出版社；出版年份：2018 年

3.《我们的历史·地图上的上下五千年》

作者：洋洋兔；出版社：北京理工大学出版社；出版年份：2019 年

4.《老狼老狼几点了》

作者：露西·M. 乔治；出版社：电子工业出版社；出版年份：2018 年

5.《时间的奥秘》

作者：布鲁斯·科谢尔尼亚克；译者：李一慢；出版社：江苏凤凰少年儿童出版社；出版年份：2018 年

6.《出租时间的孩子》

作者：杨红樱；出版社：湖北少年儿童出版社；出版年份：2013 年

7.《金老爷买钟》

作者：佩特·哈群斯；译者：陈太阳；出版社：明天出版社；出版年份：2018 年

8.《时钟的书》

作者：松井纪子；出版社：北京科学技术出版社；出版年份：2012 年

9.《我的第一本地理启蒙书》

作者：郑俐强，段虹；出版社：新世界出版社；出版年份：2017 年

10.《你好，世界》

作者：安娜·菲斯克；出版社：广西科学技术出版社；出版年份：2016 年

11.《人类简史绘本版》

作者：著/贝特朗菲舒，绘/迪迪埃·巴利赛维克 ；出版社：中信出版集团；出版年份：2018 年

12.《儿童教养》

作者：峯村良子；出版社：中信出版社；出版年份：2017 年

13.《全景图说中国历史》

编者：星蔚时代；出版社：少年儿童出版社；出版年份：2019 年

14.《小威向前冲》

作者：尼古拉斯·艾伦；出版社：贵州人民出版社；出版年份：2008 年

15.《爷爷一定有办法》

作者：菲比·吉尔曼；译者：宋珮；出版社：明天出版社；出版年份：2008 年

16.《十个手指头和十个脚趾头》

作者：文/梅·福克斯，图/海伦·奥克森伯里；译者：余治莹；出版社：北京联合出版公司；出版年份：2012 年

本章参考文献

[1] BANKS J A. Multicultural education transformative knowledge & action historical and contemporary perspective. NY：Teachers College Press of Columbia University，1996.

[2] SEEFELDT C，CASTLE S. 幼儿社会教材教法. 台北：华腾文化股份有限公司，2010.

[3] CHARLESWORTH R，LIND K E. Math and science for young children. Albany，NY：Delmar，1999.

[4] 陈美如. 多元文化课程的理念与实践. 台北：台北师大书苑，2000.

[5] GüNEL E. The challenges of global citizenship for worldview education//The perspective of social sustainability. Journal of teacher education for sustainability，2015 (2).

[6] 冯建军. 多元公民身份与公民教育. 南京师大学报（社会科学版），2012（6）.

[7] 冯增俊. 教育人类学. 南京：江苏教育出版社，2001.

[8] 李季湄. 做有使命感的教师，办不负时代的高质量幼儿教育. 2018-06-12. http://www.sohu.com/a/235209954_164221.

[9] 李丽红. 多元文化主义. 杭州：浙江大学出版社，2011.

[10] 谢弗. 社会学与生活. 北京：世界图书出版公司，2009.

[11] 刘燕. 价值澄清理论述评. 哈尔滨学院学报，2005（4）.

[12] 帕克. 美国小学社会与公民教育. 南京：江苏教育出版社，2006.

[13] DE MELENDEZ W R，BECK V，FLETCHER M. Teaching social studies in

early education. NY：Thomson Learning，2000.

［14］徐秋霞．浅谈幼儿园的多元文化教育．课程教材教学研究（幼教研究），2007（1）．

［15］许丽艳．价值教育旨在培育优秀公民：北京师范大学石中英教授谈“价值教育与公民形成”．中小学管理，2012（2）．

［16］杨超．当代西方价值教育思潮的复兴及其原因．外国教育研究，2011（4）．

［17］张海洋．中国的多元文化与中国人的认同．北京：民族出版社，2006．

［18］张明红．学前儿童社会教育．上海：华东师范大学出版社，2007．

［19］这所上海闹市的幼儿园，孩子每天开会，自己决定学什么．外滩教育，2016-08-12．http://www.sohu.com/a/110191403_155881.

第七章

幼儿经济教育

春节将至，淘淘的心中欢快极了。一年中她最盼望的节日就是春节了，因为她马上就要收到好多好多的“压岁钱”啦！每次收到那些红包，淘淘都要开心好久。今年妈妈答应她，要留一点压岁钱给她，让她自己决定怎么花。淘淘开心得要飞起来了，她马上要变成“有钱人”啦！红包还没到手，淘淘就告诉妈妈，她已经计划好了。“变有钱”以后，她要去商店把她特别喜欢的那个粉色兔耳朵发夹买回来。哦，对了！还有玩具店的艾莎公主玩偶，也一定要买回来。淘淘还想去超市买冰激凌吃，她想用这笔钱干的事情可多了。可是当收到红包后，淘淘发现她的难题来了，妈妈留给她的钱并不多，但是她想做的事情却很多。爸爸看淘淘愁坏了，便和淘淘一起制作了一个清单，把淘淘想买的所有东西都列了出来，还标上了每样东西的价格。在爸爸的帮助下，淘淘终于决定买几件她最想买又能买得起的东西。爸爸妈妈看到淘淘的清单上还有一大串的东西想要买，就跟淘淘说，以后她可以通过做家务（如扫地、洗衣服、倒垃圾等）的方式“挣钱”，然后她就可以慢慢攒钱去买她想要的东西了。

第一节　幼儿经济概念的发展

有些教师和父母可能认为，让幼儿接触经济教育有点早，毕竟在大部分成人眼里，幼儿可能对钱并没有什么概念。实际上，在经济社会发达的当下，对幼儿进行早期经济教育是有必要且必需的。经济教育对幼儿有积极影响，它不仅能帮助幼儿初步了解消费、储蓄、投资等经济概念，还能帮助幼儿在经济知识和学习态度上得到大幅度提升。为了更好地协助幼儿探索经济领域的有趣现象，有必要梳理幼儿经济教育的内涵，探究幼儿经济概念的认知发展，并讨论幼儿经济教育的价值。

一、幼儿经济教育的内涵

（一）经济素养

经济学主要是研究人类经济活动规律，实现价值的创造、转换，以满足人的需要的社会科学。它涉及产品或服务的生产与分配，关乎对稀有资源的合理配置，涵盖需求、供给、生产、成本、效率、收入、货币、贸易等各种经济概念。在任何一个国家和社会，人们的生活都离不开经济活动，即使是未出生的胎儿也自然而然地与经济社会相连接，成为经济环境中的一部分。

经济素养是一种人们掌握相关经济知识，认识经济活动规律，形成相应的经济思维方式，参与经济活动，从而最大化地运用有限的资源来满足自身或社会需求的能力，这种能力已经成为一个国家合格公民生存与发展的基本能力之一。在人的社会化进程中，对经济活动的了解与把握成为其认知领域的重要方面，即使是没有受过专门的经济学教育或知晓相关经济规律的人，也会不知不觉地获得一些经济经验，但仅有这些稀薄经验并不能最大化地满足人类与社会发展的美好愿望，因而随着时代的发展，经济素养越来越为人们所看重。

幼儿经济素养是在幼儿身心发展的基础上，逐步获得关于商品、货币、收入等经济经验，并把自身的经验运用到具体情境中，从而做出判断和抉择的能力。在经济社会背景下，人们逐渐意识到公民的经济素养须从孩童时期便开始培养，越来越多的人相信，及早对幼儿进行经济方面的指导，会让其在从自然人成长为社会人的过程中受益终身。很多3岁的幼儿已经表现出对钱的普遍兴趣，他们希望像父母那样支配货币，4岁的幼儿会通过帮助父母做一些简单的家务来获得零花钱，5岁的幼儿已经意识到他（她）也许并不能同时拥有商店里所有他喜欢的玩具，可见幼儿已经表现出相应的经济素养。

（二）经济教育与幼儿经济教育

幼儿经济素养的获得关系到经济教育的实施，经济教育的价值日益为人们所认知，目前世界上许多国家已经形成了较为成熟的儿童经济素养教育体系，有些国家已然把经济教育作为一种日常化和早期化的模式纳入教育体系中。经济教育是以个体的身心发展特点与经济学的相关知识为载体，帮助个体获得正确的经济认知，形成经济思维，参与日常经济活动，做出合理的经济决策与判断，从而获得良好经济素养的一种教育。在我国，提及经济教育往往会让人觉得晦涩难懂，若是提及幼儿经济教育更会让人觉得天方夜谭。人们普遍对幼儿实施经济教育的可能性表示质疑，即便是看到了幼儿经济教育的价值的人们也可能狭隘地认为幼儿经济教育仅仅是关于“钱”的教育。

幼儿经济教育是依据幼儿已有的身心发展特点与生活中的经济经验，通过幼儿可探索与接受的方式帮助幼儿获得良好的经济素养，引导幼儿在面临具体经济情境时能做出初步判断与决策的教育。实际上，学龄前的幼儿每天都会体验经济的概念。他们知道必须用钱才能买到商店里的商品，幼儿已经会观察父母如何用金钱来交换商品了。虽然很多幼儿并不能在现实生活中获得用金钱交易商品的机会，但是他们会在区角活动或角色游戏中编创具有经济内容的剧本并体验成人的经济行为，如幼儿会在“美食城”活动中获得购物经验，在“小银行”活动里获得存钱、取钱体验，在“理发店”活动中通过付钱来获得剪头发的服务，等等。由此可见，幼儿经济教育并非仅仅是关于钱币的认知，还涉及商品、服务、实际情境中的抉择等各方面内容。

除了幼儿经济教育以外，现实生活中人们还经常提到幼儿理财教育（financial education）、幼儿经济教育（economic education）等。幼儿理财教育和幼儿经济教育混为一谈，其实这两种教育之间既有区别又有联系（见表 7-1）。

表 7-1　幼儿理财教育与幼儿经济教育的区别和联系

<table>
<tr><th colspan="2"></th><th>幼儿理财教育</th><th>幼儿经济教育</th></tr>
<tr><td rowspan="7">区别</td><td>概念</td><td>幼儿理财教育是指根据社会发展的要求及幼儿身心发展的特点，通过合理的方式让幼儿获得基本的理财知识，使幼儿了解金钱的本质、来源和用途，并培养其把理财知识应用到具体情境中的自信心和能力，让幼儿认识到自己做出的理财决策的重要性的教育</td><td>幼儿经济教育是依据幼儿已有的身心发展特点与生活中的经济经验，通过幼儿可探索与接受的方式帮助幼儿获得良好的经济素养，引导幼儿在面临具体经济情境时能做出初步判断与决策的教育</td></tr>
<tr><td rowspan="6">内容</td><td colspan="2">（1）从整体上说，二者的侧重点不同</td></tr>
<tr><td>侧重于与货币有关的金钱管理的知识，培养理财决策能力，侧重行为方面</td><td>侧重于商品、服务、决策等基本经济概念的认知，形成初步经济认知思维推理，侧重观念方面</td></tr>
<tr><td colspan="2">（2）从内容上说，幼儿经济教育范围广于幼儿理财教育范围</td></tr>
<tr><td>局限于与货币相关的内容，包括货币观念、货币的实际应用能力、对货币的管理和思考，如货币预算、消费、储蓄、投资等</td><td>涉及工作、货币、商品、服务、决策、资源的稀缺性等多方面的内容</td></tr>
<tr><td colspan="2">（3）从货币教育角度说，幼儿理财教育中的货币教育范畴要广于幼儿经济教育中的货币教育范畴</td></tr>
<tr><td>涉及对货币基本概念的理解、货币的运用能力以及行为管理</td><td>幼儿经济教育通常只涉及对货币基本概念的认知</td></tr>
<tr><td colspan="2">联系</td><td colspan="2">（1）都培养幼儿决策的能力
（2）都依赖于幼儿身心发展特点以及幼儿生活中关于货币的经验与认知</td></tr>
</table>

二、幼儿经济概念的认知发展

（一）皮亚杰理论框架下儿童经济概念的发展阶段

如表 7-2 所示，皮亚杰把儿童的思维发展划分为感知运算阶段（0～2 岁）、前运算阶段（2～7 岁）、具体运算阶段（7～11 岁）。11 岁之后，人便进入了形式运算阶段。早期学者关于儿童经济概念发展的研究大部分是在皮亚杰儿童认知发展的理论框架基础上进行的，他们的研究对象大都为 4～17 岁的儿童，他们主要采用皮亚杰式的访谈法探讨儿童对金钱的价值与运用、买卖行为、银行、储蓄、利润等基本经济概念的理解。学者都对儿童经济学知识的发展是否遵循皮亚杰的智力发展的普遍阶段感兴趣。大多数研究存在这样的假设，即儿童对经济概念的理解随着年龄的增长而不断深化，而一些研究结果也表明儿童经济概念的发展大都是从一些断断续续的观念开始的，如儿童会对日常生活中出现的买卖现象感兴趣，随着年龄的增长，他们慢慢地认识到商品生产过程的存在，并把生产、消费和销售进行联系，进而逐步建构起自身的经济学表征结构。

表 7-2　皮亚杰理论框架下 12 岁前儿童经济概念的发展

感知运算阶段（0～2 岁）	前运算阶段（2～7 岁）	具体运算阶段（7～11 岁）
● 儿童能注意到金钱的形状等外在形态特征 ● 儿童能感知到成人的买卖行为 ● 儿童还不能获得基本经济概念的认知	● 儿童能认识金钱的币值大小与功能 ● 儿童会在游戏中展现出多样的消费、购物行为 ● 儿童知道需要用钱才能获得商品	● 儿童了解金钱的价值并能够比较不同货币的币值大小 ● 儿童知道商品的生产需要许多人合作才能完成 ● 儿童对于超市中的雇主与雇员之间的关系也有所了解

在前运算阶段，不同年龄段的儿童展现出不同的特点。如：3～4 岁的儿童意识到金钱与其他物品的不同，但仍无法辨别币值大小；他们在父母的提示下知道买玩具要付钱这回事，但仍未形成生产的概念，缺乏独立购物经验。4～5 岁的儿童也还没办法认识所有的金钱币值，他们往往会根据钱币的面积来判断币值的大小，认为钱币的面积越大币值越高；他们已经知道去超市购物需要金钱，会在游戏中展现出购买、支付、上班赚钱的概念，但若让 4 岁半的儿童去超市购物，他可能以为只要拿钱就可以买到超市中的任何商品，而不能理解不同币值的金钱能购买不同的商品；当然，4 岁的儿童还没有发展出生产、制造等概念，他们认为所有的商品都是从商店或超市买来的，而不知道超市的商品是由生产商制造的。5～6 岁的儿童已经能认识大部分金钱币值以及金钱的功能，他们知晓不同币值的金钱可以买到不同的商品，理解父母通过工作赚钱，也开始知道超市老板可以从生产制造商那里得到商品，但他们仍不能了解生产与消费之间的关系。

（二）儿童经济概念认知发展的相关研究

从 20 世纪 50 年代至今，众多国内外学者对儿童经济概念的认知进行了大量的研究，内容涉及买卖中钱的概念、钱的来源、商店与工厂利润的来源，对收入的认识、对贫穷和富裕的解释和归因等。

斯特劳斯（Strauss）指出年幼的儿童会用编故事的方式来解释商品的来源，7 岁后，儿童才能开始理解商品是由部分人制造出来的①。安东尼（Bruno J. Anthony）对 5～7 岁的儿童的货币意识进行了研究，他们发现这一阶段的儿童对货币表现出极大的兴趣和相对理性的理解力②。贝尔蒂（Berti）和邦比（Bombi）在 20 世纪 80 年代对儿童关于工作、货币、商品和产品等概念的认识做了一系列的研究，内容包括人工作的原因、付钱的是

① STRAUSS A. The development and transformation of monetary meaning in the child. American sociological review，1952 (17).

② BERTI A E，BOMBI A S. The development of concept of money and it's value：a longitudinal study. Child development，1981 (52).

谁、钱的来源、获得工作的途径、银行的功能、商品的来源、生产与分配、货币在商品买卖中的价值、商品价格的区别、价格的形成等方面，他们将儿童关于经济概念的认知发展划分为四个阶段。第一个阶段为概念的前运算阶段（3～6 岁），处于这个阶段的儿童受认知经验的局限，普遍缺乏基本的经济学知识，他们认为只有商店的东西才能买卖，既不理解人们买东西付钱的原因，也没有相应的生产的概念。第二个阶段为概念的直觉水平阶段（6～7 岁），处于这个阶段的儿童能够区分不同货币的币值，开始识别各种可观察到的工作与职业，明白买卖中的付钱是出于交换的原因。第三个阶段为概念的具体运算阶段（7～10 岁），处于这个阶段的儿童对买卖和工作有了更深入的了解，他们理解商品的买卖活动与找零的含义，既能清楚地区分生产商和销售商，也能了解银行存取钱、贷款的概念，但当然，处于这个阶段的儿童不会认为银行的贷款来自人们的存款，他们认为这是两个单独的概念。第四个阶段为概念的形式运算阶段（11～14 岁），处于这个阶段的儿童明白商品价格包含材料、劳动力和利润的价值，清楚不同经济角色之间的关系，认为超市老板只有把商品卖出去才能更好地付给工人工资①。

我国学者也对儿童关于经济概念的认知做了相关研究。何平、林泳海、朱海青对 80 名3.5～7.5 岁儿童的钱币认知进行了研究，他们发现，学前阶段是儿童货币认知能力发展的关键期，儿童在辨认、比较、计算和兑换货币四个测试项目的得分率都随着年龄的增长而增长。研究提道：从小班到中班，儿童的计算能力和货币辨认能力发展较快，货币面值比较能力逐步提高，而货币兑换能力发展非常缓慢；从中班到大班，儿童货币兑换能力发展迅速，而其他各项货币认知能力发展趋于平缓；从大班到小学一年级，儿童货币兑换能力继续快速发展，货币面值比较能力的发展有所加快，而其余各项发展有所减缓②。学者毛尼娜研究了 3～6 岁幼儿对基本经济概念的认知能力，结果发现，在货币的认知上，小中大班的儿童在货币认知得分上有极其显著的差异；在货币的应用能力方面，当儿童在模拟商店的交易情境时，中班出现了一个飞跃，但是在从中班到大班的过渡中，没有发现较明显的进步；在商品买卖的情境中，小班儿童把买卖交易仅仅看作一种约定俗成的行为，而大班儿童则开始思考商品价格与所付钱款的匹配度③。

三、幼儿经济教育的价值

至今为止，仍有很多人认为对幼儿实施经济教育听起来匪夷所思，但实际上，从上述儿童关于经济概念的认知特点出发，3～6 岁的幼儿已经具备了接受经济教育的可能。无论我们承认与否，幼儿在其成长和社会化的过程中必然会浸染一定的经济素养，很多学龄前幼儿会通过简单的家务劳动获得零花钱，他们会用储存的零花钱购买自己喜欢的玩具。

① BERTI A E, BOMBI A S. The child's construction of economics. New York: Cambridge University Press, 1988.

② 何平，林泳海，朱海青. 早期儿童钱币认知的发展研究. 渝州大学学报（社会科学版），2002（3）.

③ 毛妮娜. 3～6 岁儿童对经济学知识理解的发展研究. 上海：华东师范大学，2007.

研究表明，幼儿获得的经济知识和经济行为表现都明显地受到其所接受的经济教育的影响①。在幼儿时期开展经济教育，能够有效地帮助幼儿顺利地面对生活中的简单经济学现象，提高经济判断与决策能力，为将来形成正确的消费观做准备。

视野拓展

发达国家实施幼儿经济教育的举措

从20世纪90年代开始，一些发达国家就率先对学前阶段幼儿实施经济教育举措。1995年，美国国家经济学教育委员会（NCEE）出版的《讲授基本经济学概念大纲：范围和顺序指导》（K-12）列举了从幼儿园到12年级儿童需要学习的经济概念，从而形成了从幼儿到12年级的学校经济教育体系，并建议幼儿园幼儿学习的经济学内容要以幼儿比较容易理解且在日常生活中经常接触到的基本概念和原理为主，内容涉及稀缺性、选择、商品、服务等基本经济概念②。苏格兰在1999年颁布的《苏格兰学习历程教育——立场的陈述》中申明要对5～18岁的儿童开设理财教育课程，并把理财教育作为其通识教育的组成部分③。在澳大利亚，包括学前教育机构在内的学校都把经济教育作为教学内容长效开展，政府还要求家庭、商家、市民合力对幼儿实施经济教育。

国内外学者关于早期幼儿经济教育的研究也取得了一定的成果，大部分经济教育是通过为幼儿提供经济学课程来实施的。早期学者罗宾森（Robinson）和库里尔斯基（Kouri1sky）认为，只要给幼儿提供一种发展适宜的经济学课程教学干预，即使是5～6岁的幼儿，也可以学会自己做经济上的决定，并掌握一些经济概念。库里尔斯基认为，如果能给不同年级水平和不同社会经济阶层的幼儿提供适宜的策略和材料，他们是有能力学习经济概念的，幼儿可以通过许多教育方法学习经济概念④。摩根曾以300名幼儿为被试，用“是”与“否”的问卷来测验幼儿参与名为“经济与我”的课程的有效性，结果表明，参与这门课程之后，幼儿在经济概念上的认知明显要好于参与课程前⑤。鲁斯（Roos）等人对南非4.5～6.5岁的幼儿进行了经济概念的研究，通过实施经济教育提高了幼儿对金钱、收入、花费和节约等经济概念的理解⑥。

目前，我国在幼儿经济教育方面缺乏纲领性的指导文件，还未形成初步的幼儿经济教育体系，部分学者对学龄前幼儿进行经济教育的必要性、可能性、意义、现状、潜在内容等方面进行了探究，如朱家雄在《幼儿园课程》中提到幼儿可以学习资源的供求、消费、

---

① SHERRADEN M S, et al. Financial capability in children: effects of participation in a school: based financial education and savings program. Journal of family and economic issues, 2011: 32 (3).

② 刘璐. 简析美国幼儿经济教育及其借鉴意义. 教育导刊（下半月），2011 (12).

③ Financial capability: framework. 2020 - 08 - 20. http://www.pfeg.org/Resource/Framework/default.asp.

④ KOURILSKY M. Children's learning of economics: the imperative and the hurdles. Theory into practice, 1987, 26 (3).

⑤ MARK C, SCHUG E A, HAGEDORN. The money savvy pig goes to the big city: testing the effectiveness of an economics curriculum for young children. The social studies, 2005.

⑥ ROOS V, et al. Money adventures: introducing economic concepts to preschool children in the South African context. Journal of economic psychology, 2005 (26).

职业等主题①。杨丽珠、吴文菊在其《幼儿社会性发展与教育》中提出幼儿社会教育的内容应包含商品、价格、货币、买卖等经济学知识②。但我国系统的幼儿经济学课程的实践仍较少，一些儿童经济项目和产品大多由金融机构和教育机构发起，学校并没有承担理财教育的责任，经济教育也并未纳入教育体系中。近年来，也有部分年轻学者尝试开展对幼儿实施经济学课程或理财课程的实证研究，如：刘璐曾在幼儿园开展经济教育的行动研究，设计具体的经济学活动框架与方案，探索幼儿经济学课程实施的有效方式；吴慧娴为5～6岁的幼儿设计、实施具体的理财教育活动方案，并对理财课程的有效性进行了评估。但这些年轻的学者也是在借鉴国外发达国家经济教育的基础上进行的课程设计与实践，并没有真正形成属于本土化的系统的幼儿经济学课程体系，因而我国系统的幼儿经济教育与经济学课程的构建仍有待于进一步研究与发展。

第二节　关键概念

在借鉴国内外经济学课程的基础上，结合学龄前幼儿的经济概念认知与生活中的经济经验，教师和父母可尝试从资源、商品、职业、理财这四个经济学领域的主要概念来帮助幼儿构建基本经济概念的认知，获得适宜而良好的经济活动体验。

一、资源与抉择

在任何国家、社会、家庭中，人们对资源的无限需求与资源总量有限之间的矛盾总是永恒存在的，而人总是希望获得更多的金钱、商品、服务，即便是幼儿也不例外，他们总是希望有更多的玩具、糖果以及各种想要的东西，虽然有时候这种想要的“欲望”超出了幼儿本身需求的范畴，因而有必要让幼儿获知资源的有限性并为他们学习做抉择提供良好的平台和机会。

1. 资源的匮乏

资源的匮乏即资源的稀缺性，它是指生产资源的有限性，即人们不能拥有自己想要的所有商品和服务，必须选择其中的一些而放弃其他。在一项关于幼儿经济教育的行动研究中，认为幼儿节俭意识较为薄弱的父母比例高达81%，认为幼儿有不合理要求的父母所占比达74.6%，66.7%的父母认为可以把对资源的有限性与需求的合理性的认识作为幼儿经济教育的内容③。

当幼儿总是一遍一遍地告诉妈妈“我还想再要一个玩具”时，教师和父母有必要帮助幼儿慢慢地了解“想要”与“需要”之间的不同，从而和幼儿共同探索资源匮乏的经济认知。教师和父母可以针对不同年龄幼儿的特点安排相应的活动。幼儿园中的教师可以以“愿望”为主题，开展主题教育活动，当然，主题名称、内容、难度可根据3～6岁幼儿的

① 朱家雄. 幼儿园课程. 上海：华东师范大学出版社，2003.

② 杨丽珠，吴文菊. 幼儿社会性发展与教育. 大连：辽宁师范大学出版社，2000.

③ 刘璐. 实施儿童经济教育的行动研究. 重庆：西南大学，2011.

具体年龄做适当调整：

（1）3～4 岁的幼儿。教师让这个年龄段的幼儿说出“最喜欢吃的巧克力”与“最想要的玩具”，并让幼儿讨论他们何时能得到巧克力与玩具，以及如果得不到，他们会怎样。

（2）4～5 岁的幼儿。教师可协助中班的幼儿一起做一棵“愿望树”，把自己想要的物品画下来挂在愿望树上，再与幼儿讨论愿望树上有哪些愿望是可以实现的，哪些是暂时没办法实现的。

（3）5～6 岁的幼儿。教师可引导大班的幼儿做一本属于自己的愿望小册子，列举“以前想要的”“现在想要的”“长大后想要的”，并让幼儿讨论以前想要的物品现在是否拥有了，以及长大后，他们是否能得到所有想要的物品。

3～6 岁的幼儿还处于前运算阶段，他们更加关注自己想要的物品，但针对中大班的幼儿，教师还可以利用班级和幼儿园中的合作契机来帮助幼儿获得资源匮乏的体验：

（1）教师可通过家委会与父母商议，让父母把家里的废旧物品带到教室，让幼儿协助教师对废旧物品进行分类，并利用废旧物品共同布置教室的区角环境。教师可与幼儿讨论废旧物品（如牛奶盒）“原来的功能”与“现在的用途”，让幼儿体会到“节约”的意识。

（2）教师可在新学期把班级的幼儿分成小组，让他们商议教室里需要添置和购买的物品，每组列物品清单。当然，幼儿园的幼儿可能会把自己想要的物品列进清单，所以教师有必要和幼儿一起讨论哪些是必需的物品、哪些是不需要的物品。

（3）教师还可安排大班的幼儿去幼儿园公共活动区域做一些有趣的调查，如“活动区还缺乏哪些供幼儿共同玩耍的物品？”“小班、中班的弟弟妹妹们更需要哪些玩具？”，尝试讨论“幼儿园能买到这些物品吗？”“哪些物品是买不到的？”

视野拓展

不同的资源类型

资源分为两种：实体资源与非实体资源。实体资源通常是幼儿看得见、摸得着的资源，它既包括幼儿生活中常见的资源，如幼儿在生活中缺少的玩具、特别喜欢的食物，也包括在更广泛范围内稀缺的资源，如水、土地、能源等。非实体资源通常是看不见、摸不着却相对抽象的存在，如时间、空间、文化、技术、人脉等 。对于幼儿园的幼儿而言，帮助小班的幼儿了解生活中实体资源的匮乏更加容易和可行，中到大班的幼儿可以拓展至更广泛范围的稀缺资源，大班的幼儿可涉及部分非实体资源的内容。

幼儿园中关于“资源匮乏”的学习活动可结合幼儿的家庭经验，不同家庭中关于衣食住行的基本需求本质上是全人类的普遍需求，这些可以帮助中大班的幼儿探索人类普遍需要的实体资源。教师可与父母协同进行以下活动：

（1）在父母的协助下，教师可与幼儿讨论“家里每天吃的菜有哪些”“每天什么时间用餐”“人为什么要吃食物”“哪些食物只有在特定的地方和场合才能吃到”，并且找出这些食物的共同点。

（2）引导幼儿观察自己的衣服、父母的衣服、小男孩与小女孩的衣服，思考不同家庭成员的衣服是否相同，不同季节的衣服是否一样，不同性别的幼儿的衣服是否相同，不同国家的幼儿的衣服是否相同，以及如果没有这些衣服，小朋友们会怎样。

（3）让幼儿观察家庭中的水和电，讨论："如果没有水、电，家里会变成什么样？"帮助幼儿制作简单的节约水和电的"提示"，如"随手关灯""用洗手液的时候关掉水龙头"等。教师还可让幼儿探索"当家里的玩具坏掉时，怎么办？""坏掉的玩具修理好可以再用吗？"等问题，帮助幼儿在活动中掌握节约的概念。

（4）让幼儿列举一些自己和父母想要的物品，比如更大的房子、更好的车、可爱的小狗、漂亮的贴纸等，之后教师可与幼儿讨论不同家庭中"共同需要的物品"以及众多家庭中"物品的不同"。

活动案例一

保护我们的"地球妈妈"

活动准备：

准备体现不同的自然资源及其利用的图片（如农民种庄稼图片、引水大坝图片等）、资源匮乏地区的图片、有关"欲望无穷"的故事。

活动目标：

了解物质资源的来之不易，学会节约；学会合理地控制物质欲望。

活动建议：

（1）将搜集到的图片贴在班级的不同区域，如：将水资源的图片贴在水龙头处，将种庄稼的图片贴在餐桌旁，让幼儿了解到不同资源的来之不易，呼吁珍惜和节约。

（2）针对不同的情况，给幼儿展示资源匮乏地区幼儿的生活状态，让幼儿体会到地球资源的有限性。

（3）让幼儿把他们所拥有的物品列出来，并列出他们想要拥有的物品，区分什么是"已经拥有的"，什么是"想要拥有的"。

（4）给幼儿讲一些关于"欲望无穷"带来不良后果的故事，如《灰姑娘》《白雪公主》《渔夫和金鱼的故事》等，让幼儿明白过分奢求无尽的欲望是不可取的。

让幼儿园的幼儿获得非实体资源稀缺的概念认知并不那么容易，因为非实体资源并不是肉眼能看见的具体的实实在在的东西，这就给教学活动的设计带来了困难，但教师仍然可以选择"时间""空间"等相对简单的非实体资源概念，通过具体的活动设计来尝试与大班的幼儿共同探索：

（1）教师可以在舒缓的音乐声中让幼儿闭上眼睛，感受一分钟有多长，也可以让幼儿做"一分钟的工作"，比如穿珠子、搭积木、看绘本、画画等，让幼儿感知一分钟的长度。

（2）教师可让大班的幼儿列举一天想做的事情（如起床、刷牙、吃早餐、看动画片、拍球等）并用自己的方式记录下来，教师可在第二天与幼儿讨论"一天可以完成的事情""不能完成的事情""为什么不能完成所有的事情"，让幼儿察觉到时间的有限。

（3）教师提前准备一个能容纳3人的大纸盒，让4～5个幼儿尝试站在大纸盒里，然后教师和幼儿探讨"为什么其他两个小朋友没办法站进纸盒""可以用什么办法让纸盒的空间变大"。

（4）让幼儿画下自己居住的房子，并讨论“房子里有几个房间”“房子里有几口人居住”“房间里有哪些家具”“如果再邀请 3 个朋友去房子里居住，房子里的房间是否足够”，帮助幼儿体验空间资源的有限。

小贴士

上述关于资源匮乏的活动要让幼儿感到有趣并全身心地参与并不容易，这就需要教师自己先了解资源匮乏的概念与内涵，在组织相应的教育活动时仍要考虑3～6 岁幼儿的年龄特点，有针对性地选择资源匮乏的相关内容，尽量采用图片、记录表等开放性的内容，协助幼儿获得关于资源匮乏的体验。

2. 练习做决定

在面对资源匮乏时，幼儿也会发现他们无法满足自己心里所有的“想要”，必要时他们要做出及时的选择，即在两个或更多可供选择的事物和行为中做出决定。然而，对于“幼儿世界”中的幼儿来讲，做选择有时候并不像成人那么容易，尤其是幼儿园的幼儿几乎没有太多机会为自己的生活做出选择，比如住什么样的房子、上什么样的幼儿园、去哪个商店购买物品等，因为在很多成人眼里，幼儿似乎还不具备做出成熟的选择的能力。但事实上，对于幼儿而言，在一个被信任的环境中练习做决定会让他们获得更多不一样的经济体验。

幼儿园要尽量为幼儿提供做决定的机会，并让幼儿体验做决定的结果。教师可与父母协作，在最少的限制与最大的自由情境中设计相应的活动，为幼儿练习做决定提供契机。教师和父母须怀抱“幼儿具备犯错的权利”的理念，这样，幼儿即使做出错误的决定，感到受挫，也不会觉得万分羞耻而停滞不前；相反，他们会用自己的方式消化这些错误的决定，并在下次做选择时做出相对明智的决定。

视野拓展

幼儿在理财课程中的决定

在一项关于幼儿园大班幼儿的理财课程实验中，实验者设计了一个“拍卖青蛙”的环节。实验者为幼儿呈现了唯一一个铁皮青蛙玩具，并告知班级中的所有幼儿可用竞拍的方式获得它。一个幼儿毅然决然地用自己手上的所有钱高价拍得了这件唯一的铁皮青蛙玩具，即使实验者提前告知其后果：“如果你用完了所有的钱，那么后面你将不会有钱买其他物品了。”但接下来，这个幼儿的行为让实验者们感到惊讶，他把自己拍卖来的铁皮青蛙玩具转租给班级中的其他幼儿，并获得租金，从而能保证他继续活动。因而，无论是父母还是教师，都要相信幼儿在经济素养方面潜藏着巨大的能力①。练习做决定是幼儿学习资源匮乏概念的必要能力，这种能力不仅能让幼儿在有限的范围内获得满足，也能培养幼儿的初步责任感与承担后果的能力。

---

① 吴慧娴. 大班幼儿理财教育及其有效性的实践研究. 上海：上海师范大学，2014.

虽然3～6岁幼儿的自我意识已经有了很大程度的发展，但教师在引导幼儿练习做决定之前，仍有必要引导他们对自我有个新的认识，让他们明白“自己的想法很重要”“自己有与别的小朋友不一样的地方”，从而学会欣赏自己的特质，这样他们也会明白自己做出的每个决定都是自己独特的一部分。为此，教师可以进行以下活动：

(1) 3～4岁的幼儿。可让幼儿讨论“我喜欢的”与“我不喜欢的”，如食物、颜色、衣服等都可以是讨论的对象。

(2) 4～5岁的幼儿。让幼儿制作“×××小档案”，可用涂鸦、贴纸、故事等形式表述关于“自己”的基本信息。当然在这个过程中，教师可提前为中班的幼儿搭建好相关的信息框架，如姓名、性别、年龄、照片、家中的人、喜欢的动画片人物、最爱的颜色、最喜欢去的地方等。教师还可与幼儿探讨比较“小朋友喜爱的东西有哪些不同”。

(3) 5～6岁的幼儿。通过父母与教师的协助，幼儿可以尝试制作《我的成长记录册》，搜集自己小时候和现在的照片，设计自己未来的形象，找出自己讨人喜欢的地方与自己可能不太好的方面，并让幼儿说出“我喜欢大人的……地方”“我讨厌大人的……行为”。

在帮助幼儿对自我有了新的认识后，教师便可与父母商议为幼儿做决定提供适当的情境和机会。为了让幼儿体验到资源匮乏的经济概念，可以进行以下活动：

(1) 在幼儿园的区角游戏时间，让幼儿自己选择想要玩的区角、材料，想要扮演的角色和想要从事的“工作”，甚至一周可以选择一天让幼儿自己决定要学习的内容。当举办班级活动时，中大班的幼儿还可以自己决定班级活动筹备所需的物品，在教师的协助下列出须准备的物品清单。

(2) 让幼儿自己决定每天带什么玩具到幼儿园，以及每日去幼儿园穿的衣服款式、颜色。当然，对于有选择困难的幼儿来说，父母可以提前准备2～3套衣服供幼儿选择，而不要把所有衣服都拿出来。

(3) 当幼儿去商店里时，让幼儿自己挑选1件心仪的玩具。对于大班的幼儿来说，还可以给他们一定数额的钱，比如10个一元硬币，让他们自己决定用这10个硬币购买什么玩具，并说出挑选这个玩具而不是其他玩具的原因。

(4) 如果幼儿获得了一笔零花钱，那么教师和父母可以让幼儿对零花钱做出相应的支配，比如是花掉还是存起来，又或是捐赠一部分。如果幼儿选择花掉所有的零花钱，那么父母也不用过多干涉，但需要让幼儿自己体会花掉所有零花钱的后果。

二、商品与服务

与资源匮乏联系密切的便是商品与服务的生产功能，经济社会中的人们一直从事着生产与消费，为了迎合幼儿“想要”的欲望，有必要帮助他们了解“自己想要的物品”的来源，感知身边无处不在的“服务”，并获得作为消费者的经济体验。

1. 生产与生产性服务

商品是人们可以触摸并能满足人们需要的实际物品，服务是能满足人们需要的各种活动。从某种程度上来说，无论是生产商品还是生产服务，都是为了迎合消费者的需求与欲望。相对于消费者而言，并不是每个人都可以被称为商品或服务的生产者。

帮助幼儿园的幼儿获得关于生产的经济概念非常不易，尤其是对3～5岁的小班、中班幼儿来说，他们可能并不会关注商品的来源，即使问他们棒棒糖或玩具是从哪里来的，他们也可能会用一段故事或自己的方式来解释，比如，小班的幼儿可能会认为这个棒棒糖是妈妈买来的，中班的幼儿可能会认为商店的玩具是从其他超市买来的，等等。但6岁左右的幼儿会开始探索商品的来源，也开始理解商品必须由某个（些）人制造出来，如当幼儿在肯德基吃冰激凌时，他们会看到冰激凌是由服务员现场制作出来的。因而，教师和父母可以通过幼儿园和家庭中的工作来协助大班的幼儿获得部分关于生产的体验。

教师可专门在幼儿园中为大班幼儿体验生产的概念做好准备，当然，让幼儿获得生产实际物品的经验相对比较容易，但让他们理解生产服务要花费一番精力，教师可预先设计好相应的活动：

（1）在诸如妇女节、母亲节、儿童节、教师节、中秋节这样的节日里，教师可引导幼儿制作简单的贺卡、饼干、蛋糕等礼物送给自己的父母、教师、好朋友，教师可与幼儿讨论“你在家里会制作哪些物品”“我们吃的食物、穿的衣服、玩的玩具是谁制造的”这样的问题，从而帮助幼儿了解商品是由某些人制造出来的，并且幼儿也可以成为生产者。

（2）让大班的幼儿分组协作，观察并询问幼儿园中的教师、厨师、保安、修理工、网络工程师每天的工作内容，教师可与幼儿讨论“保育教师每天要为小朋友做哪些事”“保安每天的工作是做什么”“修理工每天要做哪些事情”等问题，探讨“小朋友除了制作物品外，还可以为别人做哪些事情”，从而让幼儿获得服务的体验。

（3）让幼儿讨论班级中值日生每天的工作，如“帮助小朋友分碗筷、叠毛巾、打扫教室”“及时叫小朋友起床”等，在班级中传递“小朋友也可以生产、服务”的观念。尝试与幼儿探讨：“如果只提供食物，没有教师和小值日生的服务工作，那么会带来哪些不便?”

活动案例二

服务人员大体验

活动准备：

准备餐厅服务员、快递人员、水电修理工等工作的照片与视频，设置有关服务行业的体验活动区，准备相应职业的工作服。

活动目标：

遵守一定的社会规则，体验不同服务行业工作人员的辛苦；学会使用礼貌用语，学会沟通交流。

活动建议：

（1）让幼儿观看不同类型服务人员工作的照片与视频，引导他们说一说不同行业服务人员的工作内容，帮助他们了解和认识不同服务行业的工作。

（2）开展“金牌服务员”的游戏体验活动，设置多种类型服务员的任务，如餐厅服务员的点菜任务、快递人员的送快递任务、水电修理工的修理水电任务等，在服务完成后，让"小顾客们"评价服务人员的工作，评比出"金牌服务员"。

此外，家庭是大班幼儿了解生产商品与生产服务的最佳场所，父母可以在日常的生活中协助幼儿获得生产的体验：

（1）带领幼儿在家做一些简单的食物、手工绘本、贺卡等，在这个过程中，尝试与幼儿一起准备材料，并在完成手工作品后清理桌面，接着父母可带领幼儿及其作品去商店，与商店的成品比较，体验商品生产者的角色，这也会让幼儿感受到生产商品可能需要多人合作才能完成。

（2）告知幼儿自己的工作内容，在必要的情况下带领幼儿体验部分时段的工作任务，比如作为工程师的父亲每天要在电脑上画图，那么父母可以告知幼儿这是为别人服务的一种，虽然大班的幼儿可能会说"我爸爸的工作是上网赚钱"。

（3）适当地让幼儿在家庭中通过提供服务获得一些零花钱，如当幼儿为家庭提供倒垃圾、打扫卫生、擦桌子等服务时，父母可适度地给予奖赏，并告知这是幼儿的劳动所得。需要提醒的是，父母只需要让幼儿明白提供服务可能会获得一定的回报，不用每次都给予幼儿金钱，更不用给幼儿大额金钱，以免让幼儿形成"生产服务一定会获得金钱"的想法。

2. 消费与消费性服务

虽然不一定每个人都能成为生产者，但每个人都可以用金钱购买自己想要的商品与服务，从而获得消费者的体验，幼儿也是如此。虽然大部分幼儿不能掌控金钱，但他们会把自身的欲望和诉求告诉父母，从而间接地消费物品、享受服务。当父母带幼儿到商店进行消费时，幼儿也会行使自己作为消费者的权利，在"想要"与"需要"之间仔细衡量，并在满足自己需求的基础上运用金钱。

幼儿会在区角游戏中体验消费者的角色，他们在"美食街""烧烤区""理发店""小剧场"等各个区角中轮流扮演生产者与消费者的角色。

视野拓展

3～6岁幼儿的消费特点

教师通过观察会发现，虽然3～6岁不同年龄的幼儿都在游戏中模仿成人消费的活动，但他们在游戏中的经济消费活动过程随着年龄的增长呈现进阶式特点。

- 3～4岁的幼儿：此阶段的幼儿会简单地模仿成人买东西的样子，但实际上他们对于购买和金钱并没有什么实际概念，有的幼儿会随便拿个象征性的物品作为钱来使用或者干脆省略掉付钱的环节。

- 4～5岁的幼儿：此阶段的幼儿在涉及买卖的游戏中会有更多创造性的表现，他们会用更多的象征物来代替所出售的物品，使活动内容变得充实，在消费时他们也会选择与货币接近的象征物（如纽扣、玩具钞票）来代替金钱使用，当然这一阶段的幼儿会把买东西付钱当作一种仪式，还不能理解交换的意义。

- 5～6岁的幼儿：此阶段的幼儿会尽可能构建商店、布置柜台、制作价格标识牌甚至钞票，参与各种购买和金钱交换的过程，有时候幼儿可能会要求游戏中的顾客在付钱时与商品的售价进行匹配。

活动案例三

我是小买手

活动准备：

准备不同商品的照片或包装盒照片，设置有关消费游戏的活动区；绘本《一片比萨一块钱》。

活动目标：

认识钱的用途，体验到消费的乐趣。

活动建议：

(1) 将不同商品的照片或包装盒照片贴在教室里，让幼儿观察不同商品的类型及用途，并思考这些商品的来源。

(2) 鼓励幼儿在游戏活动中扮演“超市主人”“消费者”等不同的角色，体验消费的乐趣。

(3) 分享绘本《一片比萨一块钱》，感受故事主角“卖比萨的阿比”和“卖蛋糕的阿宝”在买卖之余意外的收获。

不可否认的是，幼儿一直在学习成为聪明的消费者，从幼儿的经济游戏中我们可以看出，大部分幼儿学习作为消费者的技能都是从模仿阶段开始的。因而在幼儿园或家庭中，教师和父母要尽可能为幼儿提供各种选择与消费的机会，可进行以下活动：

(1) 让幼儿列（画）出“我想购买的物品”的清单，并让幼儿讨论“我为什么想买这些物品?”“这些物品真的是我需要的吗?”对于大班的幼儿，可以让其考虑“买这个物品我可能要花多少钱?”

(2) 虽然幼儿园中的幼儿并不能理解广告效应，但教师和父母有必要帮助幼儿注意到广告中的商品与实际物品的不同，让幼儿自己判断广告是否夸大了商品的真实面貌。父母和教师可以与孩子探讨“肯德基的汉堡真的像电视广告中的那么大吗?”“这个玩具车真的像电视广告里跑得那么快吗?”

(3) 幼儿园可联合家庭定期举行“跳蚤市场”义卖活动，幼儿可以把家里闲置的玩具、图书、手工制品等带到活动现场。对于大班的幼儿来说，父母可帮助幼儿为其售卖的商品想一段广告语，幼儿在跳蚤市场上挑选适合自己的商品，获得消费体验。

(4) 父母要尽可能带幼儿参与家庭中的经济消费活动，要相信即使是幼儿也具备参与经济消费活动的能力，如：父母在购买关于幼儿的用品时，可邀请幼儿参与对用品的选择；对于5～6岁的幼儿来说，父母还可与其讨论家庭用品的购买选择。

幼儿练习消费的技能与家庭中父母的熏陶有着千丝万缕的联系，如果父母经常为幼儿提供练习与锻炼消费的机会，那么即使是不能认全币值的3岁幼儿也能在父母的示范下学会购物并付钱。教师和父母在引导幼儿练习消费技能的同时，也要传递给幼儿作为消费者的责任信息，如每个幼儿都可以根据自己拥有的金钱选择合适的商品，在超市购物时不要横冲直撞，不可以随便拆开商品包装，等候结账时不要大声喧哗。当父母带幼儿在大型卖场购买商品时，不让幼儿提前吃掉未付钱的零食，避免幼儿产生“这里的东西我可以随便拿，不需要付钱”的错觉。

三、职业与工作

经济社会中的人们从事着各式各样的工作，这使得不同职业的人有了目标和方向，幼儿在教师和父母的影响下会慢慢了解到“工作”的重要性。事实上，幼儿日后可能会成为重要的生产者之一，虽然对幼儿园的幼儿实施严格的职业教育并不现实，但成人可以培养幼儿关于职业与工作的态度和信心。

1. 职业态度

任何人都需要职业，它既是人生的目的与方向，又会为社会生产带来贡献。如果没有像医生、教师、工人、农民等各类职业，社会生产可能就会处于停滞状态。幼儿是未来的潜在生产者：3～4 岁的幼儿已经对父母的职业有了模糊的认识；4～5 岁的幼儿即使不能明确说出父母的职业是什么，但也知道了“上班赚钱”这回事；5～6 岁的幼儿能说出父母的职业并且知道可以通过工作获得报酬，因而父母和教师可以适当地对幼儿进行早期的职业教育。当然，3 岁的幼儿还没有明确的关于过去、现在、未来的时间概念，让他们去做一个关于自身的职业规划似乎是天方夜谭，事实上也没有必要这样做，但父母和教师可以尝试培养幼儿关于未来职业的早期态度和价值观。

对于幼儿园阶段的幼儿来说，培养其关于未来职业的态度实际上是培养幼儿对某种职业的看法，以及相信自己能胜任某种职业的自信心与效能感。事实上，幼儿会表现出自己对某些职业的喜欢，如当提到警察时，有的幼儿会表现出敬仰羡慕的情感，因为警察叔叔可以抓坏人。对幼儿早期职业态度的培养，不仅需要成人帮助其树立关于具体职业的正确认知，还要培养其在成长过程中的自信心与胜任感，让幼儿相信自己在未来有能力胜任某种职业，从而为未来的生产服务。

可以在幼儿园或家庭中协助幼儿树立对职业的正确认知。教师和父母要谨记“让幼儿尊重每种职业态度”的理念，尽量不要给一些职业贴上不好的或让人恐惧的标签。此外，培养幼儿对某种职业的胜任感可以从帮助幼儿树立自信心开始，成就感的积累则有助于幼儿日后成为效能感高且有责任心的社会生产者。教师和父母可进行以下活动：

（1）尽量在幼儿园或家庭中给幼儿独立完成某项工作的机会和时间，如让幼儿用积木搭建一座房子、打扫教室、照顾植物，幼儿会从中获得满足感和成就感。

（2）小班的幼儿可以尝试探寻父母的职业与工作任务，中大班的幼儿可以询问幼儿园中的教师、维修工、厨师等不同职业的人对自己工作的态度，如可以问：“你每天做哪些工作？”“你喜欢自己的工作吗？”“你工作时感到快乐吗？”

（3）教师可引导幼儿考虑“长大后我想做什么”的问题，和幼儿探讨“我为什么想要做这个工作？”对于大班的幼儿，还可继续讨论“为了能做这个工作，我现在要做哪些准备？”

2. 职业基本能力

为了能让幼儿在未来胜任某种职业，除了必要的关于职业的态度和价值观的教育外，职业基本能力的培养也必不可少。这种能力实际上是某种综合能力，包括职业的任务技能、沟通技巧、问题解决能力等多方面能力的集合，这些能力在不同年龄幼儿的游戏与课程中或多或少有所涉及。

在职业的任务技能方面，幼儿会通过在生活中对不同职业的观察与模仿获得某种职业的统合技能。例如，4 岁的幼儿会在“小医院”的游戏中扮演医生，他会穿着白大褂，戴着听诊器，假装给“小病人”看病、开药、打针。在现实生活中，这一系列行动的完成可能需要“医院”不同部门的协作，但幼儿会在游戏的短短几分钟内完成统合技能。因而在幼儿园和家庭生活中，教师和父母有必要引导幼儿多观察每种职业的典型任务，帮助幼儿理解具体职业的主要任务技能，当然，幼儿关于职业任务技能的认知会随着年龄的增长而日渐丰富。

在职业沟通技能与问题解决技能方面，中大班的幼儿会更倾向于和别的小朋友一起扮演某种职业，如警察和坏人、医生和病人等。在幼儿进行合作游戏时，他们也会按照某种既定的脚本或通过重新编制游戏规则来体现主要职业的特点。此时，幼儿之间的沟通技巧显得十足重要，当他们遇到困难时，教师和父母可以鼓励他们“按照自己的方法去做”“全由你们自己决定”。当然，幼儿职业沟通技能与问题解决技能的发展也并非一朝一夕的事情，这些能力既可以在幼儿园的综合性课程中得到培养，也可以在家庭教育中得到发展。

小贴士

教师和父母需要注意的是，幼儿职业基本能力的培养是职业教育的基础，不同职业所需能力既有不同之处也有共同之处，某些共同能力在不同职业之间也可进行迁移。对于幼儿职业基本能力的培养既不可操之过急，也不可要求过高，应尊重不同年龄幼儿本身的身心发展水平与差异性，从而为幼儿未来的职业教育打下基础。

四、学会理财

理财教育作为经济教育的一部分，更多的是关于金钱的管理与决策，虽然越来越多的教师和父母看到理财教育的重要性，但他们仍不能对幼儿理财教育有全面正确的认识。对于幼儿而言，理财教育并不仅仅是教幼儿认识金钱、币值的大小这么简单，而是发展幼儿从小对金钱的恰当态度，以及正确使用金钱的技能和信心。

不可否认的是，幼儿理财教育也依赖于幼儿对货币的基本认知，前人对于与幼儿相关的经济概念的研究表明：小班的幼儿对货币等概念的认知还处于初始和懵懂状态；中班幼儿在货币概念的认知上比小班幼儿有所提高，但仍未达到飞跃水平；大班的幼儿对货币概念的认知已经相对理性，他们基本能辨别不同面值的硬币，知道钱与商品之间的关系，相比 3～5 岁中小班的幼儿，5～6 岁的大班幼儿已经初步具备了对货币概念的认知。因而从幼儿对货币的认知理解角度，对大班幼儿系统地实施完整的理财教育活动更加可行。

想要让大班的幼儿获得相关的理财知识，相关的课程必不可少。虽然近年来，关于幼儿理财的观念不断被提及，但它们大多停留在理论的阐述层面，亦极少有研究探讨关于幼儿基本理财概念的学习实践活动。发达国家的儿童理财教育相对比较成熟，其内容大多集中于理财理解力、理财的责任和决策、理财的规划这三个方面。我们可以借鉴英国的理财教育框架，从理财理解力、理财胜任力与理财责任感这三个方面对5～6岁的幼儿实施系统的理财教育活动与课程。

1. 理财理解力

理财理解力主要是帮助幼儿理解金钱的基本性质和概念，如金钱的来源、功能和用途等。教师可以在大班幼儿对金钱已有的概念基础上，设计相应的教学活动，帮助其巩固对金钱的来源、功能、用途等概念的认知，为后面的理财教育活动打下基础。教师可以进行以下教育活动：

(1) 通过观看视频《金匠的故事》，让幼儿了解货币的演变过程，并探讨“为什么人们喜欢把‘金子’当作钱?”“为什么后来人们用纸币去买东西?”等问题，让幼儿感受货币演变的奇妙。

(2) 引导幼儿观察不同纸币的颜色与图案有什么特点，还可进行“金钱拓印”活动，提供24色的彩色铅笔，1角、5角、1元硬币，白纸，糨糊等等材料，让幼儿把硬币拓印到白纸上，并用剪刀把拓印的硬币剪下来，制作“金钱树”。

(3) 可给幼儿介绍“四孔存钱罐”(见图7-1)，让幼儿探索存钱罐中不同孔的作用，帮助幼儿了解金钱的不同用途。

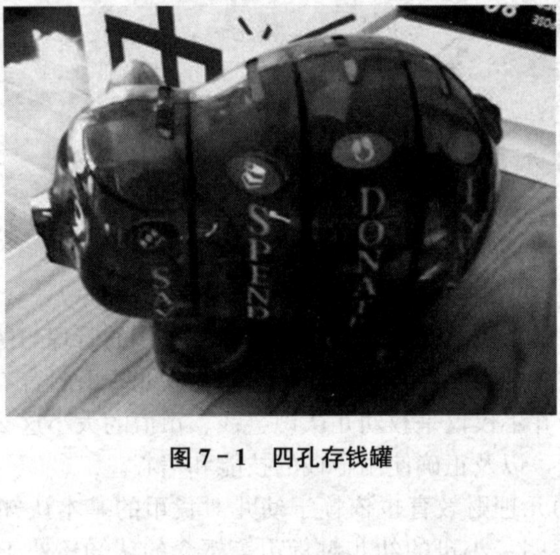

图7-1 四孔存钱罐

视野拓展

幼儿关于“钱”的形状、来源、用途的概念认知

一项关于中国5～6岁幼儿理财教育项目的研究表明：

- 94.5%的幼儿认为钱很有用并且能说出原因。
- 50%的幼儿能认识7～9种第五代人民币。
- 65.5%的幼儿知道爸爸妈妈的钱是通过工作赚来的。

- 93.7%的幼儿已经认识到了钱的有限性。
- 60.9%幼儿认为10元钱只能买到棒棒糖而不是电视机，且能说出正确的原因。
- 11.8%的幼儿知晓过去人们曾用黄金、铜板、宝石等物品购买商品。
- 66.4%的幼儿认为钱的用途在于购买物品①。

活动案例四

认识纸币

活动准备：

准备第五代人民币（纸币、硬币）、绘本《妈妈的生日礼物》。

活动目标：

认识货币，了解钱的用途。

活动建议：

(1) 让幼儿观察不同面值的纸币、硬币，说说不同面值的纸币、硬币的相同点和不同点，使幼儿认识货币，爱惜货币。

(2) 展示绘本《妈妈的生日礼物》，通过小老鼠给妈妈买生日礼物的故事，让幼儿谈谈要怎样赚钱、金钱可以用在哪些地方、多余的钱要如何处理等问题。

2. 理财胜任力

理财胜任力主要是指幼儿能够自信和有效地把获得的理财概念运用到具体的生活情境中去的能力，包括赚钱、存钱、消费和钱生钱。虽然对于5～6岁的幼儿来说，让其明白“钱生钱”的概念并不容易，但是“钱生钱”却是理财胜任力的核心。

视野拓展

幼儿关于“赚钱、存钱、消费、钱生钱”的认知

一项关于中国5～6岁幼儿理财教育项目的研究表明：

在赚钱的问题上：

- 62.7%的幼儿认为可以通过上班、借钱、取钱、爸爸妈妈给钱的方式“赚钱”。
- 10%的幼儿认为自己可以通过做家务、完成任务活动来赚钱。

在存钱的问题上：

- 74.5%的幼儿能说出至少一种存钱的地方。
- 54.5%的幼儿认为把钱存起来很重要，且能说出正确的原因。

在消费的问题上：

- 40%的幼儿购物前常常事先想好买哪些东西。
- 57.3%的幼儿有买东西付钱的经历。
- 48.2%的幼儿能根据玩具的功用和价格来选择不同的玩具。

① 吴慧娴. 大班幼儿理财教育及其有效性的实践研究. 上海：上海师范大学，2014.

在钱生钱的问题上：

- 2.7%的幼儿认为可以通过做生意让钱变得更多①。

教师可从大班幼儿自身经验出发设计一系列主题活动，让幼儿借助真实货币或代币在活动中获得体验。但值得注意的是，不论是真实货币还是代币，教师都最好选择一元币值，因为大班幼儿对于大币值纸币的计算并不熟悉，使用一元的纸币或硬币可以帮助幼儿及时清算自己的钱是“变多了”还是“变少了”。教师可以进行以下活动：

(1) 引导幼儿通过自己的劳动获得金钱，如把自己画的画卖给别人，制作卡片去义卖，甚至可以通过把自己的玩具出租给别的小朋友来获得租金。

(2) 引导幼儿把自己赚来的钱存进“四孔存钱罐”，也可让幼儿把钱存在某个熟悉的人那里保管，从而保证钱的安全性。当然，教师还要帮助幼儿区分“存钱”和“藏钱”的区别。

(3) 可在班级中举行“拍卖”活动，价高者可以得到稀缺的商品，幼儿们也可以通过租别人的玩具玩获得消费体验。

(4) 让幼儿讨论“如何能让钱变得更多”，引导幼儿开展“低买高卖”的活动，如1元钱购入棒棒糖，想办法2元钱卖出去，赚取中间的差价。教师不用担心幼儿能不能理解“差价”的概念，在活动结束后清点钱的过程中，幼儿自然会发现钱是变多了还是变少了。

(5) 让幼儿自愿选择是否把1元钱存在教师的“小银行”里，一周后可以获得比1元更多的钱，帮助幼儿体验“银行”的利息功能。教师不用刻意地去解释“利息”的功能，只要让幼儿发现它是一种“让钱变得更多”的方式即可。此外，教师还可以让幼儿探讨“哪种方式可以让钱变得更多”。

活动案例五

我是小小理财家

活动准备：

准备不同价值的纸币、硬币，设置专门游戏活动区，收集幼儿废旧的、闲置的玩具、绘本等。

活动目标：

认识不同的货币，了解钱的用途，能主动参与各种理财活动。

活动建议：

(1) 在班级内开展“虚拟社区”的游戏活动，引导幼儿通过自己的方式赚取一定数额的金钱，让幼儿在班级不同的活动区域（如“小超市”“蛋糕店”等）“买”“卖”，体验消费的乐趣。

(2) 开展“跳蚤市场”活动，让幼儿在“市场”里“销售”自己不需要的玩具或图书。

---

① 吴慧娴．大班幼儿理财教育及其有效性的实践研究．上海：上海师范大学，2014.

3. 理财责任感

理财责任感主要是指幼儿能够意识到自己在理财决策中涉及的伦理道德和价值观问题，知道自己的理财决策不仅会对个人产生影响，也会对社会、文化、环境、经济等各方面产生影响。关于大班理财教育的研究表明：38.2%的幼儿认为自己花钱在超市买东西会影响到超市老板的心情，43.6%的幼儿认为自己捐钱给贫困山区的幼儿会帮助到他们，84.5%的幼儿能说出至少一种安全的保管钱的方法，96.4%的幼儿能对钱做出至少一种抉择。可见，幼儿已经初步认识到自己对钱的决策会影响到他人。

由于幼儿自我中心的特点，在理财责任感方面，教师和父母应避免对幼儿提过高的责任要求，只须在尊重幼儿自身意愿的前提下，让幼儿意识到自己对金钱的决策可能会影响到自己和他人即可。教师可以进行以下活动：

（1）让幼儿尝试把自己赚来的钱带回家找个安全的地方保管起来，两天后再带到幼儿园中，从而让幼儿意识到安全地保管钱的重要性，以及钱丢了会对自己产生的影响。

（2）与贫困地区幼儿园进行联谊，创设相应的情境与活动，让幼儿自由选择是否捐钱帮助他人，帮助幼儿认识到自己的小小捐赠可以帮助到别的小朋友。

4. 幼儿理财教育活动实施的模式

《幼儿园教育指导纲要（试行）解读》指出："活动开发和创新在于能真正符合幼儿的需要，在于能引发幼儿的操作、探究和体验，在于能与幼儿已有的经验建立一定的联系。"① 幼儿理财教育活动的实施，最好以幼儿能参与的体验式活动模式为主，可参考"学习活动—具体体验—观察与思考—形成具体概念"的框架（见图7-2）。

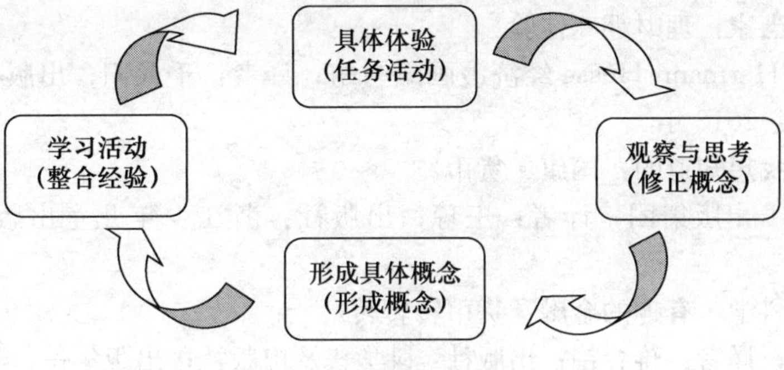

图7-2　体验式活动模式框架

学习活动环节可从幼儿的经验出发，借助故事、图片、实物、表演以及情境设置帮助幼儿整合经验；在幼儿具体体验的环节，要抓住幼儿对"钱"的兴趣点，创设真实的活动体验情境，利用真实货币或代币的应用和流通，让幼儿参与富有意义、挑战性，可操作的具体体验活动，缓解幼儿思维的形象性与理财知识的抽象性之间的矛盾，帮助幼儿在具体的、现实的、多样化的真实情境中实现理财知识的整合，必要时可以"四孔存钱罐"为特色，增添具体体验活动的趣味性，提升幼儿对"钱"的决策能力；在每次的具体体验活动之后，教师还须引导幼儿对自己的理财决策和行为做出初步的简单反思，充分发掘幼儿的

① 教育部基础教育司. 幼儿园教育指导纲要（试行）解读. 南京：江苏教育出版社，2002.

理财潜能，帮助幼儿形成理财思维。

小贴士

在整个体验式理财教育活动中，大班幼儿通过操作化的具体体验活动缓解了自己思维的形象性与理财知识的抽象性之间的矛盾。幼儿们初步获得了赚钱、花钱、存钱、让钱变得更多的初步概念，也慢慢地意识到需要对自己的钱做出决定，以及自己对钱的决定会对他人产生影响。虽然对于大班的幼儿来说，他们对理财概念的理解还比较贫乏，往往某一个概念只代表某一事物的具体特征，并且他们对理财知识的掌握也大多是外部的、非本质的。但是对于整个理财教育活动的目标来说，教师和父母并不是要让幼儿精准地掌握每个理财概念的内涵——这个也不符合幼儿的认知特点——而是要让幼儿在理解金钱基本性质的基础上，培养初步把钱运用到现实生活中的能力，获得关于对钱的决策的意识。整个理财教育活动是个系统过程，每个环节的实施都影响着幼儿对理财知识具体概念的认知。

相关资源推荐

网址：

https://www.young-money.org.uk/

绘本：

1.《今天我当家：理财趣味体验》

作者：韩国 Hermann Hesse 经济漫画编写组；译者：千太阳；出版社：人民邮电出版社；出版年份：2012 年

2.《小时候我想知道的：国旗·货币》

作者：XACT 出版集团；译者：王琼；出版社：浙江少年儿童出版社；出版年份：2011 年

3.《有趣的科学·有趣的金融：货币转转转》

作者：赫尔；译者：蒋春艳；出版社：科学普及出版社；出版年份：2012 年

4.《一片比萨一块钱》

作者：郝广才；出版社：新星出版社；出版年份：2013 年

5.《妈妈的生日礼物》

作者：文/蒙特塞·朱伊恩特，图/露西娅·塞拉诺；译者：陆烨；出版社：北京联合出版公司；出版年份：2018 年

6.《小熊三兄弟的家系列（五册）》

作者：文/金民政，图/朴秀真；译者：蒋重薇；出版社：地震出版社；出版年份：2017 年

7.《第一份零花钱》

作者：文/金贤静，图/崔东植；译者：史倩；出版社：地震出版社；出版年份：2015 年

8.《爱炫耀的小袋鼠》

作者：文/金贤静，图/崔东植；译者：史倩；出版社：地震出版社；出版年份：2015年

9.《幼儿园里的小厨师》

作者：文/金珠爱，图/李日英；译者：邓楠；出版社：东方出版社；出版年份：2013年

10.《我爱喝牛奶》

作者：文/申智仁，图/金美恩；译者：邓楠；出版社：东方出版社；出版年份：2013年

11.《饼干是怎么做成的?》

作者：文/金松，图/李必远；译者：邓楠；出版社：东方出版社；出版年份：2013年

本章参考文献

[1] STRAUSS A. The development and transformation of monetary meaning in the child. American sociological review，1952（17）.

[2] BERTI A E，BOMBI A S. The development of concept of money and it's value：a longitudinal study. Child development，1981（52）.

[3] BERTI A E，BOMBI A S. The child's construction of economics. New York：Cambridge University Press，1988.

[4] 何平，林泳海，朱海青．早期儿童钱币认知的发展研究．渝州大学学报（社会科学版），2002（3）.

[5] 毛妮娜．3～6岁儿童对经济学知识理解的发展研究．上海：华东师范大学，2007.

[6] SHERRADEN M S，et al. Financial capability in children：effects of participation in a school：based financial education and savings program. Journal of family and economic issues，2011，32（3）.

[7] 郭徽．美国卓越经济教育规划研究．保定：河北大学，2008.

[8] 刘璐．简析美国幼儿经济教育及其借鉴意义．教育导刊（下半月），2011（12）.

[9] Financial capability：framework. 2020－08－20. http：//www. pfeg. org/Resource/Framework/default. asp.

[10] KOURILSKY M. Children's learning of economics：the imperative and the hurdles. Theory into practice，1987，26（3）.

[11] MARK C，SCHUG E A，HAGEDORN. The money savvy pig goes to the big city：testing the effectiveness of an economics curriculum for young children. The social studies，2005.

[12] ROOS V，et al. Money adventures：introducing economic concepts to preschool children in the South African context. Journal of economic psychology，2005

(26).

[13] 朱家雄. 幼儿园课程. 上海：华东师范大学出版社，2003.

[14] 杨丽珠，吴文菊. 幼儿社会性发展与教育. 大连：辽宁师范大学出版社，2000.

[15] 刘璐. 实施儿童经济教育的行动研究. 重庆：西南大学，2011.

[16] 吴慧娴. 大班幼儿理财教育及其有效性的实践研究. 上海：上海师范大学，2014.

[17] 教育部基础教育司. 幼儿园教育指导纲要（试行）解读. 南京：江苏教育出版社，2002.

第八章

全球化教育

小明的爸爸妈妈带着他出国去旅行，在一次赶航班的时候他们发现了一些有趣的事情。在等待登机的时候，他们坐在大厅的一间咖啡吧里，那里供应最好的可塔朵(cortadito) 咖啡和“pastelitos”糕点，以及最具中国特色的茶饮和特色糕点。一位微笑着的古巴女士给他们分别上了一杯中国茶、一杯香浓的摩卡咖啡和一杯果汁。不远处，他们看到一位机场员工在问候他刚从尼加拉瓜家乡来的朋友，几名海地人一边喝着咖啡一边饶有兴致地聊着天，两名哥伦比亚人走过来加入了海地人的交谈。在咖啡厅前，他们注意到两位穿着纱丽的印度女士似乎正在聊她们的孩子。在登机之后，小明听到一位叔叔用非常清晰的阿拉伯语与他的孩子通电话。飞机起飞之后，小明的爸爸便开始与他进行讨论：这就是世界，有着各种各样的人。他们说着不同的语言，有着不同的肤色和饮食习惯，穿着具有特色的服装……

和小明有相同经历的幼儿越来越多，这正是当今社会经济发展给人们生活带来的最大改变：将不同国家（地区）、不同民族、不同肤色、不同宗教信仰的人带到我们的身边。全球化浪潮已经渗透到我们生活的方方面面。在这样的时代背景之下，教育不可能置身于思想和行动的新潮流之外，它在更新价值观方面大有可为。人们希望教育不仅能满足人和社会的基本要求（和谐的个人发展、社会正义等），还能面向世界的重大问题，培养青年一代适应未来生活。全球化教育（global education）作为一种面向未来、面向全球化社会的教育理念和实践，其重要性正逐步得到人们的认同。

本章的内容包括以下两个方面：

（1）介绍全球化教育的概念、特点和必要性。

（2）探索如何开展幼儿园全球化教育。

第一节　全球化教育的概念、特点和必要性

全球化作为当代人类社会发展的一种潮流，极大地推动了世界各个民族和国家在经济、政治、文化、科技等领域的交往与合作。伴随着教育经验在世界范围内的广泛传播，关于教育问题的探究也越来越多地被置于全球化背景下展开。全球化为审视教育提供了新的视角。那么，究竟什么是全球化教育？全球化教育有哪些特点？开展全球化教育有何必要性？本节将详细展开讨论。

一、全球化教育的概念

“全球化”（globalization）一词最早出现于20世纪60年代的《韦伯斯特大词典》中，至20世纪80年代中期，“全球化”正式进入学术视野。众多学者纷纷从各自的领域入手，对全球化展开阐释。全球化最早出现于经济领域。伴随经济全球化所产生的“波及”效应，全球化拓展到政治、文化、教育等其他领域。

对“全球化教育”的理解，主要有以下两种。第一种指出全球化教育应该从意识角度出发，强调个体认知结构和世界观的形成受特定文化和外界环境的影响，个体应该意识到其个人观点受环境左右。因此，全球化教育应该帮助个体提高理解和认知社会文化和世界大环境的能力，帮助个体意识到人与人之间有不同的世界观，从而使个体做出恰当的判断和决策。这包括两部分内容：一是研究自己的国家、文化和文明发展历程，二是研究其他人的社会环境。通过全球化教育，个体能够改变对世界先入为主的假设和思维习惯，尽可能多地获得信息，从而找到成为世界公民的途径。第二种基于实际工作视角，提出全球化教育就是努力使个体了解社会环境和世界发生的改变，从而帮助个体了解作为世界公民的个人责任及其与世界的联系。以上两种对“全球化教育”的理解都强调教育变革。前者强调学习者看待世界的意识形态的改变，后者强调施教者要将提高学习者理解世界的能力作为教育实践变革的重中之重。

基于以上两种理解，可以将全球化教育定义为：将正确理解和认识具有全球化特征的当代新文明作为教育内容，在此基础上挑战原有的观念、思维、心态，树立以全球意识为核心的新文化观念、新价值标准和新道德规范的教育。全球化教育突破了人们生活的疆界，探讨世界领域的人类生存问题，其核心是人类的相互依赖与共同命运。它意欲开创“大文化”研究之先河，指出各种文化不应被看作自成体系、与世隔绝的文化，它坚信“学习者对全球事务掌握得越多，他们的态度就越积极”①。在这种理念的支持下，罗伯特·汉威提出全球化教育的五大维度。一是相关意识：了解、欣赏并承认自身与他人的相异之处。二是地球村意识：深刻理解当今世界盛行的全球化问题、事件与环境。三是跨文化意识：总体了解多样化的世界文化，理解各种文化之间的同质性与异质性。四是全球互

① TYE B，TYE K. Global education research：a partial agenda for the future. Educational research quarterly，1983，8（1）.

动意识：认识到全球的变化与沟通受体制的影响，教育领域需要探讨如何设立一个综合的国际体系，用于解决国家（地区）之间互动引发的种种问题。五是人类选择意识：通过回顾国家、地区与国际的诸多背景，探索解决问题的行动策略①。

全球化教育一方面要求人们在全球化的环境里找到自己的归属，树立人类是一个大家庭、每个人都是其中一员的意识；另一方面，要求人们尊重差异，保持社会的多样性。总之，全球化教育强调运用多文化和多角度的思维，承认差异的存在，认可世界的不同和多样性，其目的是透过自己的眼睛认识世界，同时透过别人的眼睛认识自己。全球化教育常与国际化教育、教育全球化、多元文化教育等概念相混淆，现特做详细阐释。

（一）全球化教育与国际化教育

全球化教育关注世界上不同国家以及在每一个国家中占据主要统治地位的国家意识和信仰对本国及其他国家、群体的影响。全球化形势下的人类社会整体利益与各个国家的根本利益一致。因而，全球化教育不仅强调人类社会的整体利益，同时也承认世界各国教育的特殊价值取向。开展全球化教育的形式具有多样性，其目标是使各个国家在追求教育的全球化价值取向和本国教育的特殊取向之间的矛盾斗争中使教育得到发展，从而达到民族和国家的进步，进而实现全人类的进步。

国际化教育是不同国家根据本国利益的需要，将教育视角置于国际性场域中，以维护主权国家的民族特色和自身利益为前提而开展的教育活动②。换言之，世界范围内的教育活动受到主权国家一定程度的控制与选择。各个国家开展国际化教育的最终目的是使受教育者对他国的文化进行正确认知，以达到利于本国发展的教育目标，其教育范畴主要还是对国家意识层面的国际性事物的了解与掌握。

可见，全球化教育与国际化教育在教育目的上存在本质区别。全球化教育的最终目的是在尊重各个国家教育特殊价值取向的同时，实现整个人类的发展；国际化教育强调教育适应时代的需要，使教育发挥为国家利益服务的作用，并由此产生了具有国际化内容的国际理解教育、发展教育及和平教育的运动与实践。

（二）全球化教育与教育全球化

全球化教育是静态概念，反映的是一种基于信息技术的、面向全球的教育形态。该教育形态往往包含以下内容：加大外语课程的更新与开发，注重学生的日常外语及其实际使用能力，注重培养学生多渠道获取知识与信息的能力，注重强化学生在礼仪、风俗、文化方面的培养，等等③。全球化教育着眼于挑战课堂单一的教学模式，意在利用一切可能的技术、社会教育资源，培养学生成为终身学习者，提高学生的国际竞争力。

教育全球化是动态概念，指教育活动在全球范围内的相互依存、相互依赖，教育资源在全球的自由流动。可以说，教育全球化跨越了国家的界限，着眼于全球范围，而非民族、国家的利益。教育全球化作为一种全球范围内增进教育资源共享、增强各国教育相互依赖的历史现象，源于人类的自身需求，即人类对教育的生存价值、发展价值、享受价值

① TYE B，TYE K. Global education：a study for school change. NY：State University of NY，1992.

② 黄宝兴，庞红卫. 教育全球化辨析. 宁波大学学报（教育科学版），2002（4）.

③ 李东. “全球化”对民族国家教育的挑战. 教育理论与实践，2000（7）.

的不断追求。从本质上讲，教育全球化是一种动态的历史现象，既不可避免，也不可改变。

由此可见，教育全球化与全球化教育之间存在着本质的差别，即动态概念与静态概念、教育现象与教育形态的差别。归根结底，全球化教育只是推进教育全球化的一种手段但并不等同于教育全球化。

（三）全球化教育与多元文化教育

古特克（GL Gutek）认为，多元文化教育实施的是一种平等教育，而全球化教育是在国际维度上实施的理解教育，全球化教育更倾向于寻求人类社会的共同点而非差异点，研究的是未来的发展趋势[①]。全球化教育认为教育“无疆界”，教育目标是致力于开拓普遍性，它的推广对多元文化教育冲击巨大。多元文化教育强调尊重个体或群体意愿，致力于消解主体文化对弱势群体文化的歪曲，倡导以开放的心态去包容各种文化知识，激发学生对自身文化遗产的自豪感，教育被认为是保持个体特色与所属群体特色的活动。全球化教育则宣称个体文化生命与群体文化生命应在历史“发展”过程中“被全球化”，倡导以世界公民的身份去面对世界，去塑造全球认可的教育思想与体制。

同时，全球化教育与多元文化教育存在和谐发展的可能。一方面，二者在概念上有继承与发展的关系。古特克认为：“多元文化主义是通向国际主义之桥。”[②] 班克斯指出，多元文化教育发展一般要经历六个过程：族裔心理束缚过程、族裔封闭过程、族裔身份澄清过程、双族裔认同过程、多族裔认同过程、全球化过程[③]。全球化教育也包含了多元文化教育的维度。另一方面，在教育对象上，两者都认为没有人只属于某一个群体。每个人往往都同时属于多个群体，如以经济状况、社会地位、居住地区、国家来源、宗教和文化等为基础形成的不同群体，因此学习者不仅能够了解一国之内不同群体的内在感受，也能通过对比研究本国文化与世界其他地区的多元文化，了解不同的种族群体是如何失去、保存或变更它们的文化遗产的，了解不同种族群体的相似与差异，了解群体偏见是如何在跨种族交往中发展的，了解本国文化和世界各国文化之间的联系，了解世界的发展趋势与重大事件是如何作用于不同群体的成员的。全球化教育与多元化教育都是致力于探求人类相互理解、沟通与平等的途径。

这些共性使多元文化教育和全球化教育之间的和谐发展成为可能。全球化一方面加剧了某种一体化，另一方面也培育了更复杂的多元化的可能；而多元文化也并不意味着不同的教育“单元”可以自然和谐相处，共同分享同质化。因此，当今必须解决的问题是如何发扬全球化教育与多元文化教育的共性，协调两者之间的差异。

二、全球化教育的特点

全球化教育是一种全球范围内教育资源的共享增加，各国教育之间依赖性增强的现象。全球化教育除了具备资源共享性与相互依存性这两个全球化的普遍特点外，还具备开

①② GUTEK G L. American education in a global society. NY：Longman Publishing Group，1993.

③ BANKS J A. Multiethnic education：theory and practice. Boston：Allyn and Bacon，1988.

放性和多元性等特点。

（一）资源共享性

资源共享性指伴随着经济全球化的进程，世界各国之间的交往增加，相互依赖性增强，一国教育体系的某些功能已经可以部分借助于其他国家的相关资源（包括资金、师资、教学仪器设备等）来实现。共享全球教育资源已经从自发阶段进入自觉阶段，一个既相互独立又相互协调，并且在教育中依赖性逐步增加的全球教育体系正在逐步形成。其中，基于互联网的“网络教育”是典型代表①。全球课程的“网络教育”相较传统教育有着强大的竞争力，它利用互联网的开放性为国家培养了具有国际视野的人才，因此它具有向全球学习者提供教育服务的技术潜能和制度潜能。

（二）相互依存性

相互依存性可以被理解为：第一，在意识形态领域，全球性的网络（global web）信息时代在政治、文化、环境等交流中产生的关系性，超越国界的体验和相互联结的意识正在改变着人们对国际世界曾经的认识。第二，在经济领域，冷战后相当多的国家开始脱离单一国内经济市场而走向世界，经济上的相互依存性更加显而易见②。1995年，世界贸易组织的设立意味着超越国界的经济活动的增多，更多国家相互依存的共同体也逐渐建立。第三，在政治领域，由于经济的相互作用逐渐地渗透到政治关系中，自20世纪70年代以来，经济已经成为更重要的国际政治关系纽带，并成为国际政治关系的决定要素。

此外，信息技术的进步也直接关系着世界性的相互交流。自20世纪90年代以来，远程通信和互联网迅速提高了世界交流的质量。国内、国际事务会以最简单、最直接的方式传递到世界的每个角落，新的交流技术迅速提高了相互联系的强度。世界观的变化，要求教育必须进行改革。因此，被寄予新期望的教育改革，也必须考虑到今后的年轻人如何在几乎不存在距离的相互联系中、在复杂又多彩的世界中生存。教育可能成为人们适应环境、驾驭人生的有效路径，教育承载着创造未来世界的重要使命。

（三）开放性

开放性指一个国家的教育与其他国家的教育存在着物质的、能量的和信息的交流。在全球化形势下，教育的一个重要特点即开放性。在全球化形势下，各国家的教育主要可以被分为两种：一种是封闭的教育，一种是开放的教育。封闭的教育主要指一个国家的教育与其他国家的教育不存在任何物质的、能量的和信息的交流；开放的教育则指一个国家的教育与其他国家的教育存在着物质的、能量的和信息的交流。在目前全球化的形势下，各个国家之间，乃至各个国家与各个国际组织之间都存在着大量的物质的（如各种教育仪器和设备）、能量的（如各种教育人员）、信息的（如各种教育观念和信息）交流。因此，全球化形势下的教育是开放的教育。当前，全球化教育的开放性体现在“教育观念”、“教育内容”和“教育手段”等方面。具体而言，首先在教育观念上，虽然世界各国的社会制度、文化传统、发展水平、意识形态各不相同，但它们的教育观念——教育的“平等与民主”观念、以促进学生健康发展为核心的“人本主义”共识、义务教育制度、学位制度和经典的班级授课制等——却越来越趋于一致。其次，在教育内容上，尽管各国课程和教材

①② 王淑荣，赵佳寅．教育的全球化与现代发展：以英国、美国教育影响为例．社会科学战线，2016（12）．

的表现形式有很大差异，但知识本身却具有高度统一性，所以各国的教育内容在学科结构——“人文、社会和自然科学”的课程框架及“工具、知识”的课程框架等——上有很大的相似性。最后，在教育手段上，在世界各个国家，计算机和网络技术的现代化远程教育、卫星通信技术等正在推广和普及，并且正在创造出一种前所未有的全球化教育活动形式。

（四）多元性

多元性指各个国家（地区）不仅可以独立制定自己的教育目标、教育内容，选择自己的教育方法，而且可以独立制定自己的教育法律和规则。多元性的特征体现了全球化教育是从民族、国家的利益出发的，根据各个国家自身的特点与条件选择全球化教育的策略。由于民族文化、价值观念、政治制度、发展程度不同，各个国家在教育上表现出明显的多元性。

全球化教育的多元性最初体现于英美公共教育，并成为政府应对不断变化的国内政策的主要手段。20 世纪 60 年代，新移民问题使美国国内各民族之间的关系变得非常紧张，反映社会镜像的高等教育也围绕着教育多元性与种族关系多样化内容进行多种课程改革运动，其目的就是减少不同民族之间的偏见和误解，增进其之间的相互了解，理解和尊重不同民族的文化和知识对人类的贡献，其目标是“提升平等的教育机会，促进文化多元主义，改变生活方式，尊重差异，以及促进各群体的权利平衡”①。自 20 世纪 70 年代后半叶，英国社会开始重视全球化教育，并开始了对移民实行同化的政策。《1976 年种族关系法案》制定后，英国教育部确定了对全球化教育多元性的支持：“我们的社会是多元文化的、多民族的，教育课程也必须反映对现今社会构成的不同文化和不同民族的同情和理解。”② 自此文件公布以来，英国开始修订体现其教育观念的全部课程的教学计划。

三、全球化教育的必要性

全球化为教育带来了多方面的影响与挑战，作为教育发展的一种背景，全球化使教育资源、课程设置等在大环境下经历了从自发到自觉的阶段。开展全球化教育，在有效缩小教育差距、可持续教育发展、强调生活教育等方面效果显著。

（一）全球化教育与缩小教育差距

纵观历史，教育缩小了社会经济的差距，使社会变得更加富有，世界各地教育和自由的平等程度是相当的。随着全球化教育的不断深入发展，世界各地的人有了各种各样新的机会、新的选择。教育包括职业培训等，而对于教育的竞争有的时候是在全球范围内的，在很大程度上缩小了人们的贫富差距。

好的教育重要的是帮人树立好的人生观、价值观、教育观，无论是家庭教育还是社会教育，都是教人怎么做事的教育。全球化时代的发展要求，使得无论是穷人的孩子还是富

---

① DAVIDMAN L，DAVIDMAN P. Teaching with a multicultural perspective：a practical guide. NY：Longman，1994.

② Development of Education and Science. Education in school：a consultative document. London：Her Majesty's Stationary Office，1977.

人的孩子都有机会接受平等的教育。社会要让每一个人都有可以成长为人才的机会，因为社会需要各种不同类型的人才。只有这样，社会才是多样性的，教育才是包容性的。如果我们能够更加公平地获得教育机会，整个社会的平等和富有程度就会不断地提高。

（二）全球化教育与可持续发展教育

全球化教育是可持续发展教育的“助推器”。可持续发展的教育理念主张人类文明必须走可持续发展道路，恢复人类与自然之间、精神与物质之间、信仰与科学之间的和谐与平衡。全球化教育要适应社会需要，不断革新，跨越国界，走向世界，培养一批“国际人才”。虽说教育是被外界的力量拉入全球化的体系中的，但其自身的发展方向也注定要面向世界、服务世界，这是历史的必然规律。国际教育发展委员会在《学会生存——世界教育的今天和明天》一书中指出，传统教育“千篇一律”，“这样零星地进行一些教育改革，而没有一个关于教育过程的目标与方式的整体观念，已不再是可取的了”①。现存的教育体系已经到了必须彻底变革、整体变革的时候。在教育的单一功能、单向目标、单一特性与其所服务的多元化社会不断扩大的多样化需求之间，已经存在着难以克服的根本性矛盾。教育不仅能使人们获得各类知识、价值观念、技能等，而且对于一些社会矛盾的解决也起着不可忽视的作用。这不仅是发展中国家存在的问题，也是发达国家存在的问题。就发展中国家而言，闭塞落后的教育技术、教育模式严重导致了尖端人才的流失，反过来又导致了生产力发展缓慢。由此可见，教育不是一个国家、一个地区的问题，而是一个全球化的问题。

（三）全球化教育与生活教育

全球化教育提倡以异域文化的生活世界为切入点，引导学习者切身积累、体验与实践。唯有如此，才能避免文化理解的抽象化，才能克服全球化教育所具有的技术化、市场化和中心化的弊端，才能使人真正领悟文化理解的真谛。当前幼儿园教育，特别是幼儿园社会教育，倡导教育活动的开展要复归幼儿生活。只有复归幼儿生活、倡导日常生活教育，才能使幼儿充分领悟人类文化的真正意义。海德格尔、伽达默尔等学者都将生活视为人类存在的基本方式。在他们看来，生活和理解密不可分。理解是整个人类经验的基础，理解将我们置身于世界之中，使世界的意义展现在我们面前。“但我们生活的世界的‘意义’只对我们生活的人打开”，只有生活在这个真实世界中的人才能理解和领会其中的真正意义。虽然全球化教育活动不能推动生活教育理念在幼儿园中的发展，但是全球化教育活动的生活教育取向与幼儿教育的生活教育相契合，在幼儿园中有开展的空间。

第二节 开展幼儿园全球化教育

美国国家社会科协会指出，社会领域课程应该包括提供幼儿研究全球化联结与彼此依赖的经验。就我国幼儿园社会教育中较少涉及幼儿个性教育和全球化教育的现象，我国学

① 余月娥. 全球化教育初探. 湛江师范学院学报（哲学社会科学版），2001（4）.

者李生兰指出，为了把幼儿培养成21世纪的合格公民，我们需要重新定位幼儿的社会教育。那么，究竟应该如何落实幼儿园全球化教育呢？本节将阐述全球素养、全球意识，以及幼儿园全球化教育主题及活动指导等内容。

一、全球素养

2017年12月12日经济合作与发展组织（Organization for Economic Co-operation and Development，OECD）教育与技能司（Directorate of Education and Skills）和哈佛大学教育研究生院（Harvard Graduate School of Education）零点项目（Project Zero）共同主持了《PISA全球素养框架》的发布会议。同时，该框架所包含内容也是PISA2018测试的基础，用来衡量全球近80个国家的年轻人有关全球议题的知识、技能、态度及价值观。

经济合作与发展组织将全球素养定义为从多元视角批判地分析全球和跨文化问题的能力，理解文化差异如何影响人们的观念、判断以及对自己和他人的看法的能力，在普遍尊重人类尊严的基础上与来自不同背景的他人进行坦诚、得体和有效沟通的能力。全球素养框架分为知识和理解、技能、态度和价值观四个部分，而价值观是其他三个部分的基础（见表8-1）。

表8-1 OECD全球素养框架

知识和理解	技能	态度	价值观
对全球议题的知识和理解；跨文化知识和理解	分析与批判思维，以谦恭、适当和有效的方式与他人打交道的能力，同理心，适应能力	对来自其他文化的人持宽容态度，尊重文化“他者”，全球思维，责任	尊重人类尊严，尊重文化差异

不同国家对于全球素养的要素有不同的要求。美国21世纪技能合作组织（Partnership for 21st Century Skills）于2007年发布了著名的21世纪技能彩虹图，该组织认为应当在核心课程中渗透全球意识、经济和商业素养、公民素养、健康素养以及环境素养等跨学科主题。新加坡政府同样认为全球化、人口变化和技术进步是未来社会的主要驱动力，新加坡的学生应当准备好应对这些挑战并抓住这些变化带来的机遇。为此，新加坡教育部提出了面向21世纪的核心素养框架，其中，全球意识和跨文化交流技能是重要的维度。中国教育部委托北京师范大学研制的《中国学生发展核心素养》总体框架，同样也将国际理解作为一个重要的维度。

全球素养与学科素养不同，属于通用素养的范畴，其培养模式不拘一格，其目标既可以通过设计独立的课程（群）来实现，也可以通过整合到学科课程中去来实现，还可以通过课外活动的形式达成。正如全美教育协会（National Education Association）所称：“在21世纪，全球素养不是一种奢侈品，而是必需品，全球素养理应成为教育——从基础教育到研究生教育——的核心使命。”因此，对学校教育尤其是幼儿园教育而言，为了取得有效的教学效果，教师除了需要对课程内容加以设计外，还需要在教学方式上精心设计。

视野拓展

美国幼儿园全球素养目标

美国一家全球教育公司设计的幼儿园全球素养知识、能力、情感和价值观维度的具体目标如下：

● 理解：幼儿能在地图上找到自己所在的国家或地区；幼儿能列举并描述对他们的家庭和社区有重要意义的事件、庆祝活动和故事，幼儿能理解其他地区的人具有和自己不一样的传统。

● 探究：幼儿能提问一些问题帮助他们了解所处地区的国家情况，幼儿能通过阅读书籍或浏览网站了解所处地区的国家情况，幼儿能够从艺术作品中了解所处地区的国家情况，幼儿能从音乐作品中了解所处地区的国家情况。

● 联系：幼儿能和其他同学合作进行有关全球话题的项目，幼儿能讨论自己正在学习的内容，并在讨论中听取不同的观点，即使有不同意见，幼儿仍能继续与其他同学讨论或听取同学的观点，幼儿能接受来自其他同学、教师的不同的传统、故事和想法，幼儿能与其他同学、教师、父母或社区的其他人分享在各个学科中有关本地区的学习和项目。

● 整合：幼儿能在不同的情境——如学校情境以及社区情境——中引用自己所学的有关不同文化的知识；幼儿能通过利用展示媒介（如口头展示或书面展示等）比较自己的文化，并与有其他文化背景的幼儿交谈，了解世界各国的人。

二、全球意识

罗伯特·汉威（Robert G. Hanvey）等倡导全球化教育的学者不仅解释了什么是全球化教育，而且指出全球化教育的核心应该是培养人们的全球意识，以便人们在越来越相互依赖的世界中应对各种问题。有利于培养全球意识的全球化教育课程模式主要包括多元视角意识、地球村意识、跨文化意识、全球动力学知识、人类选择的意识等五个方面内容。

（1）多元视角意识：主要内容是使人们能够了解与欣赏世界的其他现象，并承认自身与世界其他观念之间的异同之处。

（2）地球村意识：主要内容是使人们能够深刻理解当今世界主要的全球化问题，如人口、资源和环境等。

（3）跨文化意识：主要内容是使人们能够从整体上了解多元的世界文化，理解各种文化之间的同质性和异质性。

（4）全球动力学知识：主要内容是使人们能够意识到全球的变化，熟悉制度的本质，了解关于有争议的国家（地区）的复杂的国际制度。

（5）人类选择的意识：主要内容是使人们能够通过回顾地区、国家与国际的诸多背景，了解在地区、国家和国际环境中对某些问题采取行动的策略。

柯克伍德（Kirkwood）在罗伯特·汉威的基础上将其所提出来的培养全球意识的全球化教育课程模式的内容概括为四个主题，很多学者已经在自己的实践和研究中采用了这些主题。

(1) 多元视角：该主题主要涉及个体从不同角度考虑问题的能力。

(2) 文化的理解和欣赏：该主题主要涉及个体在与不同文化互动时的移情技巧和责任价值。

(3) 全球问题的认识：该主题主要涉及个体对移民、人口过剩、自然资源减少、金融危机、战争、自然灾害、臭氧层漏洞等问题的认识，以及相应的解决问题的方案，即使这些问题可能并不存在于自己所生活的地区。

(4) 相互关联的世界：该主题主要关注于个体将自己视为世界的一部分，强调个体所生活的世界就像是一个完整的系统，一个由于政治和经济利益而紧密联系的系统。

基于全球化教育主题及次级维度分类表（见表 8-2），以培养个体全球意识为目标的全球化教育课程已经在包括加拿大、美国、英国和土耳其在内的许多国家开始实施。

表 8-2　全球化教育主题及次级维度分类

全球化教育主题	多元视角	文化的理解和欣赏	全球问题的认识	相互关联的世界
次级维度	多元知识观	个人信仰和价值	人口问题	政治、经济、生态系统
	对偏见的认识	大众信仰和价值	自我决定	理解国家之间的相互关系
	开发多种技能和观点	不同行业信仰和价值	人权	理解国家之间的相互依赖
	从别人的角度看待自己的技能和经验	理解文化的起源与发展	移民、难民	意识到全球范围内的相互关系
	理解并接受不同世界观的能力	理解文化的互动与联系	环境和自然资源	意识到全球范围内的相互依存
	批判性思维技巧	尊重差异的能力	财富、技术、信息、资源、权力的分配问题	意识到世界是一个整体系统
	消除偏见的能力	了解自己的文化在世界中的地位或角色	饥饿和食物问题	和平
	同情	理解自己的文化	和平和安全问题	主动
	耐心	理解多元身份	偏见和歧视问题	自主

三、幼儿园全球化教育主题及活动指导

全球化的进程需要个体用全球意识去思考问题，用全球化的眼光去看待世界。因此，作为教育启蒙阶段的幼儿园，同样应该重视并加强全球化教育，在日常教学中通过开展全球化教育从小培养幼儿的全球意识。本小节将以柯克伍德所归纳的四个培养个体全球意识的全球化教育主题为依据，结合 OECD 发布的全球素养的内容，以民主、和平、发展、多元文化共存、相互依存、共同责任为主要价值取向，主要从以下几方面阐述如何开展幼儿园全球化教育。

（一）培养全球化意识

作为全球化教育的主题之一的观点意识教育，旨在使幼儿：在与来自不同文化背景的个体进行互动的过程中，获得从各种角度看待问题的能力；承认世界上的条件、问题和事件的相互关联的性质；在寻找解决世界问题的创造性解决方案方面发挥作用①。因此，在全球化教育的观点意识教育的主题中，需要教授幼儿认识并消除偏见，认识全球的联系和依存关系，认识差异性和相似性，以及对幼儿进行民主和公民教育。

1. 认识并消除偏见

什么是偏见？在美国学前教育专家看来，偏见是一种消极的社会观点和态度，它以个人成见为基础看待个体或群体，它“导致了由于个人身份而遭到不公平的对待”。培养个体对各种形式的歧视与偏见及其相关问题的敏感性，是全球化教育最重要的目标之一。获得全球视角并与来自不同文化背景的个人互动（不论种族、语言、宗教、信仰、性取向、性别、社会经济结构和社会文化结构以及是否残疾），首先应该摆脱个人的偏见和歧视。

幼儿园中普遍存在偏见。第一，教师注重帮助幼儿理解个体之间的相似性，而忽略个体之间的多样性，进而导致幼儿的认知偏见。第二，一些教师有时也会不自觉地表现出对某类人的偏见，进而导致幼儿偏见的产生。如在非全纳教育的班级，教师很少和幼儿讨论脑瘫患儿的情况（包括他们的特点、他们的生活，以及他们需要帮助的地方）。同时，教师也可能对这类患儿持有某种偏见，进而可能造成幼儿对这类患儿的偏见和排斥。

大部分3～6岁的幼儿仍处于皮亚杰所说的前运算阶段，有十分明显的自我中心倾向，但是他们认识事物的能力却在不断提高。幼儿已经能够通过经验的积累和认知的发展，意识到人与人之间既有相同之处，也有明显的差异。因此，在幼儿期进行消除偏见和歧视的教育会有良好的效果。教师可以利用幼儿原有的生活经验，不断扩展幼儿关于个体间相似性和差异性的新经验。利用各种具有文化性和代表性的教具和特殊活动，幼儿在接触具有不同背景和需要的个体的过程中，习得体验并珍惜差异的经验，这个过程其实是消除刻板印象的消极影响，帮助幼儿认识到即使是在某些方面有明显差异的人之间也有相似之处的过程。此外，教师应明确告知儿童必须明白因性别、种族、宗教、能力等原因而排挤他人是不被允许的。教师在进行环境创设时可以增加以下内容：

（1）各种脸形与不同肤色的脸孔。

（2）张贴坐轮椅、戴眼镜、戴不同帽子或纱巾的人从事生产活动的照片。

（3）在角色游戏区“娃娃家”中投放各种肤色的洋娃娃、衣服和食物。

（4）在美工区投放与各种肤色相匹配的颜料。

（5）在阅读区投放能够引发幼儿对个体差异性进行思考和讨论的书籍。

2. 认识全球的联系和依存

某个特定地区发生的任何事件，事实上可能对整个世界产生影响。因此，世界某些地区的移民、战争、经济和政治联盟、饥饿饥荒以及由此造成的死亡等问题不再被单纯视为某个国家的问题。在全球化教育中，承认各国之间的相互依存关系，认识到世界是一个

① URANECK. Planning curriculum in international education. WI：Wisconsin Department of Public Instruction，2002.

将全人类共同约束在一起的共享系统，是全球化教育的重要目标之一。

幼儿在早期就已经获得了人与人之间彼此联系和依存的知识。如幼儿懂得需要依赖父母的照顾才能健康成长，而父母也因为有了幼儿才成为父母；幼儿懂得自己之所以成为哥哥或姐姐，是因为弟弟或妹妹的出生；幼儿在饲养照顾小动物的过程中体验到了快乐，小动物健康成长并与幼儿建立起亲密关系；在幼儿园，幼儿参与共同合作的活动，在活动结束之后将物品收拾整理干净，为将来使用的人提供方便；等等。在这些家庭和幼儿园情境中，幼儿已经体验到了联系与依存关系。在幼儿园教学活动中，教师不仅要教授幼儿联系和依存的概念，还要帮助幼儿体验人与人之间的联系和依存关系，教师可以这样做：

（1）教师可以带领幼儿参与小组合作或者集体互动，引导幼儿协商制定活动规则，公开讨论各种想法和收获，在活动中引导幼儿独立解决问题并分享问题解决的方法，让幼儿在这个过程中获得共同生活的必要技巧和方法，体验合作的快乐。

（2）教师可以带领幼儿进一步认识幼儿园中的教职工，参观他们的工作岗位和日常活动，让他们向幼儿介绍他们的工作内容，讲解他们如何分工、如何合作，让幼儿认识到他们彼此之间的联系与依存关系，帮助幼儿熟悉个体是如何与他人产生联系的。

（3）教师可以借助文学作品或者案例向幼儿介绍人与人之间的联系和依存关系。

（4）教师可以有意识地引导幼儿关注日常生活中的事物，从生活经验出发认识人与人之间的联系与依存关系。如教师可以让幼儿查看他们所使用或看到的物品的产地（有很多物品是由外国制造的），并在地球仪或者地图上找到相应国家的位置；也可以带领幼儿参观企业、大使馆以及历史博物馆等，帮助幼儿认识到全球联系和依存的概念。

3. 认识差异性和相似性

人类具有不同的特质，这些特质将他们区分开来。这些特质既可能出生时就拥有（例如家庭的社会经济状况、眼睛和皮肤的颜色等），也可能来自教育和生活经历。某些后来非自愿获得的身体方面的问题（如超重、残疾等）可能会导致个人差异。所有人都以不同的方式思考，行为的多样性必须得到承认和尊重，正是因为差异才使得社会变得丰富多彩①。

教师在教育教学工作中同样要强调人与人之间的相似性。幼儿在与他人相处和交往的过程中更容易注意到彼此之间的差异性，而忽略了彼此的相似性。同时，幼儿对于那些与自己不同的人和群体，会很容易发展出一些不信任和恐惧的刻板印象。因此，在生活中，教师和父母应有意识地引导幼儿认识、接受、接纳这个世界的多样化。教师可以组织幼儿进行以下活动：

（1）参观博物馆，欣赏不同的文化艺术品，欣赏不同国家的文物或者艺术品，在地图上标记不同艺术品来自哪个国家。这样的方式可以让幼儿感受到不同的艺术形式之间是有极大的相似之处的，同时可以让幼儿感受到不同国家的艺术之间的差异，学会欣赏不同的艺术形式。

（2）让幼儿分享自己所了解的民间故事或者神话故事，教师通过计算机等媒介播放其

---

① GüNEL E. Examining the citizenship and democracy education textbook and curriculum in terms of global education. Journal of social studies education research，2015（1）.

他不同国家幼儿所讲述的故事，通过比较，让幼儿了解到不同国家幼儿之间的差异性和相似性。

(3) 在建构区投放不同国家的房屋建筑模型，引导幼儿思考这些房屋与当地的房屋是否一样，并讨论它们的差异性与相似性。

(4) 在角色游戏区投放不同国家的穿着或者装饰品，引导幼儿发现它们的差异性和相似性。

(5) 教师在语言活动中可以邀请说不同方言或者不同语言的幼儿进行交流，可以让幼儿相互学习，感受语言的差异性和相似性。

活动案例一

乘坐飞机的趣闻故事

活动目标：

初步了解我国的民族多样性，了解世界的人种、国家、语言、食物、文化等的多样性。

尝试体验不同国家的美食，能够接受多样具有差异性的世界文化。

活动准备：

幼儿在父母的帮助下收集各国的国旗、美食、服装等图片，以及各国的儿童影视作品，如动画片等。

活动内容：

刚到 6 岁的冰冰和他的爸爸妈妈出国旅行。当他们来到北京首都国际机场，在候机室候机时，来到一间环境优美的咖啡厅，那里提供很多吃的，不仅有从国外进口的各式咖啡、特色鸡尾酒、布朗尼蛋糕，还有中国的工夫茶、糍粑、一些好吃的各地特色小吃。一个皮肤看起来黑黑的、可能来自肯尼亚的外国姐姐笑着，给冰冰和她的爸爸妈妈端上了他们要的一杯果汁、一杯咖啡，还有一杯中国茶。当他们开心地吃点心、喝茶聊天的时候，远处走来了几个穿着非常漂亮的纱丽的印度人，她们带着自己的孩子到中国游玩。

当冰冰要从瑞典回中国的时候，在瑞典的机场，他们同样也发现了好多来自不同国家的人，他们穿着不同颜色的衣服。甚至他们还遇到了从上海来的几位游客，那几位游客穿着中国特色汉服，一些外国人争相与那几位游客拍照合影。当他们登上飞机起飞之后，冰冰便开始和她的爸爸妈妈讨论。原来这就是世界，在不同的地方有各种各样的人，而且说着不同的语言、穿着不同的服饰，他们还有不同的肤色和不同的饮食习惯，也有不同的信仰。

通过故事，教师可从以下几个方面引导幼儿交谈：世界上有哪些国家、人种、语言？不同国家的服饰特点如何？不同国家的餐饮文化如何？

活动建议：

(1) 在知道了世界上有不同国家的基础上，可引导幼儿搜集各国国旗图片，了解各国的领导人。

(2) 了解不同国家、不同人种的肤色及长相特征，并组织幼儿开展手工面塑活动。

(3) 了解各国的语言特征，掌握各国简单的问好方式，并可将其变成简单的问好音乐游戏，鼓励幼儿参与和体验。

(4) 引导幼儿收集各具特色的不同国家或民族的服饰图片，可组织幼儿交流讨论，或开展贴纸活动、制作活动、表演活动等。

(5) 引导幼儿交流讨论了解世界各国餐饮的多样性。教师还可以鼓励幼儿回家和家人共同搜集各国的美食图片，尝试做各国的美食与同伴分享，等等。

视野拓展

因材施教——学前融合教育

融合教育（inclusive education）

融合教育在我国又称“全纳教育”，指让有特殊需要的儿童进入普通班级，和普通儿童共同学习、游戏、生活和成长，并为有特殊需要的儿童提供适合的教育和相关支持服务，最大限度激发其潜能，使特殊教育与普通教育融为一体。

学前融合教育

学前融合教育，指将有特殊教育需求的6岁以下儿童与正常发展的儿童安置在同样的教室中共同学习，注重参与和合作，减少隔离和排斥，为身心发展有障碍的儿童提供一个支持的、正常化的教学环境和相关服务，使特殊教育与普通教育真正统一和融合。

融合教育政策

2014年国务院制定了《特殊教育提升计划（2014—2016）》，提出全面推进全纳教育，初步建立布局合理、学段衔接、普职融通、医教结合的特殊教育体系，并加大特殊教育教师培养力度。2017年国务院进一步制定了《第二期特殊教育提升计划（2017—2020年）》，提出全面推进融合教育，加强特殊教育教师培养培训，提高专业化水平，并支持师范类院校和其他高校扩大特殊教育专业招生规模，提高培养质量。

4. 进行公民教育

全球化带来的问题，使多数国家和主体逐渐意识到应团结合作、理解尊重多元文化并保护地球。因为世界是由不同民族和国家组成的，人类只有一个地球，所以每一个国家、民族都是休戚与共的。因此，面对全球化问题，每一个国家和民族都有责任和义务贡献自己的力量，这就要求培养面向世界的公民。对于国家来讲，合格公民在不同历史发展阶段会有不同的规定性。“社会主义接班人”“‘四有’新人”“三个‘面向’的人”“德智体美劳全面发展的人”等都是我国在不同发展阶段要求公民具备的基本素质。现今，我国顺应全球化时代的特点，对公民素质又提出新的要求，提出要培养“世界的中国人”以及培养中国的“世界公民”①。

我们常常能够看到在幼儿园集体教学活动中，当教师提出问题之后，幼儿会积极踊跃地与教师互动、回答问题，而这个时候教师通常会高高地举起手，并提示幼儿“我喜欢举

① 汪亚娣. 全球化背景下我国青少年世界公民教育探析. 宁波：宁波大学，2015.

手回答问题的小朋友”，“小嘴巴闭起来，小耳朵竖起来，我们要认真聆听发言的小朋友的内容，这样才能听得清楚”，“我们不能随意打断别人的讲话，要等别人说完之后再举手回答问题，这样才是有礼貌的小朋友”等等。在这样的交流中，教师示范了民主的含义和管理的原则，强调权利与责任、个体与公共利益、规则和法律、参与、公平、多样化等的观点。

（二）理解和欣赏文化

全球教育最重要的主题之一是理解和欣赏文化的主题，它旨在使幼儿在与世界各地来自不同种族、语言、宗教和社会经济背景的人进行联系和互动的过程中，认同自身的文化，理解并欣赏他人的文化①。同时，它旨在使幼儿对世界主要地理和文化领域有一般认识，并了解文化如何受到地理和历史的影响，认识到不同文化的成员以不同的方式看待世界。因此，在全球化教育的理解和尊重文化的主题中，需要对幼儿进行人口学教育、多元文化教育以及爱国主义教育。

1. 人口学教育

我国作为一个人口众多的发展中大国，人口学教育是我国基本国情和国策教育的一个重要部分。身处全球化时代，人口知识和人口意识是公民素质必不可少的内容。在幼儿园中进行人口学教育，可以从人口状况、人口问题、性教育和性别教育等方面进行。通过人口学教育，幼儿既能掌握人口理论和国情，又能了解人口问题和性别意识。

在人口学教育这个主题下，教师可以从展示人们的衣食住行入手来帮助幼儿掌握有关人口状况的相关知识。教师可以进行以下活动：

（1）将班上幼儿的家庭成员做成图标，帮助幼儿认识不同的家庭形态和类型。

（2）进行旅游经验分享活动，在假期结束之后让幼儿分享自己所去的地方，分享自己的所见所闻，并在地图或者地球仪上标记出所去的地方。教师可以此为契机进行有关人口的教育活动。

（3）比较国内不同民族和其他国家人们的样貌、穿着、饮食和风俗习惯，和幼儿讨论：这些人和我们相同吗？有哪些东西是我们有而他们没有的？我们有哪些相同之处？差异在哪里？

（4）给幼儿提供不同的语言沟通方式：口头语、书面语和手语。展示“你好”“谢谢”在不同国家语言中的表达方式，让幼儿认识到语言的差异性。

（5）在幼儿园举办节日庆祝活动，让不同幼儿班及其父母和教职工举办大型的文化交流活动，以角色扮演的方式开展参与互动式的表演活动，等等。例如，以各国服饰文化为主题，以每个班级为单位，利用回收环保废旧物等材料制作反映各国风情的服饰，制作完毕后由幼儿穿戴进行表演。又如，不同国籍的教职工可以带来其家乡的节庆舞蹈，先进行表演再邀请大家参与互动。还可以家庭为单位进行美食制作分享，交流享受不同民族、不同国家的美食文化。

（6）通过国际化环境创设帮助幼儿潜移默化地获得关于人口的知识。根据园本教材中的国家主题来创设班级环境，例如，不同年龄班以及同一年龄段的平行班以不同国家为主

① GüNEL E. Examining the citizenship and democracy education textbook and curriculum in terms of global education. Journal of social studies education research，2015（1）.

题进行活动，以国家文化、人口文化等具有代表性的元素进行环境创设。

一位幼儿园教师在组织幼儿参观动物园的活动中进行了下面的记录：

> 昨天，幼儿们参观了动物园。这是一次愉快的经历。他们在公共汽车上唱歌，猜动物谜语。当公共汽车在街道上穿行时，幼儿们看到了那些保护良好的建筑和破败的场所之间的反差。有些人推着手推车，有些人挤在天桥下。有几个幼儿注意到，有些人衣衫褴褛地坐在路边，面前还放着破碗，有的人还在街上拉起了胡琴。但是去动物园的兴奋感使他们很快忘记了这些。
>
> 第二天早上，幼儿们分享了他们在动物园里看到的东西。教师记下了他们所分享的在出行期间看到的所有事情。当小明分享时，他的疑问让教师大吃一惊。他说："有人在桥下睡觉，他们冷吗？"另一个幼儿补充道："他们不干净！"小明回应他的同伴，也许生活在桥下的人"没有妈妈"。其他的幼儿也分享了他们对"街头流浪者"的印象。当一个幼儿问出"他们为什么不在家里睡觉"的问题后，引起了幼儿们的热烈讨论。

这不是偶然的事件，在生活中，不仅教师会遇到幼儿这样的提问，父母也会，而教师和父母不能忽略这样的教育机会。

随着社会不断发展进步，人们的生活水平逐渐提高，但贫困国家、贫困地区的贫困问题依旧是全球的一个重大议题。战争及自然灾害所波及的受害人群，也是世界各国关注的重点。作为世界众多人口中的一员，每个人都应具有正确的全球社会观，关注全球的弱势群体，能够尽力为解决社会性问题贡献自己的一分力量。组织募捐、送爱心、送关怀等活动，有助于让幼儿认识到这些弱势群体的存在，并激发幼儿的同情心、同理心、社会责任感。通过精神的关怀与物质的补足，最终达到彼此之间的依赖与联结。教师可以带领幼儿开展以下活动：

（1）准备募捐箱，为弱势群体募集资金。

（2）让幼儿把自己闲置的物品进行分类，开展校园跳蚤市场活动，筹集募捐资金帮助偏远地区有需要的幼儿，并通过信息网络技术与偏远地区或者战争地区处于弱势地位的幼儿进行交流和对话。

（3）鼓励幼儿将自己喜爱的玩具、图书等送给有需要的人，参与关怀弱势群体。

活动案例二

伸出小手帮帮他

活动目标：正视饥饿与贫困，初步具备同理心、同情心，乐意伸出援手帮助需要帮助的人，体验到助人为乐的幸福快乐感。

活动准备：

对流浪者有一定的认识（经验准备）。

语言材料、视频、不同季节的衣物、干净可口的食物（物质准备）。

活动建议：

（1）在谈话中引导幼儿探讨饥饿与食物、贫困与富裕。

（2）讨论话题："他们饿了怎么办？""他们会不会受到欺负？""我们该怎么帮助他们？"

（3）观看视频了解不同国家流浪者的生活状态、生存方式及流浪原因等，引发幼儿的同情心。

（4）在教师或父母的陪同下走入社会，做力所能及的事情，帮助流浪者或者街头求生的人。

2. 多元文化教育

美国学前教育专家莫里森认为，多元文化教育是帮助幼儿理解、欣赏、尊敬其他种族、性别、社会经济、语言和文化背景的人，使幼儿能够在一个有着不同文化的世界中生活、学习、交往和工作，获得平等的机会，得到充分的发展，认识、理解和尊重人类社会的各种文化，建构起各民族的"共生"意识的教育①。《教育——财富蕴藏其中》一书指出："教育的使命就是教育学生懂得人类的多样性，在尊重多样性的基础上了解他人，致力于使他们学会尊重其他文化。"② 因此，从幼儿时期开始，应利用各种机会来进行这种教育，以增强对不同文化的认同感和包容性，从而更好地促进语言和文化的发展，以及不同语言、文化间的交流与沟通。正如法国文化专家多洛特（Louis Dollot）所指出的那样："多样性是人类文明的共同遗产，而且全人类都把文化的多样性看作一种财富。"③人类社会文化的多样性已成为世界各国的共识，因此需要从学前幼儿时期开始进行多元文化理念渗透与教育，使幼儿在学会尊重与理解其他文化和习惯的同时，保持并强化本国、本民族的文化。

当今世界越来越成为一个地球村，因此，从小培养幼儿与人共处的能力显得尤其重要。美国学前教育的一条成功经验，即在帮助幼儿认识本国文化的同时，让他们接触外国的文化。这一点很值得我们借鉴。在学前教育中，教师应处理好区域文化、本国文化与外来文化、世界文化之间的关系，使幼儿不仅有机会了解自己的家乡和祖国，而且有机会了解其他国家，能够理解多元文化的共性和特性，学会尊重不同的文化传统，共享人类文化的精髓，成为一个合格的国际公民④。

视野拓展

日本食育文化中的多元文化教育

民以食为天，教以育为先。"食育"，即饮食行为教育。日本出台的《食育基本法》强调要将食育摆在与智育、德育和体育同等重要的位置，作为生存的根本。该法律明确阐明了食育的基本理念，将其概括为：其一是应使国民参与到从食料的种植养殖、生产加工开始，到经营流通、餐饮消费等与食相关的各种体验活动中去。一方面，使国民认识到饮食

① 蒲永明. 基于多元文化视域的学前儿童社会教育. 教育与教学研究，2015（7）.

② DAVIDMAN L, DAVIDMAN P. Teaching with a multicultural perspective: a practical guide. NY: Longman, 1994.

③ BENNRTT C I. Comprehensive multicultural education: theory and practice. MA: Allyn & Bacon A Viacom Company, 1999.

④ 同①.

生活是建立在自然给予的恩惠，以及与食相关的工作者的劳动的基础之上的，从而加深国民对食物的感谢和理解之意；另一方面，加深国民对食品知识的理解，从改变消费者行为的角度保障食品安全。其二是通过落实各方职责，逐步达到携手合作，从而展开食育推进活动。其三是在此过程中，传承本国的饮食文化，充分发展充满地域特色的饮食文化，让国民理解地产地销的意义。

日本所开展的食育内容包括：

（1）了解不同国家的饮食特征，包括主要食物、烹饪特色、食物营养和历史渊源等。

（2）在幼儿园的每位幼儿过生日的时候举办生日料理活动，主要根据不同幼儿的文化背景进行设计，丰富幼儿对于文化的认识，并且使幼儿认识不同的饮食习惯和风俗习惯。

（3）开展节日料理活动，根据节日的变化，制作与节日相对应的料理和文化活动。

（4）恢复传统饮食活动，主要是带领幼儿一起开展制作古老的、传统的食物的活动，让幼儿了解不同食物完整的、传统的制作方法，同时帮助幼儿进行文化的传承，进行食育教育，使幼儿的生活中不只有简餐和快餐。

（5）乡土料理，为幼儿提供丰富多样的地方食物和食材，使幼儿了解乡土食物和文化。

（6）教授幼儿餐桌礼仪，培养幼儿的感恩之心。

3. 爱国主义教育

“爱国”是社会主义核心价值观的重要内容，在当今的经济全球化时代，培育和践行社会主义核心价值观，开展爱国主义教育，弘扬爱国主义，具有重要的现实意义。当今世界，各国都在进行甚至加强爱国主义教育。发展中国家为了维护自身在经济全球化过程中的独立、利益和主权，在不断地加强爱国主义教育；一些西方发达国家也在有意识地突显其国家意识和国家认同。美国前总统奥巴马特别强调爱国主义教育的重要性，他指出：“爱国思想必须永驻你我心中，根植于我们的文化之中，培育于我们幼儿幼小的心灵之中。”① 爱国主义教育要融入幼儿的日常教育活动中。

（三）全球化问题

全球化问题是全球教育的主题之一，它旨在使幼儿了解影响世界的关键问题以及国家（地区）的冲突和问题，意识到世界某个地区的个人或国家所进行的活动和所做的决定可能会对当地乃至世界环境产生影响。因此，在全球化教育的全球化问题主题中，需要对幼儿进行和平教育和环境教育。

1. 和平教育

和平教育通过发展批判性思维、参与意识和提高幼儿在科学、政治、经济等领域的素养，教授幼儿加强合作和用非暴力方式解决问题的思想，使幼儿成为履行职责，并具有通过改变社会结构而改善人类境况的全球意识的人②。和平教育也分为消极和平教育与积极和平教育。消极和平教育主要教育公民为获得和平环境、消除战争和暴力（如裁军等）而采取行动；积极和平教育特别关注经济剥削和发展问题、环境和资源问题、人权和社会公

---

① 刘建军. 经济全球化时代的爱国主义教育更自觉. 北京日报，2015-01-08.

② 吉艳艳，王建梁. 和平教育：全球背景下的审视. 全球教育展望，2004（6）.

正公平问题等。

美国和平心理学家、克拉克大学心理学院教授约瑟夫·德·里韦拉（Joseph De Rivera）认为，和平教育是通过教育让幼儿能早期接受和平价值观、形成和平态度、建立和平行为模式与生活方式，从而能够和平地解决冲突，并养成尊重他人、宽容、不歧视等精神品格的教育[①]。教育家蒙台梭利（M. Montessori）作为和平教育的首倡者曾说："和平是教育的里程碑，我们的工作是很明显的，既不应仅止于预防孩子对战争的着迷，也不应仅止于阻止孩子玩武器玩具或研究战争，我们必须做的是建立预防这一切的文化。"所以她主张，从幼儿期就要开始使幼儿萌发向往和平的情感。受蒙台梭利教育思想的影响，许多国家的幼儿教育注重和平意识的培养。幼儿和平教育是人类和平教育的起始阶段，教育的宗旨应是把热爱和平的观念播进幼儿的心田，使幼儿成为和平的倡导者、宣传者和实践者[②]。进行幼儿和平教育的教师可以开展以下主题教育活动。

第一阶段："我和小动物""我们周围的绿色世界""我们都是好朋友""这是我的家乡""我爱父母和教师""小小裁判员"等。

第二阶段："地球是我们的家""灿烂的世界文化""辉煌的世界科技""战争的危害""美好的和平鸽""友好往来""参观地球村"等。

第三阶段：表演以和平为主题的儿童剧，借助影视剧或者纪录片对幼儿进行和平教育，讲授战争和暴力带来的危害以宣传抵制战争的思想，开展"和平教育图标制作大赛"。

小贴士

（1）目前的事件和幼儿感兴趣的话题：

- 英雄壮举（可进行角色扮演活动、表演游戏等）。
- 自然界发生的事件（当地天气、动植物新闻、自然灾害等），关注新闻交流讨论。
- 科学发现和科学界发生的事件（发射航天器、发现化石和古城等）。
- 体育赛事（比赛、关于运动队的新闻、球员等）。
- 关于社区建设的新闻、关于艺术的新闻（有关幼儿的音乐剧、展览的信息等）。
- 有关他们自己的国家或社区的新闻。

（2）在幼儿园的环境创设方面融入和平教育。

（3）观看影片，让幼儿明白残酷的战争对他们的影响。如组织幼儿观看战争录像画面，给幼儿留下一个真实的印象，并让他们充分讨论并发表自己的意见。同时，激发幼儿对和平的向往之情，以及对在战争中受到伤害的人的同情。

（4）使幼儿了解一些地理知识。

（5）使幼儿了解一些现代化的科学技术名称，如信息高速公路、电子邮件等。

（6）设计专门的全球化教育活动。如社会活动"我爱和平""联合国""因纽特人是怎样生活的"，音乐活动"挪威舞曲""斗牛士进行曲""土耳其进行曲""我爱和平"，

① RIVERA J D. Handbook on building cultures of peace. New York：Springer，2009：107.

② 虞永平．幼儿园和平教育的理念与体系．学前教育研究，1999（4）．

舞蹈活动“樱花舞”，社会教育“大雁情”“画家长颈鹿”，等等。

(7) 利用空余时间给幼儿讲述全球化教育的内容，旨在养成幼儿关心国家大事的习惯。

(8) 巧用电子化教育手段，实施全球化教育。全球化教育涉及世界各地的内容，幼儿不可能亲临世界各地，所以录像和电视节目是一个很好的教育契机。请父母陪同幼儿观看电视节目，这对幼儿的全球知识的获得有很大帮助。

(9) 多看新闻对培养幼儿关心时事大有帮助。

(10) 请父母为幼儿购买书籍，并读给幼儿听。鼓励幼儿把书带到幼儿园，小朋友之间互相交换看，以让幼儿学到更多的新知识。

(11) 可以让幼儿通过身体动作来表现对地球村的理解，如举行跳舞、唱歌、绘画、放飞和平鸽等有趣、有美感的活动。

2. 环境教育

人类对环境的漠视和无限制的技术增长导致了前所未有的全球环境紧急情况。不受控制的空气、水污染和化学污染、危险的核问题、热带雨林的破坏等是人类制造的灾难，威胁到地球的存在。面对地球上许多自然资源被破坏或使用不当的严峻形势，所有公民都必须参与到改善环境这一活动中来。实现这一目标的方法之一就是从小对幼儿进行环境教育，从小让幼儿树立起良好的环境保护意识。

1972 年，联合国在斯德哥尔摩召开的人类环境会议指明了环境教育对青少年和成人具有十分重要的作用。这次会议通常被认为是国际环境教育的开端。20 世纪 80 年代末，可持续发展已经成为环境教育的首要价值追求和理念。环境教育总体来说是一个全民的、终身的、全方位的教育活动，需要政府、社会、社区、家庭和学校共同协调开展。教师可以这样做：

第一，意识层面。首先，教师可以通过呈现环境问题和危机，例如图片、数字等资源，帮助幼儿树立环境忧患意识，提高幼儿对环境的关注度。但要注意避免过度呈现环境问题和环境危机，以免加深幼儿的无助感。其次，教师可以在各个区角活动中投放相关的材料，丰富幼儿有关环境的知识和经验。最后，在环境创设方面，将保护环境和低碳节能的意识融入班级环境之中，潜移默化地影响幼儿。

第二，行动层面。首先，幼儿园及教师可以科学调整园内垃圾桶分布点，将垃圾分类的相关设施设备巧妙地设计安置在幼儿园的相关场所，使之与园内垃圾分类工作相匹配，既保证园内美化、整洁、优美，又方便教师和幼儿实践垃圾分类。其次，教师可以组织幼儿进行各种社会实践活动，如美化校园、走出校门实地考察周边公共环境（公园、广场、社区）等，使用相应的观察记录表，帮助幼儿发现环境中的问题和解决方案。再次，带领幼儿在世界环境日、植树节等节日开展参观考察活动，如参观污水处理厂、生态养殖场和工厂等。最后，开展节水节电、减少污染、节约能源、环保科技制作等主题活动。

相关资源推荐

网址：

1. http://www. cpnn. org(澳大利亚)
2. http://www. isparis. edu/ispeace(法国)
3. http://www. cpnn. net(日本)
4. http://culture. of. peace,ru(俄罗斯)

专著：

1.《理解与教育：走向哲学解释学的教育哲学导论》

作者：金生鈜；出版社：教育科学出版社；出版年份：1997 年

2.《从现在到 2000 年教育内容发展的全球展望》

作者：维迪努；译者：马胜利；出版社：教育科学出版社；出版年份：1996 年

绘本：

1.《我想有个家》

作者：著/伊芙·邦婷，绘/罗纳德·希姆勒；译者：童立方；出版社：北京联合出版公司；出版年份：2015 年

2.《南京那一年》

作者：叶兆言；出版社：解放军文艺出版社；出版年份：2015 年

3.《皮箱子》

作者：梅格，田东明；出版社：解放军文艺出版社；出版年份：2015 年

4.《心形雨花石》

作者：著/童妍，绘/王祖民，王莺；出版社：解放军文艺出版社；出版年份：2016 年

5.《将军与孤女》

作者：文/星瞳，图/田东明；出版社：解放军文艺出版社；出版年份：2016 年

6.《家书》

作者：文/陈晖，图/于娇，冷曜晶；出版社：解放军文艺出版社；出版年份：2015 年

7.《虎子的军团》

作者：文/陈晖，图/于娇，冷曜晶；出版社：解放军文艺出版社；出版年份：2015 年

8.《不死鸟》

作者：梅格，陈鹏；出版社：解放军文艺出版社；出版年份：2015 年

9.《大郭小郭行军锅》

作者：文/董保存，图/孟子茹；出版社：解放军文艺出版社；出版年份：2016 年

10.《亲人》

作者：文/梅格，图/苏麟，陈晓曦；出版社：解放军文艺出版社；出版年份：2016 年

11.《爸爸的木船》

作者：文/谢倩霓，图/王祖民，王莺；出版社：解放军文艺出版社；出版年份：2016 年

12.《在一起》

作者：文/童妍，图/端儿端；出版社：解放军文艺出版社；出版年份：2016 年

13.《红军柳》

作者：文/高洪波，图/刘麦；出版社：解放军文艺出版社；出版年份：2016 年

14.《爷爷的墙》

作者：伊夫邦延；译者：刘清彦；出版社：河北教育出版社；出版年份：2010 年

15.《安娜的新大衣》

作者：哈丽雅特·齐费尔特；译者：余治莹；出版社：河北教育出版社；出版年份：2008 年

16.《欧先生的大提琴》

作者：简·卡特勒；译者：熊苗谷；出版社：河北教育出版社；出版年份：2010 年

17.《敌人》

作者：大卫·卡利；译者：吴愉萱；出版社：米奇巴克有限公司；出版年份：2009 年

18.《将军》

作者：詹妮特·查特丝；译者：余丽琼；出版社：南京师范大学出版社；出版年份：2012 年

19.《晚安指挥官》

作者：艾哈迈德·亚克巴普尔；译者：高洪波；出版社：中国少年儿童出版社；出版年份：2014 年

20.《你能听见我的声音吗?》

作者：四岛征三；译者：林静；出版社：译林出版社；出版年份：2013 年

21.《黑象和白象》

作者：大卫·麦基；译者：柳漾；出版社：长江少年儿童出版社；出版年份：2014 年

22.《非武装地带的春天》

作者：李亿培；译者：孙琪；出版社：译林出版社；出版年份：2013 年

23.《战役》

作者：艾瑞克·巴图；译者：梅思繁；出版社：明天出版社；出版年份：2014 年

本章参考文献

［1］TYE B，TYE K. Global education research：a partial agenda for the future. Educational research quarterly，1983，8（1).

［2］TYE B，TYE K. Global education：a study for school change. NY：State University of NY，1992.

［3］GUTEK G L. American education in a global society. NY：Longman Publishing

Group，1993.

[4] BANKS J A. Multiethnic education：theory and practice. Boston：Allyn and Bacon，1988.

[5] BENNRTT C I. Comprehensive multicultural education：theory and practice. MA：Allyn & Bacon A Viacom Company，1999.

[6] DAVIDMAN L，DAVIDMAN P. Teaching with a multicultural perspective：a practical guide. NY：Longman，1994.

[7] Development of Education and Science. Education in school：a consultative document. London：Her Majesty's Stationary Office，1977.

[8] URANECK. Planning curriculum in international education. WI：Wisconsin Department of Public Instruction，2002

[9] GüNEL E. Examining the citizenship and democracy education textbook and curriculum in terms of global education. Journal of social studies education research，2015 (1).

[10] GüNEL E. The challenges of global citizenship for worldview education：the perspective of social sustainability. Journal of teacher education for sustainability，2015 (2).

[11] 王淑荣，赵佳寅. 教育的全球化与现代发展：以英国、美国教育影响为例. 社会科学战线，2016 (12).

[12] 黄宝兴，庞红卫. 教育全球化辨析. 宁波大学学报（教育科学版），2002 (4).

[13] 李东. “全球化”对民族国家教育的挑战. 教育理论与实践，2000 (7).

[14] 维迪努. 从现在到 2000 年教育内容发展的全球展望. 北京：教育科学出版社，1996.

[15] 余月娥. 全球化教育初探. 湛江师范学院学报（哲学社会科学版），2001 (4).

[16] 金生鈜. 理解与教育：走向哲学解释学的教育哲学导论. 北京：教育科学出版社，1997.

[17] 汪亚娣. 全球化背景下我国青少年世界公民教育探析. 宁波：宁波大学，2015.

[18] 蒲永明. 基于多元文化视域的学前儿童社会教育. 教育与教学研究，2015 (7).

[19] 刘建军. 经济全球化时代的爱国主义教育更自觉. 北京日报，2015-01-08.

[20] 吉艳艳，王建梁. 和平教育：全球背景下的审视. 全球教育展望，2004 (6).

[21] 虞永平. 幼儿园和平教育的理念与体系. 学前教育研究，1999 (4).

图书在版编目（CIP）数据

幼儿社会教育与活动指导 / 李燕主编. --北京：
中国人民大学出版社，2021.2
21世纪学前教师教育系列教材 / 朱家雄总主编
ISBN 978-7-300-29082-9

Ⅰ.①幼… Ⅱ.①李… Ⅲ.①学前教育-社会教育-
幼儿师范学校-教材 Ⅳ.①G611

中国版本图书馆 CIP 数据核字（2021）第 035251 号

21世纪学前教师教育系列教材
总主编　朱家雄
幼儿社会教育与活动指导
李　燕　主　编
王友缘　副主编
Youer Shehui Jiaoyu yu Huodong Zhidao

出版发行	中国人民大学出版社		
社　　址	北京中关村大街 31 号	**邮政编码**	100080
电　　话	010－62511242（总编室）		010－62511770（质管部）
	010－82501766（邮购部）		010－62514148（门市部）
	010－62515195（发行公司）		010－62515275（盗版举报）
网　　址	http://www.crup.com.cn		
经　　销	新华书店		
印　　刷	北京昌联印刷有限公司		
规　　格	185 mm×260 mm　16 开本	**版　　次**	2021 年 2 月第 1 版
印　　张	13.25	**印　　次**	2021 年 2 月第 1 次印刷
字　　数	307 000	**定　　价**	38.00 元

教学支持说明

（教学课件）

中国人民大学出版社教育学科秉承“出教材学术精品，育人文社科英才”的出版宗旨，多年来，出版了大批高质量的教育学、小学教育、学前教育专业教材和学术著作。

我们为本教材制作了相应的 PPT 教学课件，任何一位采用本书作为授课教材的教师均可免费获得该课件。为了确保该课件仅为授课教师获得，烦请您填写如下材料，并将相关信息通过 E-mail 发送给我们，我们将在收到相关信息后通过 E-mail 给您发送该课件。欢迎您加入我们的 QQ 群（教育新视野交流群，群号为 159813080），或登录我社官方网站（www. crup. com. cn），注册并认证成为教师会员，以获得更好的服务。

我们的联系方式：

地址：（100872）北京市中关村大街甲 59 号文化大厦 1202 室
　　　中国人民大学出版社

电话：（010）82502724　62514775（传真）

E-mail：ggglcbfs@vip. 163. com

QQ 群：159813080

兹证明__________大学/学院__________院/系__________专业__________学年第__________学期开设的__________课程，采用中国人民大学出版社出版的____________________（书名、作者）作为本课程教材。授课教师为__________，授课班级共______个、学生______人。授课教师需要与本书配套的教学课件。

联 系 人：____________________

通信地址：____________________

邮　　编：____________________

电　　话：____________________

E-mail：____________________

系/院主任：__________（签字）

（系/院办公室章）

______年_____月_____日